見る　読む　わかる

入門の入門

最新版

経営のしくみ

青木三十一　駒林健一

MITOKAZU AOKI　KENICHI KOMABAYASHI

日本実業出版社

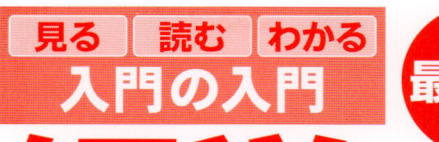

まえがき

一般のビジネスマンやこれから会社に入ろうとする人なら、会社での自分の仕事にはおおいに興味を寄せているはずです。

これが会社の経営ということになると、どうでしょうか？　自分が勤めている会社の経営はうまくいってもらわなければ困るが、実際のところ、そんなのお偉いさんの考えることだよ、という程度にしか意識していないのではないでしょうか……。

しかし、会社がどういう方針でどう動こうとしているのか、また人事や組織がどんなふうに決定されるのか、といったことを知ることは、なにも経営者だけにかぎらず、ビジネスマンとして生きていく以上必要なことのはずです。ビジネスマンにとって、会社は人生の大半を過ごす重要なステージです。そのステージを実り多きものにするためには、会社や経営に関する知識が不可欠なものとなります。

本書は、そのために必要と思われる最低限の知識を補給するもので、キャッシュフロー経営やＭ＆Ａ、個人情報保護、コーチングなどといったマスメディアによく出てくるキーワードから、会社のしくみや組織の役割、人事制度などといった基本的項目や身近な項目で構成されています。入門の入門というタイトルどおり、内容はほんのさわりだけに留めていますが、読者の関心をひきそうな発展的・先進的な話題も幅広く取り扱っています。

本書がきっかけとなって、経営や会社のことにより一層の興味をもたれ、充実したビジネスライフを築かれんことを願っております。

１９９０年のバブル経済はなやかなときに書いた第一版から多くの読者にご支持いただき、今回はＳＮＳ、バイラルマーケティングなどインターネットの最新事情を盛り込み、会社法などの法改正に対応するなど、全面改訂を行ないました。旧版同様、ご愛読いただけますように。

２００７年２月

青木　三十一
駒林　健一

最新版　入門の入門　経営のしくみ●目次

1章　会社のしくみと経営の基本的なしくみ

1　**会社にはどんな種類がある？**……10
規模の拡大を考えるなら株式会社、小規模でもよければ合名会社、合資会社、合同会社

2　**会社法は旧商法とどこが違うのか？**……12
最低資本金制度が撤廃され、会社をつくる条件が緩和されて手続きも簡単に

3　**株式会社はどんなしくみになっている？**……14
代表的な会社形態である株式会社は機能的なしくみでできている

4　**会社の機関にはどんなものがある？**……16
会社には各種委員会や執行役、会計参与などを置くことができる

5　**合同会社（ＬＬＣ）と有限責任事業組合（ＬＬＰ）**……18
ＩＴ関連のベンチャー企業等の会社形態として最適といわれている

6　**そもそも会社とは誰のものか？**……20
会社は経営者のもの、従業員のもの、株主のもの…、といろいろな考え方がある

7　**株式公開（ＩＰＯ）のメリット・デメリット**……22
事業経営に他人の資金も活用するためには株式を上場するとよい

8　**ＣＳＲ（企業の社会的責任）の考え方**……24
企業の社会問題と環境問題は企業自身の責務として考えなければいけない

9　**経営のはたらきとは何か？**……26
企業が維持・発展していくためには、ヒト、モノ、カネ、情報などが必要

10　**競争優位の経営とは**……28
勝ち組になるためには、プロダクト・イノベーションとプロセス・イノベーションが必要

11　**経営者に求められる役割とは**……30
経営者＝取締役は、経営責任と業務執行を分離して役割分担する傾向にある

12　**これからの日本型経営を考える**……32
旧来の日本型経営システムは崩壊し、グローバルスタンダードな視点がのぞまれる

2章 経営戦略と経営計画のしくみ

1 **経営戦略の基本的な考え方**……36
勝ち組となるための経営戦略は、「競争戦略」と「成長戦略」が基本

2 **経営戦略策定のフレームワーク**……38
経営戦略の策定には、経営ビジョン、経営戦略、経営計画の3つのプログラムが必要

3 **ミッション、ビジョンとは？**……40
経営に対する考え方である経営理念は、ミッションとビジョンに分けて考える

4 **事業ドメインを明確化する**……42
事業ドメインは、顧客、機能、企業能力の3つを軸にして明確にしていく

5 **バリューチェーンによる価値の創出**……44
バリューチェーンは主活動と支援活動により構成されている

6 **SWOT分析による戦略の立案**……46
企業の内部環境は強みと弱み、外部環境は機会と脅威に分けて分析を行なう

7 **コア・コンピタンスとは何か**……48
単なる「強み」ではなく、自社ならではの「スキル」や「技術」をいう

8 **事業のKFS（成功の要因）を明確にする**……50
事業成功の要因を抽出するには、3つのステップに基づいて行なう

9 **戦略シナリオのつくり方**……52
シナリオは物語風に文章化して、楽観・悲観・最可能の3つのシナリオを作成する

10 **中・長期経営計画のたて方**……54
短期経営計画と連動させ、全体計画と部門計画を策定する

11 **短期経営計画のたて方**……56
必ずやり遂げなければならない計画で、部門別に具体的な明示を心がける

12 **目標管理による行動計画のたて方**……58
目標管理は、目標設定→目標遂行→達成度の測定・評価のステップで行なう

3章 新しい経営手法の潮流

1 コーポレートガバナンスとは？……62
米国式の株主重視の企業経営が求められるようになってきている

2 M&Aはスピード経営の申し子……64
M&Aで時間とコストをかけずに業界内での地位を築く

3 アライアンスの有用性と落とし穴……66
M&A特有のリスクを冒すことなく、M&A同様の効果を得られる

4 イノベーションのジレンマ……68
偉大な企業が偉大な経営を行なうがゆえに失敗するという逆説理論

5 個人情報保護とプライバシーマーク……70
個人情報の重要性を認識し、漏洩を防ぐためにどう行動するか

6 高まる知的財産の重要性……72
国をあげての知的財産保護と活用への取組みが進められている

7 グローバルスタンダードとISO……74
世界レベルでの品質管理や環境への取組みが活発になってきている

8 バランストスコアカードによる戦略……76
4つの視点の整合性をはかりながら全体の戦略を最適化する

9 シナリオ・プランニングとは……78
不確実な時代に有効な、未来への意思決定力を高め、洞察力を深める手法

10 ゲーム理論の経営への応用……80
意思決定の分析に応用され、戦略的思考を身につけられる

11 会社再建法制とターンアラウンド……82
再生の円滑化に向け、法律のほか、人やお金の面からも整備されている

12 内部統制構築をめぐる動き……84
新しいコーポレートガバナンス構築の動きが加速している

4章 マーケティングの役割と生産のしくみ

1 マーケティングの役割とは？……88
販売行為すら必要としないすぐれた商品やサービスを生み出すこと

2 セグメント・マーケティングとは？……90
市場を細分化し、マス・マーケティングにはない精度を高める

3 差別化とポジショニング戦略……92
他社との違いを明確にして、買い手の心のなかに独自の地位を占める

4 AIDMA理論とは？……94
顧客が商品やサービスを購買するまでの5つの過程を説明した理論

5 価格戦略の重要性……96
1円でも高く売るという価格戦略は利益を最大化するには重要

6 ブランド・エクイティ創造の経営……98
ブランドを資産ととらえ、どのように維持・強化していくか

7 ネットワーク効果の活用……100
業界によっては、利用者の増大それ自体が商品やサービスの魅力を高める

8 バイラルマーケティング……102
利用者のクチコミを利用した新しいマーケティングの一手法

9 CRMの役割とその課題……104
顧客の情報を一元的に管理し、長期的な関係を維持・強化する手法

10 サプライチェーンマネジメント……106
開発から販売まで、一連の流れを全体として最適化する管理手法

11 TOC（制約条件理論）……108
ボトルネックに焦点をあてることで、活動全体を改善しようとする考え

12 コンカレント・エンジニアリングとは？……110
同時並行的に進めることで、開発期間の短縮をはかる手法

13 セル生産方式……112
少人数が製品のすべての工程を受け持つ独立性の強い生産方式

5章 人と組織のしくみ

1 **組織の果たす役割とは** ……116
共通の目的・目標を達成するため、数々の組織形態が試みられる

2 **活力ある組織を形成するには** ……118
自社の置かれている環境や状況にあった組織をつくることができるか

3 **エンパワーメント** ……120
権限を委譲し、個人の自発性に任せることで、モチベーションを高める

4 **IT化がもたらすネットワーク型組織** ……122
情報伝達コストの低下がネットワーク型組織を誕生させた

5 **プロジェクト組織の役割** ……124
ある共通の目的のもとに部門横断的に一時的につくられる組織

6 **成果主義とその問題点** ……126
導入は急速に進んでいるが、評価制度や方法には改善の余地も多い

7 **モチベーションとインセンティブの制度** ……128
動機づけの要因は、金銭や地位に限らず、人によってそれぞれ異なる

8 **コーチングによる人材育成** ……130
部下との対話を通じて、自発的に問題に気づかせ、解決させるスキル

9 **コンピテンシーによる人材管理** ……132
高業績の人材に共通して見られる行動特性に焦点を当てる

10 **ナレッジマネジメントの狙い** ……134
競争力強化の源泉となる経験やノウハウを組織全体で蓄積・共有する

11 **企業年金と退職金制度はどうなる** ……136
急速な高齢化の進行と、大量退職時代の到来にどう対応するか

12 **CEO、COOに求められる役割** ……138
会社の所有と経営を分離し、責任を明確にすることが求められている

13 **執行役員と執行役制度** ……140
執行役員は任意の制度。執行役は委員会設置会社では必須

14 **持株会社制度の活用方法** ……142
機動的に企業再編を行なえるように、持株会社の設立が認められた

6章 経営と財務・会計・税務の関係

1 国際会計基準（IAS）の意義……146
財務諸表の適正な表示を行なうため、国際会計基準に基づいた会計処理が必要

2 キャッシュフロー経営とは……148
利益は会計の計算上のもので、実際に現金等が手元にあるわけではない

3 キャッシュフロー計算書の内容……150
キャッシュフローは、営業・投資・財務キャッシュフローの3つに分かれる

4 価値創造経営（VBM）をめざす……152
企業価値を測定する有効な経営指標には、EVAとMVAがある

5 連結決算の必要性とすすめ方……154
一定の子会社や関連会社とは連結決算を行ない、連結財務諸表を作成する

6 連結貸借対照表の読み方……156
通常の貸借対照表としくみは同じだが、連結調整勘定や少数株主持分などの項目がある

7 連結損益計算書の読み方……158
通常の損益計算書としくみは同じだが、少数株主損益などの項目がある

8 時価会計、減損会計適用の影響……160
売買目的等の有価証券には金融商品会計、土地・建物等には減損会計が適用される

9 ROI（投下資本利益率）とROE（株主資本利益率）……162
投資に対する利益の比率の指標は経営効率や投資家の業績評価のモノサシとなる

10 損益分岐点の活用のしかた……164
経営体質の改善は、損益分岐点比率をいかに引き下げるかがポイント

11 法人税と税効果会計……166
会計上の利益と税法上の課税所得は一致せず、税効果会計とともに調整が必要

7章 情報化で経営はどう変わるか

1 ネットビジネスの進化……170
インターネットによる取引が主流になりつつあるサービスも出てきている

2 ブロードバンド化がもたらすもの……172
音声や動画、プログラムなどの大容量コンテンツの流通が加速している

3 ＥＲＰで経営の効率化……174
全社レベルで経営資源に関するデータを一元管理し、経営の効率化を図る

4 ＡＳＰの効用……176
開発・保有する必要がない分、大幅な経費削減ができる

5 広がるモバイルの可能性……178
モバイルサービスは、情報通信の域を越え、飛躍的な発展が見込まれる

6 ネットで注目の新サービス、新技術……180
ブログやＳＮＳといった新サービス、Ｐ2ＰやＲＳＳなどの新技術が続々登場

コラム◆経営者列伝

1 技術×マーケティングでのジャパニーズドリームの具現者
井深大&盛田昭夫（ソニー）……34

2 シリコンバレーが育む起業家精神
サーゲイ・プリン&ラリー・ペイ（Google,Inc.）……60

3 フィロソフィ経営とアメーバ経営
稲盛和夫（京セラ&ＫＤＤＩ）……86

4 再チャレンジが生んだライセンスビジネスでの成功
カーネル・サンダース（KFC Corporation）……114

5 ビッグブルーを手中に収めた新世代の中国を代表する企業
柳傳志（聯想集団有限公司）……144

6 「日本資本主義の父」が唱えた「論語と算盤の合一」
渋沢栄一（みずほ銀行など）……168

カバーデザイン／大下賢一郎
本文組版&図版／ダーツ

1章

会社のしくみと経営の基本的なしくみ

1

会社にはどんな種類がある？

規模の拡大を考えるなら株式会社、小規模でもよければ合名会社、合資会社、合同会社

会社をつくる目的とは

企業とは、人間や社会の役に立ち、幸福にするための事業を行なう共同体です。

企業には、個人企業と法人企業があります。いうまでもなく、個人企業の場合には、契約や売買、借金などすべての事業活動は個人に帰属します。しかし、事業を拡大して成長、発展させるためには、個人企業では限界があります。そこで、法人企業つまり会社形態にする必要があるわけです。

会社とは、同じ目的をもつ複数メンバーからなる団体であり、事業を行なうことによって利益を追求して、構成メンバーに分配することを目的としています。

また会社は、設立して役所に届け出て登記を行なうことによって、社会的に「法人」としての人格をもつ存在となります。

会社の種類と無限・有限責任

会社には、「株式会社」「合名会社」「合資会社」「合同会社」の4種類があります。そして、会社に出資した者が、どのような責任を負うかによって、「無限責任」と「有限責任」に区別されます。

無限責任とは、会社が債務を支払えない場合には、出資者が自己の財産をなげうってでも負担しなければならないものです。たとえば、合名会社は無限責任の出資者のみで構成されています。

一方、有限責任とは、出資者の責任が出資した範囲内にとどまるもので、出資している企業が倒産した場合には、出資した金額のみを無にするだけでよいというものです。したがって、出資者の私財までなげうって償う必要はありません。

株式会社はこの有限責任の出資者で構成されています。合資会社は、無限責任と有限責任の出資者が混在する形態です。

現在、会社設立のほとんどは株式会社です。規模の拡大を考えるならば株式会社、その必要がなければ合名会社や合資会社でよいといえます。

有限会社は消えた？

２００６年の5月から新しい会社法が施行され、従来あった有限会社

経営用語&ミニ知識

特例有限会社　会社法施行前に設立していた有限会社は、特例有限会社として存続することができるが、名称は有限会社でも、会社法上は株式会社として存在することになるので、新しい会社法の適用を受ける。

法が廃止され、有限会社という会社形態は株式会社に一本化されました。

会社法が施行されるまでの会社に関する法律は、商法、有限会社法、商法特例法（株式会社の監査等に関する商法の特例に関する法律）と3つに分かれていて、一般的にこの3つをあわせて会社法と呼んでいました。それが会社法の制定により、商法の会社編が独立し、有限会社法、商法特例法は廃止されて会社法に統合されたわけです。

◆会社法による会社の種類◆

旧商法による会社の形態

株式会社
- 有限責任　株主
- 最低資本金額　1,000万円
- 取締役3名以上、監査役1名以上

有限会社
- 有限責任　社員
- 最低資本金額　300万円
- 取締役1名以上（代表取締役は任意）

合名会社
- 無限責任　社員
- 最低資本金額　規定なし
- 機関は不要

合資会社
- 無限責任と有限責任　社員
- 最低資本金額　規定なし
- 機関は不要

会社法による会社の形態

株式会社・有限会社 → 統合 →

株式会社と有限会社が統合
ただし既存の有限会社はそのまま残すことができる
- ●最低資本金規制撤廃
  1円の資本金で会社がつくれる
- ●取締役は1人でOK
  取締役3人以上、監査役1人以上の制限がなくなる

合名会社・合資会社 →

合名会社、合資会社は従来と変わらずそのまま残る

合同会社
（日本版LLC）　（新設）

　また会社法では、株式会社をつくるときの自由度が増し、最低資本金制度が撤廃され、1円の資本金でも株式会社をつくれるようになりました。さらに、取締役の人数は1人でもOKで、株式会社をつくるときの手間が省かれ、会社の設立手続きがスピードアップし、会社が簡単につくれるようになったのです。

　なお、有限会社を新たにつくることはできなくなりましたが、会社法施行前に有限会社であった会社は、「特例有限会社」として存続することができます。

　また、有限会社が新設できなくなる一方で、新しい事業形態としてLLC（合同会社）が誕生しています（詳しくは5項で解説します）。

2

会社法は旧商法とどこが違うのか？

最低資本金制度が撤廃され、会社をつくる条件が緩和されて手続きも簡単に

規制を緩和し、起業を促進する

会社法では、最低資本金制度が撤廃され、1円の資本金でも株式会社をつくれるようになりました。

取締役も1人だけでもよく、保管証明や類似商号のチェックも不要になり、会社設立の手続きに要する時間も短縮され、簡単に会社がつくれるようになりました。

旧商法の条文は、明治時代以来のカタカナまじりの文語体でしたが、会社法では、ひらがなまじりの口語体に改められています。

また、会社法では、日本経済の急激なグローバル化に対応するため、規制を緩和し、起業を促進する制度改革が行なわれています。

会社設立に関して、旧商法と異なる会社法の主な特徴には次のものがあります。

- 最低資本金規制の撤廃
- 取締役1人で設立可能
- 保管証明が不要
- 類似商号の規制廃止

最低資本金規制の撤廃

実は、2003年に施行された新事業創出促進法でも、一定の条件を満たせば、設立5年間に限り1円の資本金で会社を設立できることになっていましたが、この法律では設立後5年以内に増資をして1000万円の資本金にしなければ解散となります。

しかし、これでは資金的に余裕のない人たちの起業意欲をそぐため、会社法では、この最低資本金制度そのものを撤廃しました。

また、旧商法のもとでは会社を設立する際には、金融機関から払込金の保管証明を必要としましたが、これも不要となりました。残高証明でよくなり、手続きがさらに簡素化されました。

類似商号の規制廃止

会社をつくるときに意外に手間と時間がかかっていたのが、類似商号のチェックでした。つまり、同じ市区町村内で同一の営業内容で会社をつくる際には、同一の商号を登記できないという規制があったのです。しかし、会社法ではこの規制も撤廃され、自由に商号が使えるようになりました。

経営用語&ミニ知識

保管証明　会社の資本金が振り込まれたことを金融機関（銀行、信用金庫、信用組合等）が証明する書類である。ただし、取引がない金融機関だとなかなか発行してもらえず、会社設立の大きな障壁となっていた。通常、保管証明を発行してもらった金融機関がそのままメインバンクとなる場合が多い。

◆発起設立と募集設立の違い◆

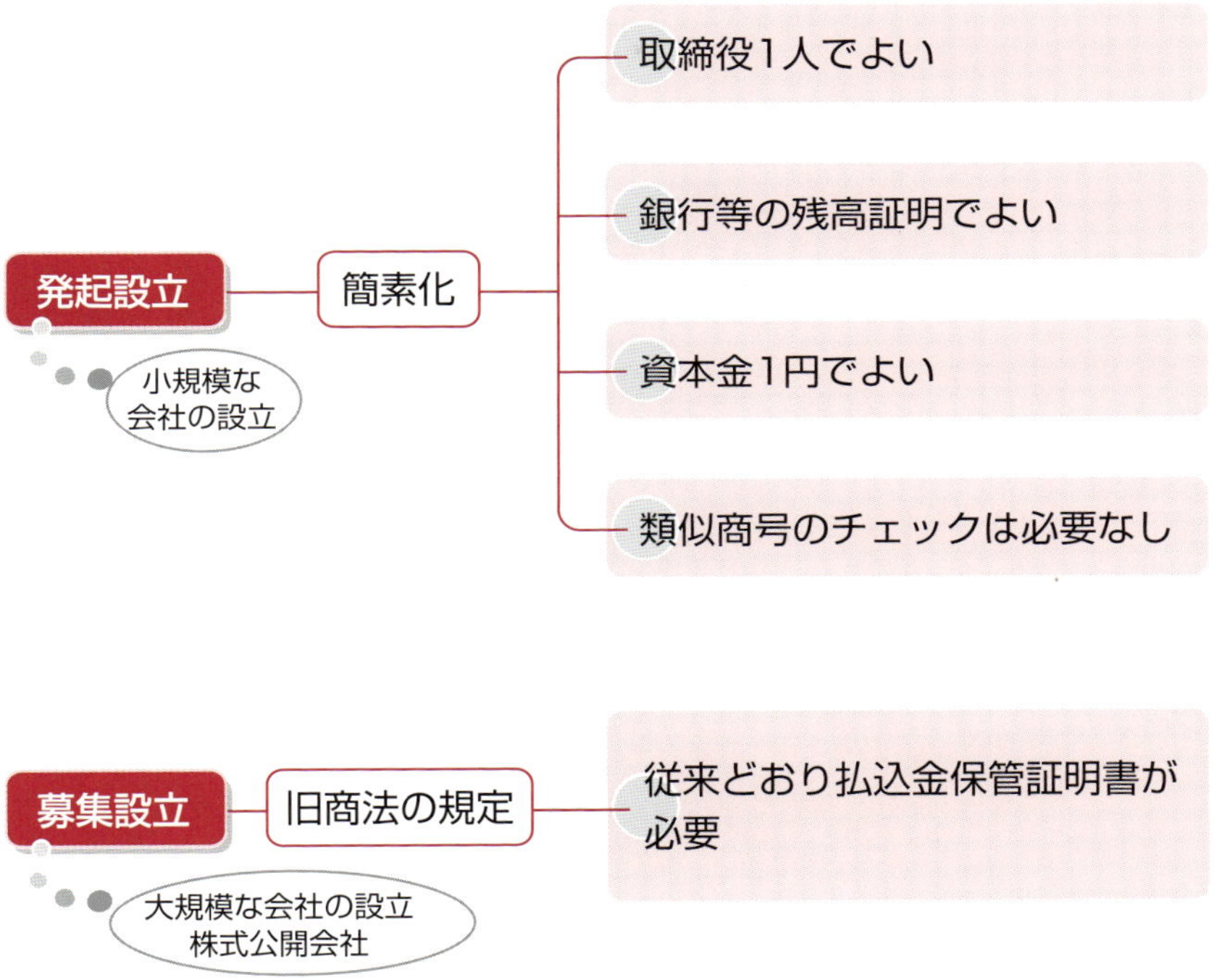

発起設立の簡素化

会社の設立のしかたには、発起設立と募集設立の2つの方法があります。

発起設立は、小規模な会社の設立を目的としたもので、会社の株式の全部を発起人が引き受ける方法で、会社法によって手続きが簡素化されました。

一方、募集設立は、発起人だけではなく広く株式の募集を呼びかけるもので、規模が大きい会社を設立する場合を想定しています。

会社法は、特に小規模な会社の設立をしやすくしており、募集設立については旧商法の規定による手続きと変わっていません。

一人会社や小規模な会社を設立する場合は、発起設立を利用することがほとんどでしょうから、会社設立の手続きは実質的に簡単になったといえるのです。

3 株式会社はどんなしくみになっている？

代表的な会社形態である株式会社は機能的なしくみでできている

株式会社の基本的な機関

株式会社は、株主が出資して発足した会社であり、所有者は株主です（株主は有限責任）が、株式会社を構成する基本的な機関としては次の3つがあります。

①**意思決定機関**…株主総会が最高の意思決定機関で、取締役等の選任、定款の変更などを決定します。

②**執行機関**…株主に委任された取締役によって構成される取締役会と、取締役会で決められた代表取締役が最高の執行機関で、株主総会や取締役会の決定事項を執行します。

③**監視機関**…株主や取締役会が決めたとおりに、取締役が業務を執行しているかを監査する監視機関で、監査役がこの任にあたります。

株主総会の機能

株主総会は、株式会社の最高意思決定機関ですが、実際には大部分の株主は総会に出席せず、業務の執行機関である取締役会からの提案事項を承認する場となっています。

株主総会では次のような事項を決議します。

①取締役や監査役の選任と解任

②定款の変更、会社の解散、合併、資本の減少など、会社の基本的な事項

③決算書などの計算書類の承認

④株式配当など株主の利得に関する事項

しかし、最近はモノを言う株主が増えてきて、株主の存在も重要視されています。

取締役会の権限

取締役会には次のような権限があり、さまざまな業務執行に関する決定を行ないます。

①代表取締役の選任と解任

②株主総会の招集

③新株式の発行

④中間配当の決定

⑤法定準備金の資本組入れ

会社を取り巻く環境が激変する現代では、斬新な意見や公正な意思決定を必要とします。そこで、外部から経営のプロや識者を「社外取締役」として招く会社が増えています。

また、経営の意思決定を迅速にし、取締役の責任を明確にする目的で、取締役を少数に絞り、それとは別に

経営用語&ミニ知識

執行役員　多くの企業では取締役が業務の部門長を兼務しており、担当部門の利益を優先しがちだったり、取締役会の人数が多すぎて実質的な議論ができない場合も多い。そこで、大企業を中心に効率的な経営を行なうため、米国の業務執行役員を手本として業務を分野ごとに分けた執行役員を置く執行役員制度を導入するようになった。

業務執行に専念する「執行役員」制度を導入する企業も増えています。

代表取締役の役割

会社には、業務執行に関する最高意思決定機関である取締役会が決定したことを、リーダーシップをとって実行していく代表取締役が必要になります。代表取締役は、取締役の代表ですから、取締役以外の人がなることはできません。

実際には、社長が代表取締役になりますが、大きな会社では、数人の代表取締役がいるのがふつうです。

監査役の権限

監査役は、取締役の業務執行を監査する業務監査と、会社の決算書類を調査する会計監査を行ないます。

業務監査では、取締役が法律や定款に違反した行為をしていないかをチェックし、会計監査では、株主総会に提出される決算書類などに偽りや誤りがないかを調べます。

監査役のおもな業務には、次のようなものがあります。

①取締役の業務執行の監督
②決算書類などの調査
③子会社の調査
④会社と取締役間の訴訟の際は、会社側の代表になる

◆会社を政治にたとえると◆

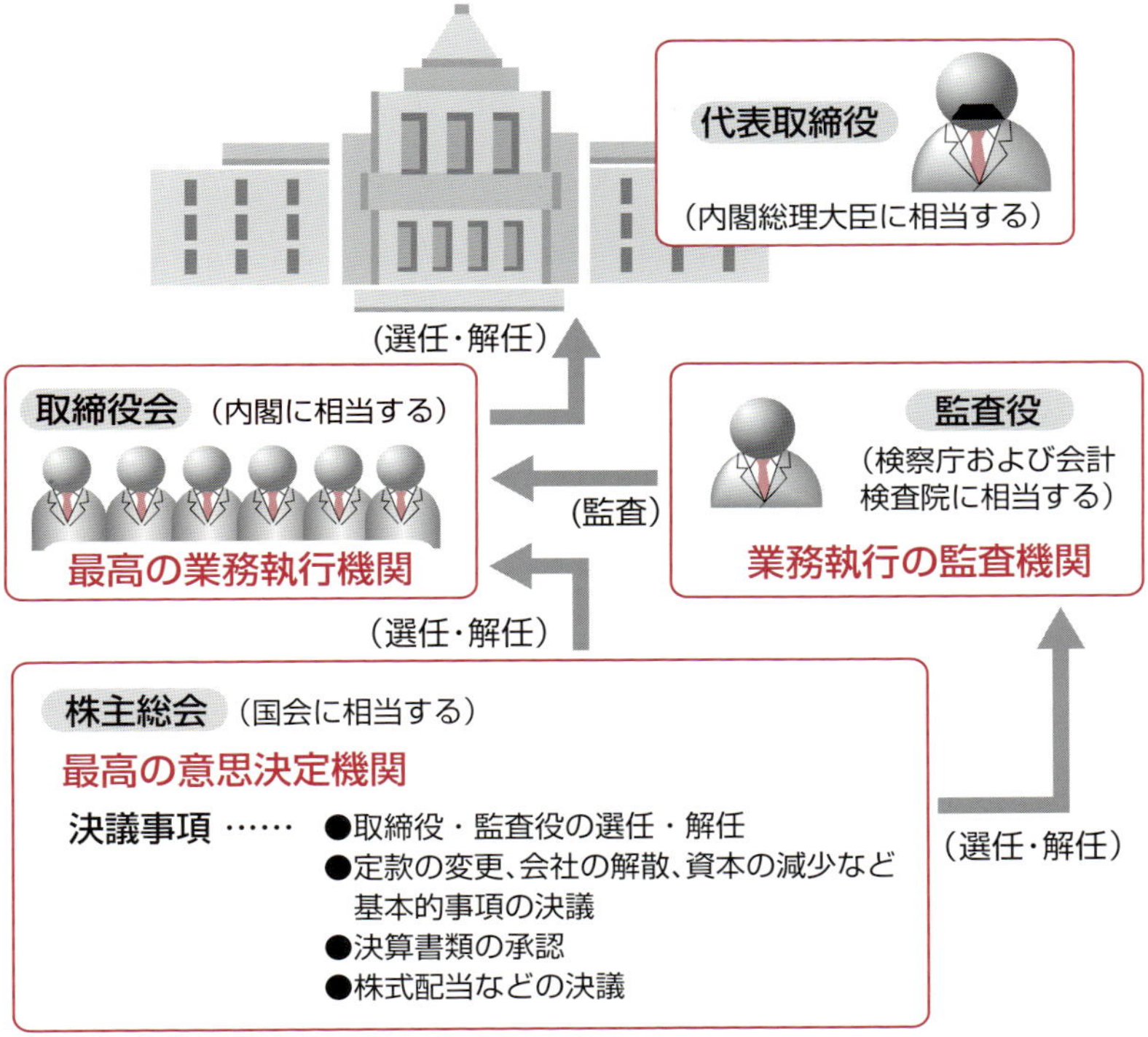

4

会社の機関にはどんなものがある？

会社には各種委員会や執行役、会計参与などを置くことができる

有限会社は特例有限会社に

有限会社法が廃止され、会社法に組み込まれましたが、現在でも、有限会社は140万社以上あり、わが国で一番多い会社形態です。

そこで新しい会社法でも、次にあげる有限会社のメリットを享受できるようにしています。

- 取締役の任期がない
- 取締役会を設立してもしなくてもよい
- 監査役を設置してもしなくてもよく、任期もない
- 決算公告の義務がない

なお、会社法施行前にできた有限会社は、法律上は株式会社扱いになりますが、会社名としては有限会社を名乗ることができます。

正確にいえば、「有限会社法の廃止に伴う経過措置」によって特例有限会社と呼ぶことになり、旧定款はそのまま新たに存続する株式会社の定款として認められます。

株式譲渡制限が決め手

株式会社は、原則として株式の譲渡を自由にできますが、譲渡に制限をつけることも可能です（すべて、一部ともに制限可能）。

そして会社法では、取締役会をはじめ機関設計の規定は、株式譲渡制限会社か、制限していない会社かで区分されます。

- **株式譲渡制限会社**…取締役会を設置するか否かは任意
- **譲渡制限しない会社**…取締役会を設置しなければならない

会社の規模にかかわらず、株式譲渡制限をしない会社は、取締役会の設置が義務づけられています。

委員会制度と執行役

2003年4月に施行された改正商法によって、会社の業務執行の監督機能を強化するために、次のような「委員会制度」が導入されました。

- **指名委員会**…株主総会に提出する取締役や会計参与の選任・解任に関する議案の内容を決定する
- **監査委員会**…取締役・執行役の職務の監査および監査報告の作成。会計監査人の選任・解任などに関する議案の内容の決定をする
- **報酬委員会**…取締役、執行役の報酬等の内容を決定する

また、この改正商法では委員会と

経営用語&ミニ知識

執行役　旧商法特例法上の大会社とみなし大会社のうち「委員会等設置会社」に移行した企業にのみ存在する業務執行を行なう役員を執行役といった。新しい会社法でも、「委員会設置会社」では取締役会によって、必ず１人以上の執行役を選任することになっている。

◆会社法による会社の機関◆

株式譲渡制限会社の機関

●大会社で取締役会を設置しない場合
（株式非公開会社）

- ケース1 ― 取締役＋監査役（会）
- ケース2 ― 取締役＋監査役（会）＋会計参与

●大会社以外の会社の場合

- ケース3 ― 取締役
- ケース4 ― 取締役＋監査役
- ケース5 ― 取締役＋会計参与

株式譲渡制限をしない会社の機関

●会社の規模にかかわらず、取締役会の設置が義務づけられる
（株式公開会社）

- ケース1 ― 取締役会＋監査役（会）
- ケース2 ― 取締役会＋監査役（会）＋会計参与
- ケース3 ― 取締役会＋3委員会
- ケース4 ― 取締役会＋3委員会＋会計参与

同時に「執行役」という機関も生まれました。執行役とは、取締役会の委任を受けて業務を執行する社員で、執行役員とは異なります。執行役は、取締役が選任および解任をします。

なお、委員会および執行役については、会社法でも引き続き取り入れられています。

会計参与制度の発足

会社法では、定款に定めることによって「会計参与」制度を導入することができるようになりました。会計参与になれる人は、公認会計士、監査法人、税理士、税理士法人など専門の資格を有する人です。

会計参与は、会社の計算書類を作成したり、株主総会で計算書類について説明することもあります。

会計参与は、株主総会で選任され、取締役と同じルールによって任期や報酬が決まり、設置する場合は登記事項になります。

5 合同会社（ＬＬＣ）と有限責任事業組合（ＬＬＰ）

ＩＴ関連のベンチャー企業等の会社形態として最適といわれている

ＬＬＣとはこんな会社

会社法によって誕生した会社形態に「合同会社」（ＬＬＣ）があります。

株式会社は、取締役や監査役、株主総会など機関の設計が法律によって細かく決められています。一方、合同会社は、出資者の責任を出資額の範囲内に限定できるうえに、社員の全員一致原則を前提にして、組合同様に利益や権限の配分を自由に行なうことができます。

合同会社は、１人でも会社を設立でき、社員（出資者）が業務を執行する権限を有しているので、組織運営が簡素化され、ハイテク分野などスピードを要する事業には最適の会社形態です。

ＬＬＰとはこんな会社

ＬＬＣよりもさらに注目される新しい会社形態に「ＬＬＰ」（有限責任事業組合）があります。

ＬＬＰは、会社法には規定されておらず、「有限責任事業組合契約に関する法律」で規定されている会社形態です。

株式会社と同様に、出資者は出資額以上の責任を負わず、民法組合と同様に、利益や権限の配分を出資比率とは関係なく決められ、取締役会や監査役などをおく必要もありません。いわば、株式会社と民法組合のメリットを融合させた事業形態といえます。

合同会社（ＬＬＣ）の意義

会社法では、株式会社以外の合名会社、合資会社、合同会社を「持分会社」としています。

つまり、株式会社では出資者の責任は有限ですが、さまざまな法令の規定によって成り立っています。

一方、合名会社や合資会社は、出資者が無限責任を負っている代わりに、自分たちでルールを決めて運営することができる人的資産を信用基盤とする定款自治の会社です。

この両方の特徴をあわせ持つ会社として登場したのが合同会社です。すでに、諸外国では広く存在している人的資産を活用する会社形態で、出資比率に関係なく合議制で損益分配をすることができ、会社の利益には法人税がかからず、構成員個人に税金がかけられることが特徴です。

経営用語&ミニ知識

ＬＬＣとＬＬＰ　ＬＬＣは「Limited Liability Company」の略、ＬＬＰは「Limited Liability Partnership」の略。英語のフルネームで書かれると違いがわかる？　また、類似形態として、ドイツのGmbH&Co.KG、フランスのSASがあげられる。

しかし、日本の場合は法人課税になりました。そのため合同会社は、諸外国と区別するために「日本版ＬＬＣ」と呼ばれています。

LLPのメリット

ＬＬＰは会社法の枠外で誕生したもので、ＬＬＣと異なるところは、会社ではなく組合だということです。そのため、ＬＬＰには法人税が課税されず、出資者に直接課税されます（構成員課税）。

◆合同会社（LLC）のメリット◆

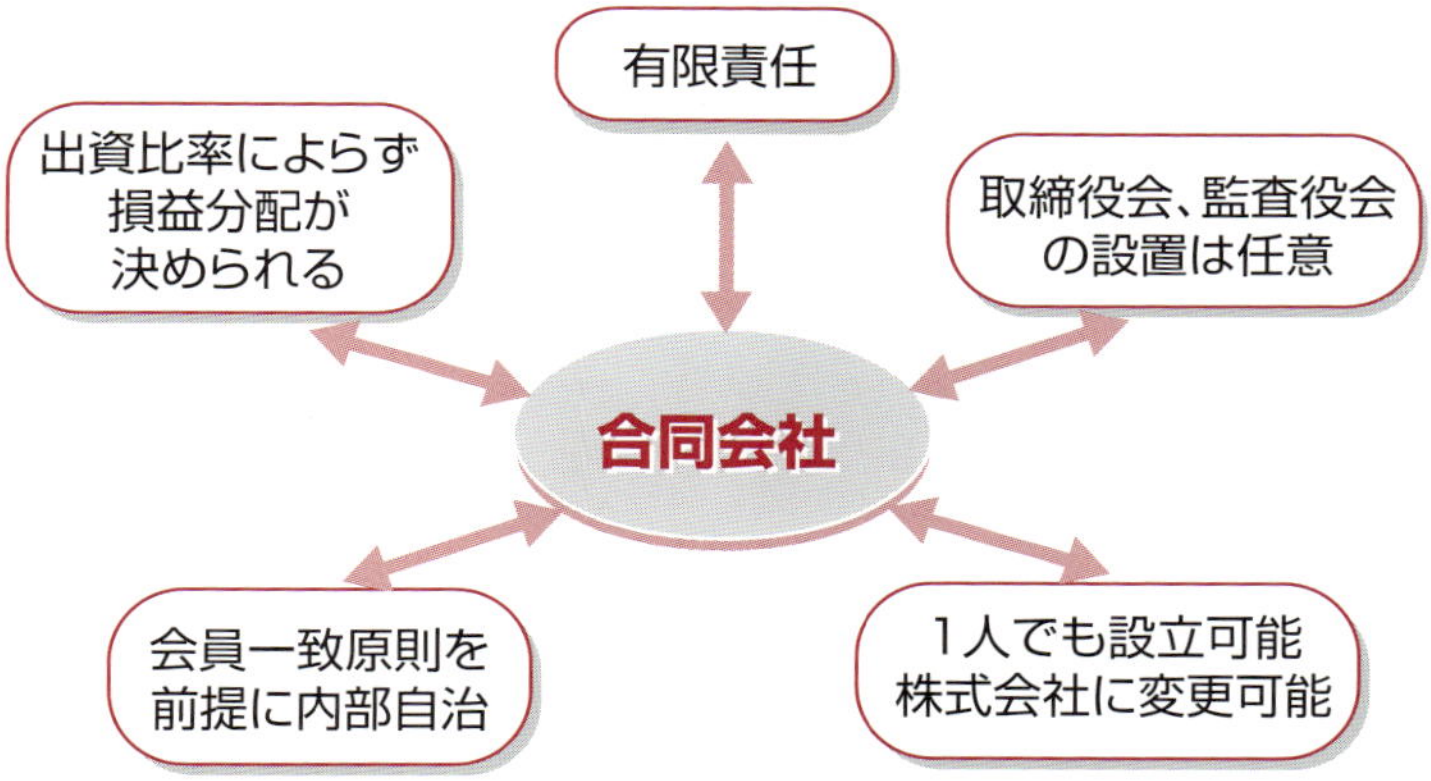

◆有限責任事業組合（LLP）のつくり方◆

つくり方

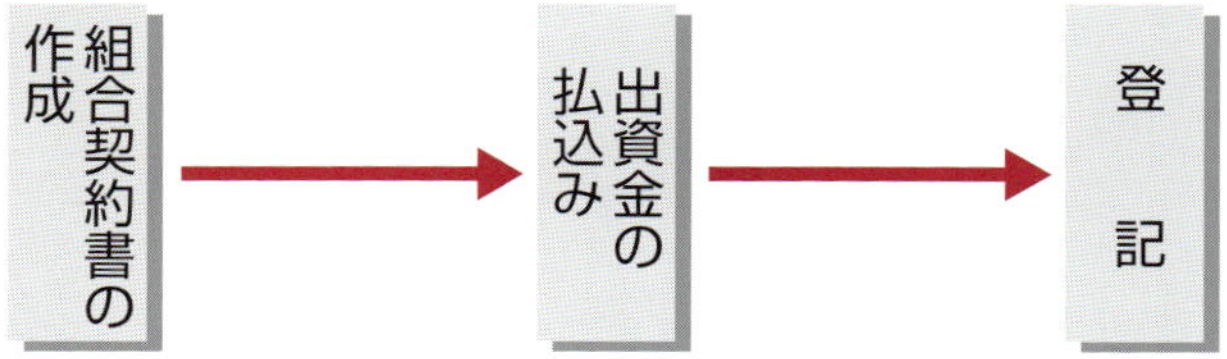

特　徴

- 構成員全員が有限責任
- 損益の分配など自由に決められる
- 構成員課税の適用を受ける
- 計算書類の開示義務
- 構成員は業務執行への参加義務
- 制度の濫用の禁止

6

そもそも会社とは誰のものか？

会社は経営者のもの、従業員のもの、株主のもの…、といろいろな考え方がある

M&A、粉飾、身売り…

ライブドア対フジテレビ、楽天対TBS、西武王国の崩壊、カネボウの粉飾、ダイエーの身売り……など、ここ数年、日本企業が直面してきた数々の事態は、株式市場の大衆化に向けて大きな流れとなって、われわれに「会社は誰のものか」という問題を投げかけています。

特に、ライブドアによる買収騒動は、株式専門家や投資家、エコノミスト、経営者などの特殊な人々だけの問題ではなく、大衆の投資家や一般のビジネスマンでも関心を持つキッカケになりました。

上場会社は誰のものか

〝会社は誰のものか〟を考える場合のポイントは、同じ会社でも、上場している大会社と、株式を公開していない個人事業主や中小企業の場合とでは異なってきます。

株式を公開していない会社、特にオーナー企業では、資本家が経営者であり株主であるケースが多いので、会社は経営者のものといえます。

しかし、株式を公開して不特定多数の株主が多くなると、株主の意思を反映した経営が求められてきます。

冒頭で紹介した一連の騒動においても、ライブドアの主張は「会社は株主のものである」という明快なものであり、一方、放送会社の経営陣は「会社は従業員のものである」という立場を表明していました。

さらに、政治家やマスコミ関係では、「会社は社会の公器である」という主張を展開していました。

株式を公開していないオーナー企業は少し違ってきますが、主に上場している大会社では、次の3つが〝会社は誰のものか〟ということの柱となります。

会社は社会の公器である!?

1600年にイギリスの貿易会社である「東インド会社」が歴史に登場して以来、会社を1つの人格（法人格）として取り扱うという考え方があり、もともと会社は社会の統制下で存在するというものでした。日本でも、戦前の「満鉄」を始め、国営企業として発展した会社があり、多くの「財閥」企業を生み出しました。これらの会社は国家の枠組みの

経営用語&ミニ知識

ROE　Return on Equityの略。株主資本に対して、どのくらい利益が獲得されたかを示す、株主に対する収益還元に重点を置いた経営指標。株主から集めた資金をどれだけ効率的につかって利益をあげたかがわかる。ROEが高いほど効率的な経営ができているといえる。

◆公開・非公開で会社の持主は異なる◆

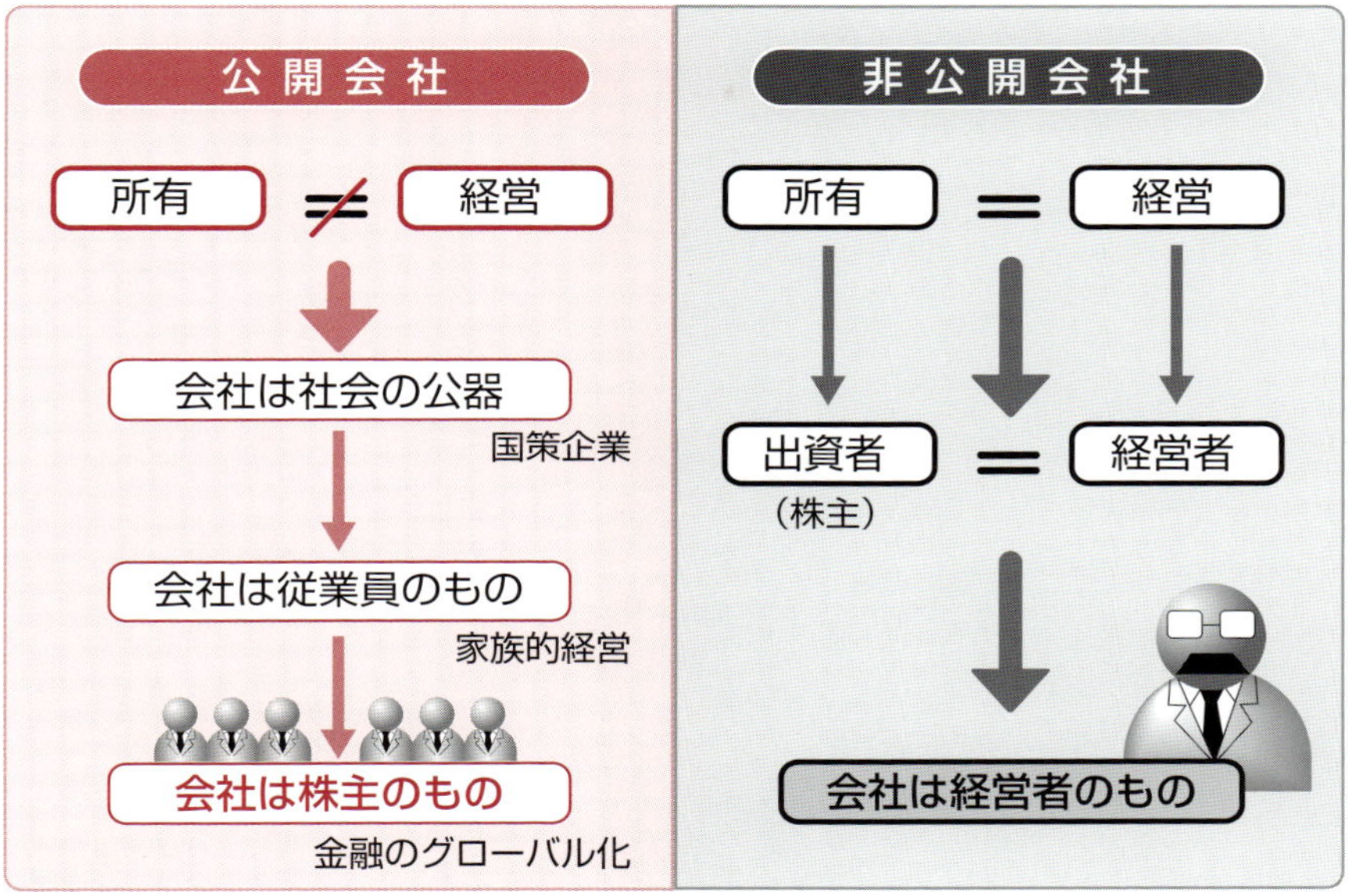

もとで公器としてつくられ、次第に産業社会全体に適応され進化してきました。

　戦後、米国流の資本主義が導入され、株式市場の開放とともに、所有と経営の分離が活発化し、JR、JT、そして郵便局の民営化が進められ、「官」から「民」へのさらなる市場開放が求められています。

会社は従業員のもの

　この考え方は日本人が最も親しんできたもので、その背景には「家族的経営」と「同族経営」という、家族が会社を構成するという原型から生まれています。

　特に日本では、家族的経営の風土が江戸時代からの伝統的な行動様式として存在し、トヨタ・日立・松下など戦後の日本を代表する企業の発展に貢献しています。

株主主権主義の台頭

　バブルの崩壊後、金融のグローバル化によって、投資銀行をはじめ世界の投資ファンドが、資本市場の共通の評価基準として、ROE（株主資本利益率）、EPS（1株当たり利益）、EVA（経済付加価値）などを使用するようになりました。

　グローバルな上場企業のモノサシは株価であるという株主主権主義が明確でないと、上場企業は上場を維持できない状況にあります。

7

株式公開（IPO）のメリット・デメリット

事業経営に他人の資金も活用するためには株式を上場するとよい

株式公開とは

株式公開（IPO：Initial Public Offering）とは、自社の株式を誰もが自由に売買できるように、株式を市場に流通させることです。

会社の事業を営むためには、自分の資金だけでなく他人の資金も必要となります。このような場合に、日本の会社の多くは、まず銀行から借金して資金を調達しますが、これを「間接金融」といいます。

しかし、銀行から借金するには、借入金の利息もかかるし、借入れのための担保も必要です。また当然、返済もしなければなりません。

そこで、利息も払わず、返済もしなくてよい資金の調達方法、それが、株式を発行して株主になってもらう方法です。これを「直接金融」といいます。

直接金融のために、株式の売買を行なうところが証券市場です。証券市場は、株式を売って資金を調達する人と、投資のために株式を取得する人が出会う場所です。

会社は株式を公開することによって、資金を市場から調達することができるわけです。

株式上場の種類

株式を公開するには、証券取引所への上場とジャスダック市場への上場の2つの方法があります。

証券取引所への上場というのは、証券取引所（東京・大阪・名古屋・福岡・札幌）に株券の売買を申請して始まります。証券取引所では、買いの場合は価格の高い注文を、売りの場合は価格の安い注文をほかの注文に優先して、オークション方式によって売買を行ない、公正な価格を決定します。

証券取引所での売買は、正会員である証券会社しかできません。一般の投資家は、証券会社に取引を委託することになります。

一方、ジャスダック市場への上場というのは、日本証券業協会に店頭売買銘柄として登録し、売買を行なう方法です。

店頭取引では、売買の注文を証券会社が売り手と買い手の間に立って仲介します。一般に、ジャスダック市場では小型株が多く、株式数が少ないため、売買高は小さい傾向にあ

経営用語&ミニ知識

ジャスダック　日本最大のベンチャー市場。2004年に「店頭売買有価証券市場」から「取引所有価証券市場」に転換し、札幌証券取引所以来となる新設の証券取引所である「ジャスダック証券取引所」として業務を開始した。

◆株式公開にはどんなメリットがある？◆

株式公開のメリット

会社のメリット

- 資金調達能力の増大と財務体質の改善
- 社会的信用の増大と知名度の向上
- 経営管理の組織化と内部管理体制の充実
- 人材の確保と従業員のモラルの向上

株主のメリット

- 創業者利潤の確保と個人保証リスクの解消
- 株式の流通性の増大
- 公正な株価の形成と資産価値の増大
- 株式の換金性の向上
- 従業員へのストックオプション

株式公開のデメリット

- 社会的責任の高まり
- 株式の買い占め対策
- 企業情報の開示義務の増大
- 株主総会の運営対策
- 日々の株価への関心度の増大
- 株主からの要求の増大

ります。

また、証券市場に新興企業を登場させ、資本市場から直接資金を調達できる場所を提供する目的で、東京証券取引所が「マザーズ」、大阪証券取引所が「ヘラクレス」、札幌証券取引所が「アンビシャス」、名古屋証券取引所が「セントレックス」、福岡証券取引所が「Q－Board」を創設しています。

株式公開の基準

会社が株式を上場して、株式を公開する場合には、一定の資格要件が定められており、その審査基準には、形式基準と実質基準があります。

形式基準とは、公開株式数、株式の分布状況、時価総額、株主資本の額、利益の額、公認会計士の監査意見、株券の様式、株式の譲渡制限など一定の数値基準です。

実質基準とは、会社の経営基盤の安定度、株式公開後の業績見通し、経営管理組織の整備状況など、実質的な審査による基準です。

8

CSR（企業の社会的責任）の考え方

企業の社会問題と環境問題は企業自身の責務として考えなければいけない

CSRの背景

　CSR（Corporate Social Responsibility＝企業の社会的責任）とは、企業の社会問題と環境問題を、企業の責務として利害関係者との関係のなかに自主的に取り込むことです。

　つまり、企業経営の評価を、財務判断のみでなく、公平・公明・公正な社会を築き、より豊かな社会へ転換していこうという考え方です。

　企業の社会的責任というテーマは、公害問題や社会貢献活動などから一般化しました。さらに、メセナ活動、企業倫理のあり方、環境経営活動などから発展してCSRになったのです。

　また、わが国では江戸時代の商家の家訓には、すでにCSRに通じるものが見受けられます。たとえば、

- 伝来の家業を守り、決して投機事業を企てるなかれ（伊藤松坂屋）
- 一時の機に投じ、目前の利にはしり、危険の行為あるべからず（住友家）

など、一発勝負型の投機的な事業を戒め、本業中心にして人々の役に立つといった「社会との共生」や「公益を先にし、私利を後にすべし」という考え方を基本にして活動しています。

SRIとの関係

　SRI（Socially Responsible Investment＝社会的責任投資）とは、従来の財務数値によって企業評価をするだけでなく、環境面や社会的側面に対する評価も加えて投資するという考え方です。

　つまり、SRIでは投資をするときの条件として次のような項目を評価の対象とします。

- 原材料や生産財に、環境を汚染し、破壊するものを使用していないか
- 公正な労働条件のもとで活動しているか
- 法令を遵守し、公正な競争条件で生産しているか
- 土壌汚染や水質汚染など環境汚染のリスクが少ないか
- 企業不祥事などを起こさないか
- 発展途上国に対する配慮がなされているか
- 顧客に対して、十分なサービスや満足を与えているか

●地域社会との良好なコミュニケーションができているか

このような項目を評価して金融機関等が企業を投資対象として選別し、ファンドを組むわけです。

これからのCSRの展開

CSRの源流といえるヨーロッパでは、CSRの発展を環境・社会・経済の3本柱でとらえています。一方、日本やアメリカでは環境と経済が主流となっています。

わが国の産業界では、社会のニーズを企業活動に取り組み、2002年ごろからCSRが積極的に研究され始めました。企業の評価は、財務内容や株主、投資家に対する責任といった貨幣価値に測定できるものから、もっと幅広い、環境問題や社会問題、さらに生物多様性や生態系を守るといった、より企業の根源にかかわる要素によって評価していく方向へと進んでいます。

◆CSR活動の展開◆

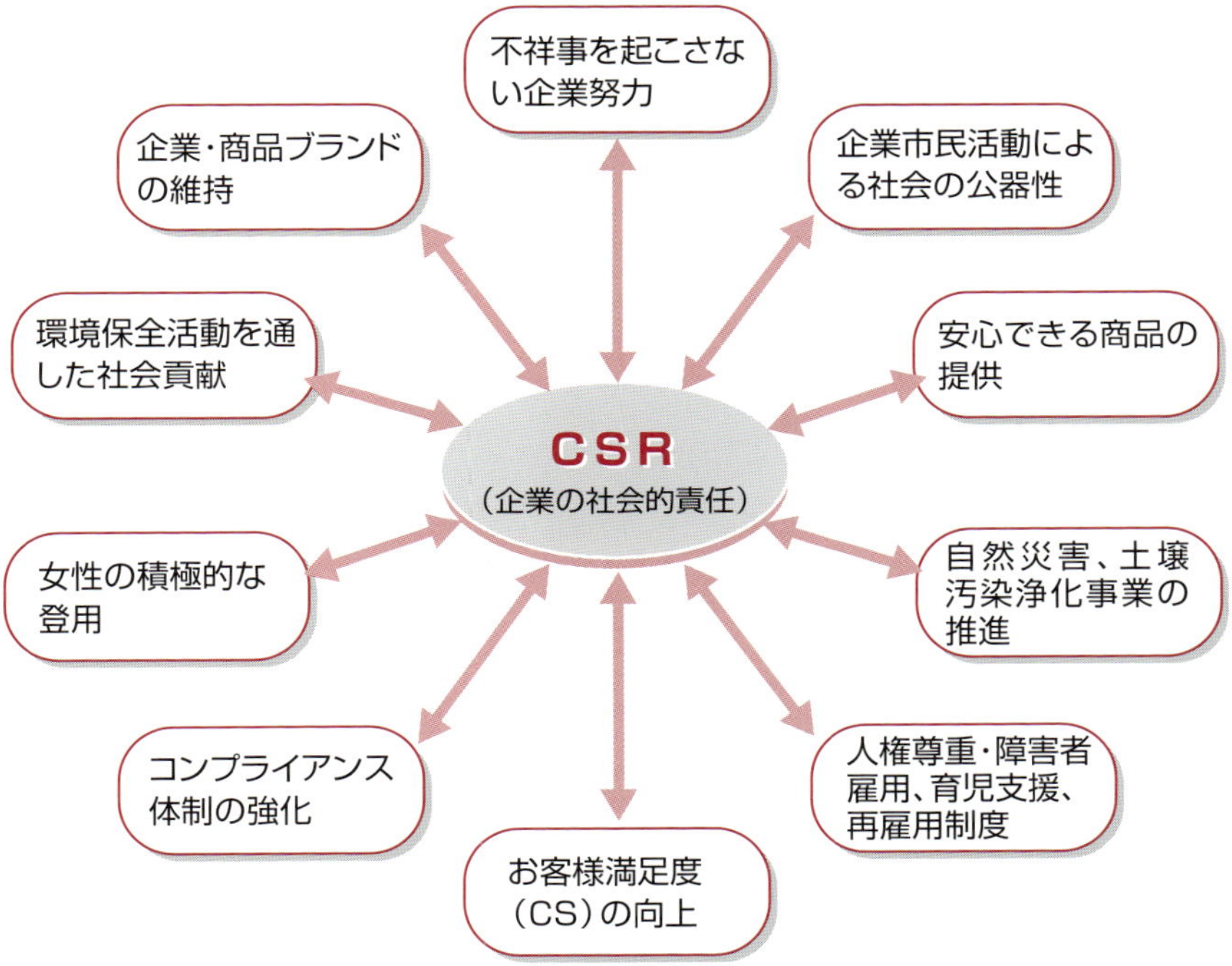

経営用語&ミニ知識

メセナ活動　「メセナ」は芸術文化支援を意味するフランス語。古代ローマ時代の皇帝アウグストゥスに仕えた高官マエケナスが詩人や芸術家を手厚く庇護したことから、後世その名をとって「メセナ」というようになった。日本では教育・環境・福祉なども含めた「企業の行なう社会貢献活動」と、広義の解釈でも使用される。

9 経営のはたらきとは何か？

企業が維持・発展していくためには、ヒト、モノ、カネ、情報などが必要

ビジョンと経営資源

経営とは、必要な資源を使って付加価値を生み出し、会社の寿命を延ばしていくことです。

そのためには、まず会社の目的であるビジョンが必要になります。つまり、車の前輪にあたるビジョンと、後輪にあたる経営資源が有効にはたらくことが経営には必要なわけです。

そのためのしくみや工夫が、戦略や管理といわれるものです。

ビジョンを決めるには、まず、企業がこれからどこに向かって進んでいくのかという企業の走り方が必要となります。ビジョンには、企業の目的としての経営理念や社是、社訓、さらに目標や方針、事業領域などがあります。

一方、企業が経営ビジョンに向かって、永続的に維持、発展していくためには、ヒト、モノ、カネ、情報、時間さらには知恵、知識などのナレッジが必要です。

ただし、経営資源には限りがありますから、いかに有効に活用していくかという、効率性や生産性、合理性が経営の重要なポイントとなります。

会社の寿命は何で決まる？

企業を維持・発展していくためには、会社の寿命を延ばしていかなければなりません。

しかし、現実はなかなか厳しいものがあり、毎年新たに設立される会社のうち、会社の寿命が10年以上維持できる会社は10社に1社くらいしかありません。つまり、10社のうち9社は会社の寿命が10年未満ということになります。

それでは、会社の寿命は何で決まるのかといえば、それは次の3つの要素が求められます。

①社会貢献

会社が存続し、会社の寿命を延ばしていくためには、社会のために役立とうという大義名分があるかどうかがポイントになります。

企業は社会の役に立ち、お客様に喜ばれるからこそ、売上を増やしていくことができるのです。ですから、売上高は社会にどれだけ貢献しているかのバロメーターといえます。

経営用語&ミニ知識

世界最古の会社　世界最古の会社は、寺社仏閣建築の設計・施工、城郭・文化財建造物の復元・修理等を主に手がける、578年創業の建築業者の金剛組といわれている。金剛組は現在も続いており、株式会社化は1955年に行なわれ、いまは高松建設の傘下となっている。

②利益の確保

会社の利益は、資金の源泉となるものです。会社の資金は人間の血液と同じですから、利益を生み出すことができなければ、いつか必ず会社は倒産することとなります。

また、利益を上げるということは、納税するということですから、企業にとっては大切な社会貢献を果たしていることにもなります。

売上を伸ばして、利益を拡大していくことに、企業の社会的な存在意義があるといえます。

③会社の成長

会社の成長なくして、そこで働く社員の成長も、幸福もあり得ません。そのためには、常に新しい商品や事業を開発して、新たな顧客を創造し、ライバル会社との競争に勝たなければなりません。

◆経営のはたらき◆

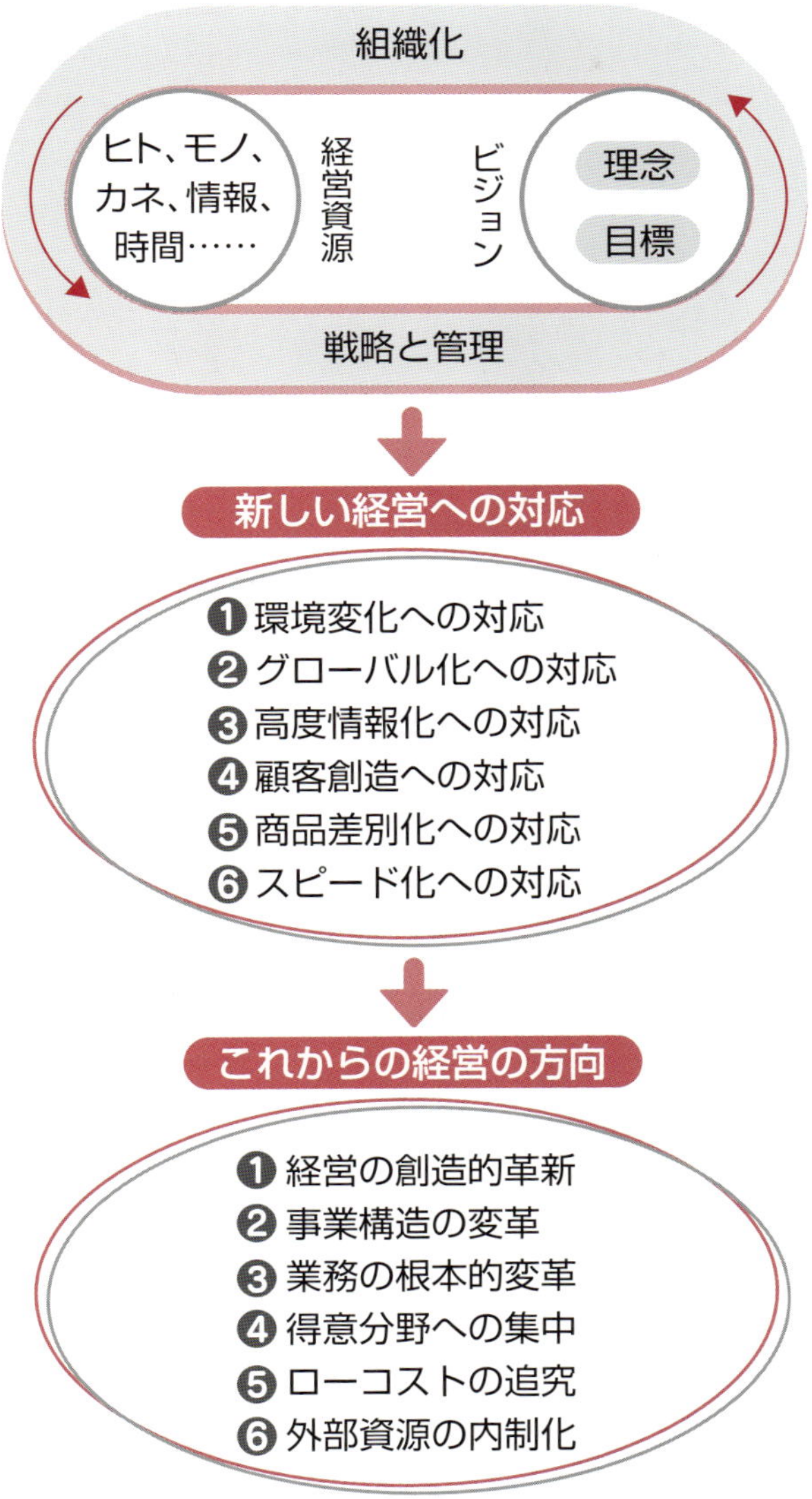

10 競争優位の経営とは

勝ち組になるためには、プロダクト・イノベーションとプロセス・イノベーションが必要

ソニーやホンダは、戦後、町工場からスタートして世界的なメーカーに成長しました。

また、バブル崩壊後、すべての企業が低迷する中で、ソフトバンクや楽天はIT産業という新しい市場を創造しました。

その一方で、ダイエーや西友、カネボウの崩壊など、多くの企業が負け組になっています。

2つのイノベーション

会社が勝ち組となって成長するには、社会的に意義のある新しい価値を創造する技術革新（イノベーション）が必要となります。そしてイノベーションには、独自の商品や技術によって新たな需要を喚起する「プロダクト・イノベーション」が必要です。

しかし、売れる新商品には、必ずライバル会社が出現します。そこで、競争会社に勝つためには、新しい生産方法や商品を効率よくつくるためのコスト削減などの「プロセス・イノベーション」が必要になります。

世界的に知られる日本企業のプロセス・イノベーションの1つが、トヨタ自動車の「かんばん方式」です。

コア・コンピタンス経営

勝ち組になるには、顧客に対して新しい価値を創造していくことが不可欠です。

そのためには、他社がマネのできない自社ならではの中核的能力が必要です。これを「コア・コンピタンス」といいます。

コア・コンピタンス経営を実践していくためには、その会社の経営資源を集中して、新製品開発技術、商品企画力、技術力、営業販売力、情報収集力など、その企業がもつ他社にはない独自の卓越した核となる能力（強み）を身につけることです。

このことが、他社に負けない競争力を高める源泉となります。

ビジョナリー・カンパニー

勝ち組企業と負け組企業との違いはどこにあるのか――このテーマに基づいて、米国のスタンフォード大学ビジネススクールで研究した結果、優れた企業には、次のような共通の項目がみられました。

①明確なビジョンをもっている

②未来志向の企業

③先見的な企業
④業界で卓越した企業
⑤同業他社から広く尊敬されている
⑥消えることのない足跡を残している
⑦大きなインパクトを与え続けている

永続的な成長力をもった優良企業は、進歩をうながすビジョン経営を行なっています。

勝ち組の条件とは

激しい環境の変化や競争関係の中で、企業が勝ち組として生き残っていくためには、次のことが重要なポイントになります。

①企業の勝ち負けを左右するものは、外部環境にあると強く認識すること
②過去にこだわるのでなく、未来に対しての夢を持ちつづけること
③問題点やリスクを解決することを目的とするのではなく、まずビジネスチャンスの開発に力点を置くこと
④自社ならではの強みによって、独自の経営スタイルをつくりあげ、的を絞って節（フシ）をつくりあげること
⑤社員の心を動かす魅力あるビジョンをつくりあげるとともに、個性を尊重し、その会社固有の企業文化をつくること

◆これが「勝ち組」の条件だ！◆

1. 企業の勝ち負けを決めるのは、外部環境（マーケット）にあると認識する
2. 自社の強みの上にコア・コンピタンスを発揮する
3. 問題解決やリスクの回避より、ビジネスチャンスの開発にフォーカスする
4. 常に新しいものに挑戦する
5. 自社ならではのフシをつくる

経営用語&ミニ知識

ビジョナリー・カンパニー　米スタンフォード大学の教授が提唱した企業概念。ＧＥ、ＩＢＭ、ウォルト・ディズニー、ソニーなどが例にあげられる。また、新興企業のなかでも、Googleは突出したビジョナリー・カンパニーといえよう。

11 経営者に求められる役割とは

経営者＝取締役は、経営責任と業務執行を分離して役割分担する傾向にある

経営者とは、会社全体の運営を遂行する者で、一般に社長、専務、常務などと呼ばれています。

法律的には「取締役」ということになり、一般社員とは異なり、会社経営の重要決定機関である取締役会のメンバーとして登記することになります。

取締役の義務

法律（会社法）では、取締役に対し2つの重要な義務を規定しています。

①**忠実義務**……会社の決議事項を守り、会社のために忠実に職務を執行する義務

②**競業避止義務**……取締役は会社と同じ分野の仕事を個人で行なってはならない

さらに取締役は、任務を怠ったり、重大な過失により会社に損害を与えた場合には、会社だけでなく取引先や顧客に対してもその損害を賠償しなければなりません。

トップマネジメント

ひと口に「取締役」といっても、取締役にはヒラ取締役がありますし、代表取締役社長、専務取締役、常務取締役などもおり、日本の慣習ではこれらを「重役」と呼んでいます。代表取締役や専務、常務などは、取締役会とは別に「常務会」のメンバーを構成し、業務では最高の意思決定機関となっています。

ところが、最近のグローバル化にともない、経営にも米国型の考え方が導入されています。つまり、経営責任と業務執行を分離するやり方が取り入れられ、経営に関する最高責任者をＣＥＯ、実行面の最高執行者をＣＯＯ、最高財務責任者をＣＦＯ、情報担当役員をＣＩＯと呼んでいます。

ちなみに、日本企業の場合、ＣＥＯの役割は社長が務めることになります。

オーナー型とサラリーマン型

同じ経営者でも、株式を公開している大会社の社長と、非公開会社で株式の50％以上を所有しているオーナー社長とでは、経営者としての役割は同じでも、義務や権限は大きく異なります。

オーナー社長は、いわゆるワンマン経営者で、本人の意思が経営に直

経営用語&ミニ知識

欧米型業務執行役員の名称　ＣＥＯはChief Executive Officer、ＣＯＯはChief Operating Officer、ＣＦＯはChief Financial Officer、ＣＩＯはChief Information Officerのそれぞれ略称。この欧米型システムは、日本企業においても採用されるようになってきた。

◆経営者の役割◆

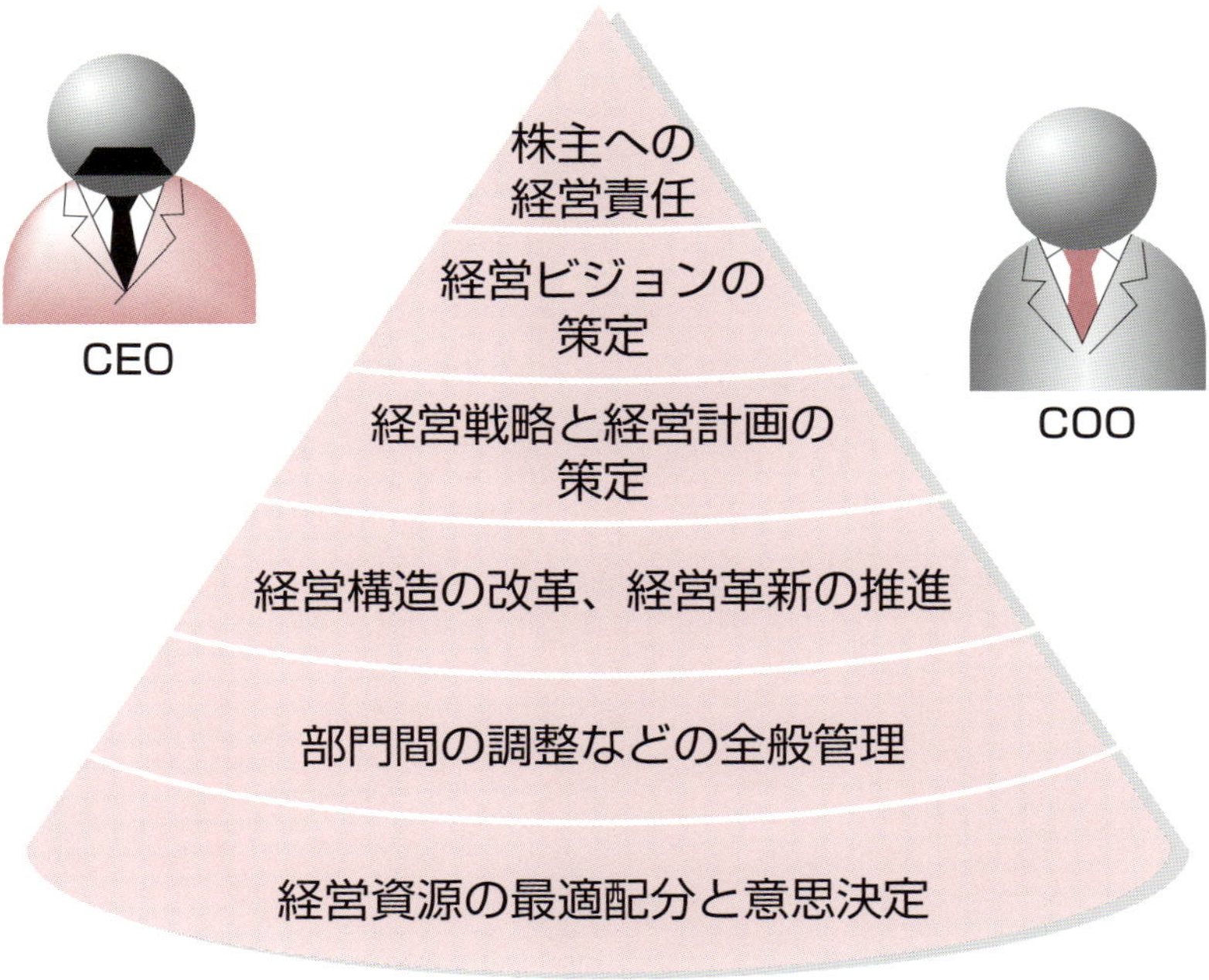

結し、直感的にビジネスのチャンスやリスクを感じることができ、すべてにスピードアップを図ることができます。

また、社長の思いのままに経営しても、株主総会でその責任を追及されることもありません。

一方、株式を公開している大会社の社長は、いわゆるサラリーマン社長がほとんどですから、株式の所有も少なく、社長の座は取締役会と株主総会で決められ、重要な経営判断は合議制で決定されます。

世の中の変化が激しい現代では、意思決定のスピード化が求められ、そこで取締役会のメンバーをできるだけ少なくして、業務の実行については「執行役員」に任せる制度が普及してきています。

いずれにしても、会社の運営は経営者によって決まり、特に社長は、会社の将来を決める「要」となります。

12 これからの日本型経営を考える

旧来の日本型経営システムは崩壊し、グローバルスタンダードな視点がのぞまれる

戦後60年、日本の経済は高度成長期からバブルの崩壊、金融の破綻、統合化そしてグローバル経済へ、日本経済の栄光と苦悩は、国際化と市場化に向けて舵を切りました。そして、選択と集中によって経営革新を果たし、市場経済に対応できる新しい経営システムを構築していくことが、これからの日本型経営の条件となります。

三種の神器の崩壊

1970年代後半から80年代にかけて、先進国で唯一、高度成長を遂げていた日本の会社は、日本的経営の〝三種の神器〟という経営スタイルによってジャパン・アズ・ナンバーワンを形成していました。

三種の神器とは、次の経営スタイルをいいます。

①**終身雇用制**……入社したら定年まで働くことによって、会社が家族同様という帰属意識を生み、それが日本の会社の強さを支える大きな要因となりました。

②**年功序列制**……年齢とともに賃金と役職が上がっていく制度。このことが終身雇用とともに社員の生活の安定を保証し、会社人間を育てる土壌となりました。

③**企業別組合**……欧米の労働組合は産業別に構成されていますが、日本では企業ごとに組織された、いわゆる御用組合が構成され、経営者と組合が協調関係にあり、これも日本企業の強さの元になっていました。

このほか、系列取引、株式の持ち合い、間接金融、政・官・業の一体化など、日本独特の経営形態と株主の関係を維持していました。

グローバルスタンダード

ソ連の崩壊や中国の民主化、高度情報化社会の到来、金融・会計ビックバンなど、開放的な市場経済が、国境を越えて、企業経営に直接影響を与えるようになりました。

いわゆるボーダレス化、グローバル化がますます進む時代となってきたのです。

そこで、世界を1つの市場として、世界共通のルール・やり方で経済活動を行なうグローバルスタンダード（世界標準）の経営システムが求められるようになってきました。

経営用語&ミニ知識

金融・会計ビックバン　金融ビックバンは1990年代後半から取り組まれ、大幅な規制緩和により業界内の垣根は取り払われ、銀行・証券・保険の3業種は相互参入を果たした。また、会計ビックバンによって、国際会計基準に即応して、新連結会計原則、キャッシュ・フロー計算書の作成基準など数々の会計基準が改定・整備された。

日本的システムとグローバルスタンダード

	日本的システム	グローバルスタンダード
重要な経営目標	売上の増大 マーケケット・シェア 雇用の安定 安定配当	利益の増大 企業価値の極大化（EVA） 株主への利益還元
重要な企業関係者	①顧客第一主義 ②従業員 ③株主	①株主中心主義 ②顧客 ③従業員
重要な経営指標	売上高 総資産 経常利益	株主資本利益率（ROE） 総資産利益率（ROA） キャッシュフロー
企業会計システム	原価主義・単体	時価主義・連結
業績悪化時の対応	①経営者の報酬削減 ②不採算部門からの撤退 ③人件費削減（パート・アルバイト、新卒採用抑制中心）	①人材費削減（レイオフ・解雇） ②不採算部門からの撤退（売却） ③企業買収・統合 ④アウトソーシング

このように、地球規模での開放経済は、すべてにビジネスチャンスの拡大をもたらし、さらなる勝ち組企業を生み出す場となっています。

反面、大競争時代の中で、力のない企業は負け組となる可能性も大きくなっています。

新しい日本型経営

このような時代背景の中で、日本企業の進むべき経営活動の方向は、2つのスタイルが考えられます。

1つは、覚悟を決めてグローバルスタンダードに適応するように経営革新を行ない、全方位的に国際社会の対等な一員として、自社方位でない行動が求められるということです。

もう1つは、国際的な視野・思考を持ちながらも、徹底して日本の伝統文化を守った、世界に通用するローカルスタンダードなスタイルをつくりあげていくことです。

国づくりを歴史の時間でとらえるなら、中国は4千年、日本は2千年、ところが米国はわずか2百年です。

戦後60年のスタンスでとらえるなら、現在のグローバルスタンダードの座標軸は米国型ですが、これからの千年単位のステージでとらえるなら、わが国にも別の生き方があるのかもしれません。

しかし、市場経済主義の世界観や米国の保護のもとで生きてきたわが国にとって、いまさら別の生き方をしていくことができないとするならば、早急にグローバルスタンダード経営に転換して、世界共通のステージの上に立ち、品格のある市場経済を創設し、そこから新しい日本型経営のビジネスモデルをつくりあげることがのぞまれます。

経営者列伝

1 技術×マーケティングでのジャパニーズドリームの具現者

井深大&盛田昭夫（ソニー）

◆偶然の再会

もし、朝日新聞に掲載された井深大（いぶか まさる）についての記事を盛田昭夫が読まなかったとしたら、ひょっとしたら、今日のソニーは生まれなかったかもしれない。

盛田昭夫は、名古屋でも有名な造り酒屋の長男に生まれ、いずれは家業を継ぐことになっていた。しかし、旧知の仲である井深大が戦後ほどなくして、東京でラジオの修理会社を始めたという記事は、盛田にとっては、どうしても井深を訪ねてみたいという気にさせるには十分な内容だったのだろう。

井深大と盛田昭夫はソニーを世界的な大企業に育て上げた創業者であり、「ジャパニーズドリーム」の具現者として高い人気を誇っている。

◆技術者のための会社

東京通信工業（現：ソニー）が設立される際、井深が「設立趣意書」を起草した。この中で、「真面目ナル技術者ノ技能ヲ最高度ニ発揮セシムベキ自由闊達ニシテ、愉快ナル理想工場ノ建設」を設立の第一の目的としている。

この設立趣意書から、技術者のための会社をつくりたいという想いを抱いていたことがうかがえる。

◆999通りの使い途

理想とは裏腹に、ソニーといえど、設立間もない小企業の例に漏れず、日銭を稼ぐこととの苦闘が始まった。

そうした中で井深が目をつけたのがテープレコーダの開発だった。当時、技術先進国のアメリカですら貴重品であったこの商品を、一からつくり上げるのは大変な苦労であったが、人々の反応は芳しくなかった。

思案の末、盛田はアメリカから「テープレコーダ999の使いかた」という小冊子を取り寄せ、使い途から研究し直し、実際に使い方から買い手を提案していく販売方法を考えつき、商品の改良もあってテープレコーダは広く普及するようになった。つまり、今でいうマーケティングをこの時代から実践したのである。

◆盛田昭夫の意外な一面

盛田昭夫というと、日本のみならず国際的に活躍したビジネスマンであり、世界の著名人と親交を深めていた。しかし、実際の盛田は非常に内気でシャイな性格だったようだ。しかも、海外に雄飛するにも初めは英語がまったく話せなかったという。

これは、人一倍の努力の中で一流のコミュニケーション能力を培っていった盛田の様子が目に浮かぶエピソードである。

2章

経営戦略と経営計画のしくみ

1 経営戦略の基本的な考え方

勝ち組となるための経営戦略は、「競争戦略」と「成長戦略」が基本

もともと「戦略」とは軍事用語であり、歴史上の戦略家としては孫子、諸葛孔明、日本では織田信長、武田信玄などが有名です。

近代の軍事研究では、ランチェスター戦略がその代表で、これは、第2次世界大戦を研究対象として発展した戦略です。

なお、これらを土台にしてドラッガー、ポーター、コトラーなどの現代経営戦略が構築されてきました。

戦略と戦術の違い

経営戦略とは、将来の企業ビジョンを達成するための体系的な道筋を示したシナリオです。

そのためにまず明確にしなければならないものが、「事業ドメイン」と「競争優位性の確保」です。

事業ドメインとは、どの事業で商売するかという事業領域・生存領域のことです。

事業領域が明確になったら、ライバル会社に勝つための競争優位の確立に向けた「差別化」を明らかにしなければなりません。

また、〝戦略〟と〝戦術〟は異なります。戦略は、ビジョンを達成するための方向性であり、その具体的な遂行手段である戦術とは区別されます。

競争戦略と成長戦略

ライバルに打ち勝って、会社の成長を維持していくための経営戦略は、「競争戦略」と「成長戦略」が基本戦略となります。

● **競争戦略**……マイケル・ポーター教授は、競争に勝つための経営戦略には次の3つがあり、このうち1つに経営資源を重点化すべきだとしています。

①コスト・リーダーシップ戦略

他社よりも安い価格で競争に挑む戦略です。そのためには、他社を圧倒するようなコストダウンを行ないます。

②差別化戦略

他社との製品やサービスに、他社にない魅力をつけて競争に打ち勝つ戦略です。

③集中戦略

特定の地域や顧客などに対して、徹底して資源を集中してコストダウンや差別化をする方法です。

● **成長戦略**……アンゾフの製品と市

経営用語&ミニ知識

ランチェスターの法則　英国のF・W・ランチェスターが第１次大戦における航空戦の損害率を武器の性能差も考慮したうえで数学的に分析し、簡潔な数式によって戦闘を計算できることを発見した法則。現代ではマーケティングで利用されている。

経営戦略の2つの基本戦略

競争戦略

		競争の優位性	
		低コスト	特異性
戦略ターゲット	全体	コスト・リーダーシップ戦略	差別化戦略
	特定	集中戦略	
		コスト集中	差別化集中

成長戦略

	現在の製品	新しい製品
現在の市場	市場浸透戦略	製品開発戦略
新しい市場	市場開拓戦略	多角化戦略

場の分類という基本的な考え方から、成長のための経営戦略は、次の4つの手法に分けられます。

①**市場浸透戦略**
　サービスの強化や価格面の優位性を出して、現在の商品の販売増を行なう戦略です。

②**市場開拓戦略**
　現在の商品を新しい市場で売ろうとする戦略です。

③**製品開発戦略**
　常に商品の改良や新しい商品を開発して、売上を伸ばしていく戦略です。

④**多角化戦略**
　まったく新しい事業を買収などによって、新たな収入源を増やしていく戦略です。

2 経営戦略策定のフレームワーク

経営戦略の策定には、経営ビジョン、経営戦略、経営計画の3つのプログラムが必要

経営戦略とは、将来の企業ビジョンを達成するための体系的なシナリオづくりであり、経営戦略を策定するためには、次の3つのプログラムが必要になります。

①**経営ビジョン**……自社のめざす将来像、つまり、事業を通して実現したい、あるべき姿を具現化したもの

②**経営戦略**……経営ビジョンを達成するための方向を示したシナリオ

③**経営計画**……戦略シナリオに基づいた、具体的なアクションプラン

戦略策定のステップ

経営戦略の策定は、次のようなステップで進めていきます。

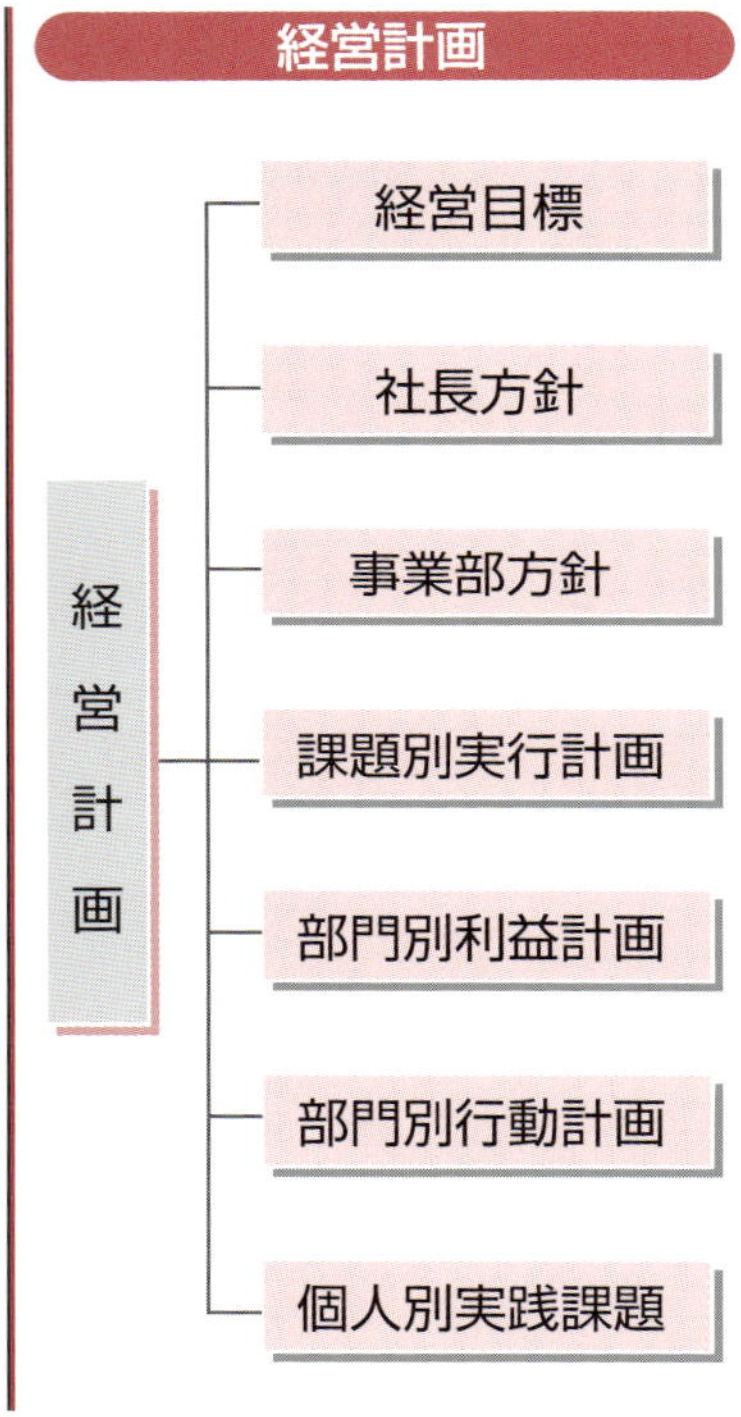

①**環境変化への対応**

自社を取り巻く外部環境と内部環境の分析からスタートします。現状分析の手法としては、SWOT分析が有名です。

②**事業戦略の策定**

全体戦略として、限りある経営資源の最も有効な配分を検討します。そのための分析手法がPPM（プロダクト・ポートフォリオ・マネジメント）です。さらに、企業として存続するための成長戦略や競争優位性を確保するための競争戦略、また、自社に蓄積すべき中核となる能力（コア・コンピタンス）としてブランド戦略が重要となります。

③**機能戦略の策定**

全社的な視点から、企業全体の方

経営用語&ミニ知識

PPM　多種類の製品や事業を展開している企業が、戦略的観点から経営資源の配分が最も効率的・効果的となる製品や事業相互の組み合わせを決定するための経営分析・管理手法。簡単で便利な手法ではあるが、実際にはほかの評価方法を併用すべきであるといわれている。

◆戦略策定の全体構図◆

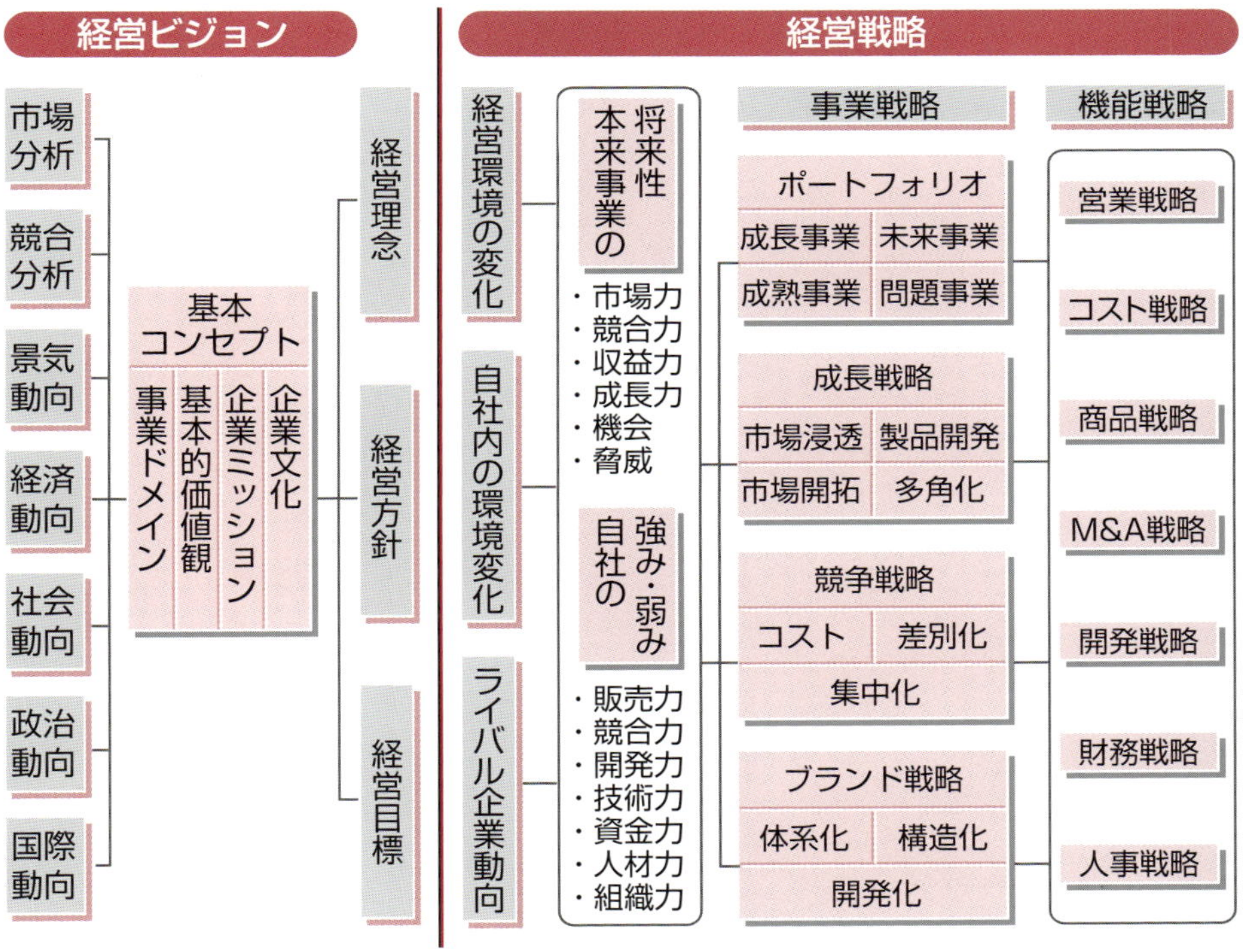

向性を策定して、次に、全体戦略を支える生産、営業、財務、物流などの機能別の戦略を策定します。

経営戦略の4C

経営戦略を分析したり、立案する場合に、経営戦略全体の枠組みでとらえていくと、複雑なものでも整理しやすくなります。これを経営戦略の「4C」といいます。

①**顧客（Customer）**……まず顧客ニーズを把握して、ターゲットとなる顧客を正しく見極めて絞り込む

②**競合（Competition）**……他社の弱みを見つけ出して、自社の入り込むところを探し出す

③**自社（Company）**……自社の強いところ、弱みを冷静に分析して強みであるコア・コンピタンスを蓄積する

④**チャネル（Channel）**……顧客と自社とをつなぐ販売チャネルを構築する

3 ミッション、ビジョンとは？

経営に対する考え方である経営理念は、ミッションとビジョンに分けて考える

●経営理念とは

経営者が企業経営に対して抱く願望、思い、志など基本的な価値観や信念、行動基準などを、具体的に表現したものが「経営理念」です。

「この会社はなんのために存在しているのか。どんな目的で、どのようなやり方で経営を行なうのか」といった、根本的な考え方、経営哲学を表わしたものであり、経営の健全な発展には不可欠なものです。

日本では、経営に対する考え方を経営理念という言葉で表現することが多いですが、本来の経営戦略の体系では、ミッションとビジョンに分けて考えるのが一般的です。

●ミッションとは

ミッションとは、企業の社会に対する使命、社会的責任、事業目的、組織の基本的方向、共通の価値基準など、企業存続の企業理念です。何のために事業をしているのかという、会社の存在意義を表わしたものです。

さらに、ミッションを掘り下げて考えてみると、その内容は次の3つに分けられます。

①社会的使命

社会的使命とは、「この会社の社会的な使命は何か」あるいは「この会社の経営目的は何か」と模索して応えることです。人間がある成長レベルに達すれば、「人生とは何か」「これからの人生をどう生きるか」と考えることと同じです。

②行動の基準

経営の目的を達成するための行動の基準です。いかに目的に近づける早道であっても、やってはいけない行動基準というものがあります。また、苦痛や苦労をともなっても、わが社はこういう考え方、やり方で進んでいくのだという、経営行動を律する基準となる考え方、行動に関することが行動基準といえます。

③変革への理念

本来、会社の企業理念は不変のものとして伝承されるべきものです。しかし、時代の変化に適合しなくなり、経営の本質的な領域も変革しなければならない状況にある場合には、新しい変革の理念を創造して、企業理念も変えていくことが必要に

経営用語&ミニ知識

松下電器の綱領　昭和4年、創業者の松下幸之助が経営理念として綱領を制定した。それには「松下電器の使命とは、生産・販売活動を通じて社会生活の改善と向上を図り、世界文化の進展に寄与すること」とあり、ミッションとビジョンを明文化している。

◆ミッションとビジョンが経営戦略の根幹◆

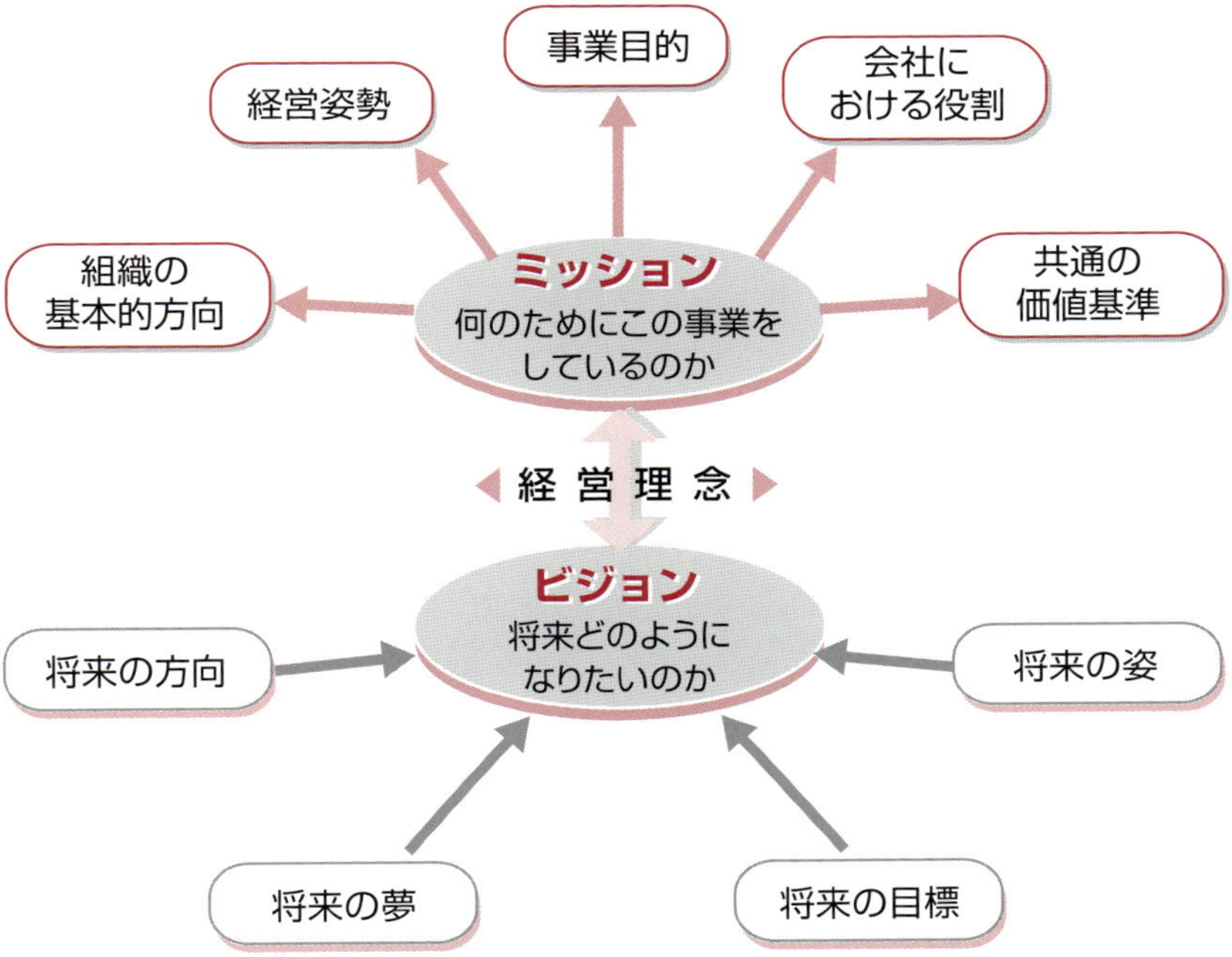

なってきます。

●ビジョンとは

ビジョンとは、企業がめざす将来像や望ましいあるべき姿を、社員・顧客・株主や社会に対して表明したものです。

特に、ビジョンの役割は、事業を通して実現したいことを明確にしたもので、企業の夢や目的、目標を具現化することです。

経営の理念は、その実践を通じて社風や企業風土、さらに企業文化を形成するものです。

ミッションとビジョンは、経営戦略の根幹をなすもので、経営戦略を立案する際の指針となるものです。

日本の場合は、ミッションとビジョンを明確に区分はしていませんが、経営理念や社是・社訓として明文化されているケースが多くあります。

4

事業ドメインを明確化する

事業ドメインは、顧客、機能、企業能力の3つを軸にして明確にしていく

事業ドメインの必要性

企業のミッションやビジョンを達成するために、まず明確にしなければならないことは、競争市場のどこに、どのように自社の存立基盤を築くかという「事業ドメイン」のテーマです。

つまり、企業には「当社の事業分野は何か」「当社の生存領域は」「当社の本業は何か」という自らに対する問いかけが常に必要となります。

事業ドメインを明確にすることによって、市場環境への対応と経営資源を投入する方向性が決まり、効果的に競争優位に立つことができます。

ドメインを構成する3つの軸

ドメイン（範囲）を決める場合には、まず、誰に対して、何を、どのようにしていくのかという3つの軸を明確にしなければなりません。

①**顧客**……誰に対して事業を進めていくのか

②**機能**……どのような価値や技術・サービスなどを提供するのか

③**企業能力**……自社の競争優位が活かせる、他社にはない、自社独自の企業能力をどのように発揮するのか

このように、ドメインの設定とは、「どのような顧客に対して（ＷＨＯ）、何を（ＷＨＡＴ）、どのように（ＨＯＷ）」提供するのかを特定することです。このことによって、企業の進むべき方向が明らかになり、経営資源をどこに集中すべきかが明確となります。

ドメインの形成

効果的に競争優位に立つことができて、事業の定義を明らかにすることは、経営戦略を立案するためのコンセプトになります。

事業ドメインの形成では、次の3つが重要なポイントとなります。

①**的を絞る**

事業ドメインを決める場合に、まず、誰に対して、何を投入すれば、自社の競争優位性を活かすことができるのか、市場のニーズの的を絞ること。

②**自社の強みを活かす**

自社の経営資源の強みをどのように活かせばよいのか、つまり、コア・コンピタンスを、どのような顧

経営用語&ミニ知識

ＩＴ時代の経営資源の投入　激しい業界競争に直面している企業にとって、コア・コンピタンスへの経営資源の集中、そして常に最新のＩＴを駆使した情報システムを取り入れた経営が必須となっている。そのため、情報システム機能をアウトソーシングしている企業も多い。

◆事業ドメインのしくみ◆

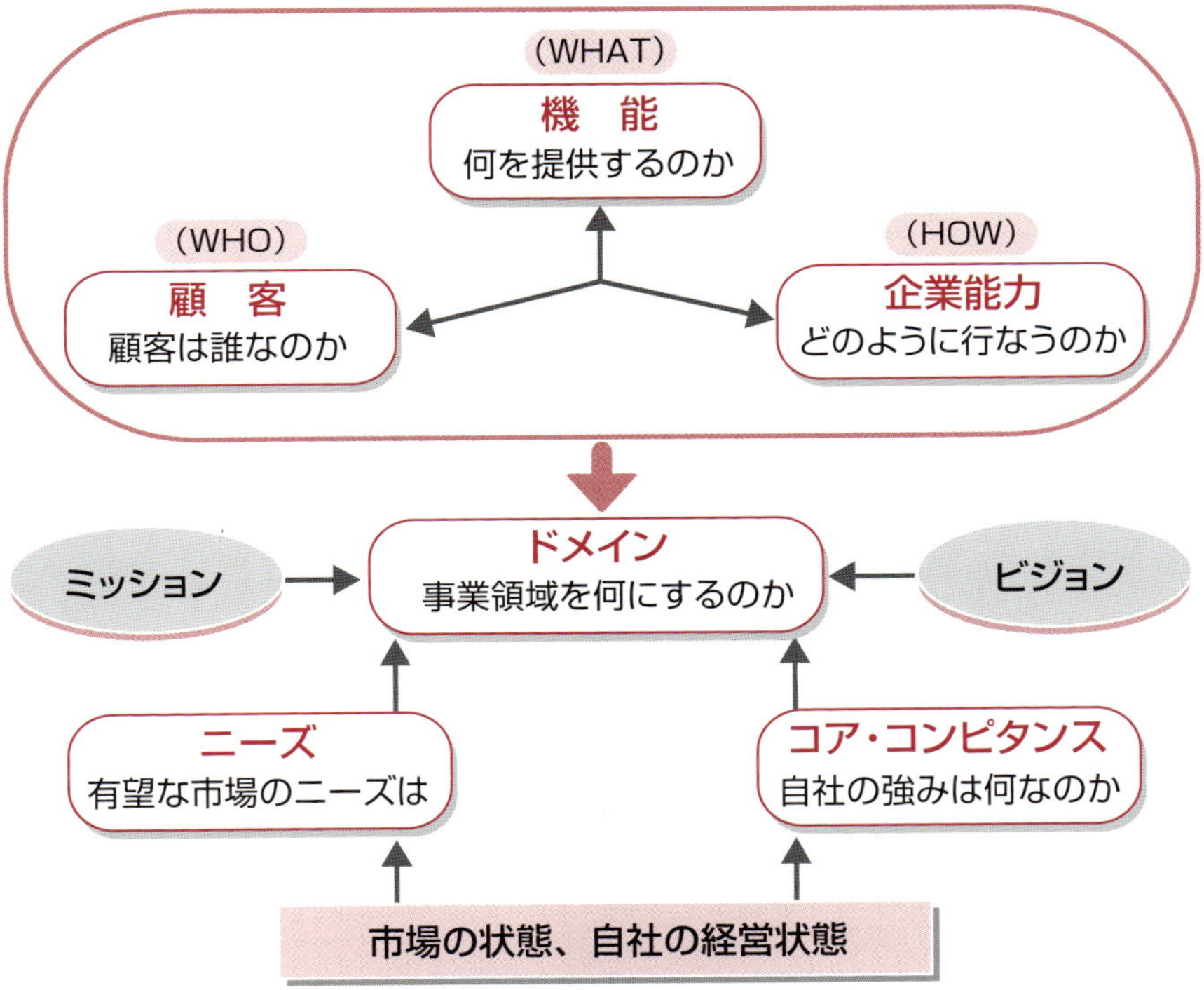

客に、どう発揮するかを明らかにすること。

③ベクトルを合わせる

企業が市場の中で、誰に、何を、どのようにしていくのかを明確にすること。そうすることによって、自社の競争優位性を得るとともに、企業内の組織を統合化することができます。

S社の事例

玩具メーカーS社の場合、「玩具領域でトップになって強みを確立し、その強みを活用してマルチメディア領域を拡大して、生活雑貨領域に切り込んでいく」ことを行ないました。この場合、玩具領域・マルチメディア領域・生活雑貨領域の3つの事業ドメインを明確化したといえます。

5

バリューチェーンによる価値の創出

バリューチェーンは主活動と支援活動により構成されている

バリューチェーンとは

企業が事業の競争優位を得るためには、顧客に対して付加価値を提供しなければなりません。

そこで、マイケル・ポーター教授は、製品が顧客に届くまでのさまざまな企業活動が鎖のようにつながって、付加価値が生み出されていくとしています。

これを「バリューチェーン」（価値連鎖）といいます。

バリューチェーンを分析することによって、競争戦略の3つの基本戦略（コスト・リーダーシップ戦略、差別化戦略、集中戦略）の選択を容易にし、自社の競争力の強み、弱みをつかむことができます。

バリューチェーンの構造

バリューチェーンは、主活動と支援活動によって構成されています。

まず、主活動には、次の5つの要素があります。

①**購買物流**……製品の原材料を外部から納入して貯蔵し、配分する活動

②**製造**……原材料を最終製品につくり上げていく活動

③**出荷物流**……製品を集荷して保管し、買い手に届ける活動

④**販売マーケティング**……買い手が商品を買える手段を提供し、買い手が購入したくなるようにしていく活動

⑤**サービス**……商品の価値を高めたり維持する活動

そして、支援活動には、次の4つの要素があります。

①**調達**……原材料の調達・消耗品の購入など企業活動に必要となるあらゆる物の調達活動

②**技術開発**……製品開発、品質の向上、生産性の向上、販売・サービスのノウハウの開発などの活動

③**人事労務管理**……社員の募集、採用、教育、給与など人事に関するあらゆる活動

④**全般管理**……企画、財務、経理、法務など企業活動の全般に関する活動

バリューチェーンの活用

バリューチェーンは、企業における事業活動を9つの価値創造の連鎖として考えます（9つの要素につい

経営用語&ミニ知識

グローバル化と規制緩和がもたらしたビジネスモデル　グローバル化や規制緩和という世の中の流れに乗って、一連のバリューチェーンの中の、「他社に対して強みを発揮する領域」に注力した形のビジネスモデルが多く見受けられるようになった。

◆バリューチェーン（価値連鎖）◆

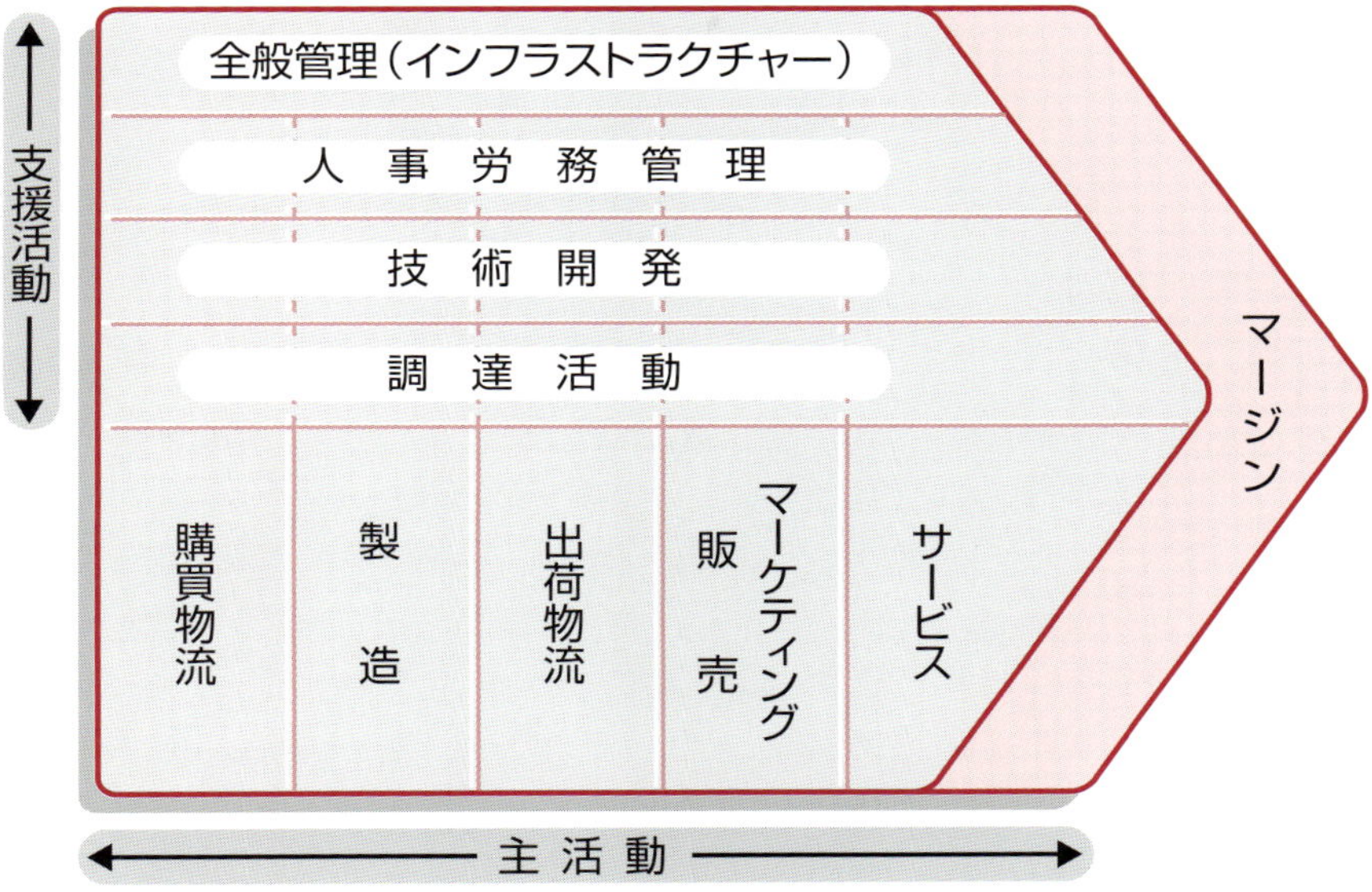

ては、上図を参照）。バリューチェーンにより各活動を分析することによって、いずれの活動が顧客の価値の創造に貢献しているのか、競争に勝つためには自社のどこの部分を強化すべきなのか、また、顧客価値の貢献度の低い活動はどこなのか、など自社の競争力の強み、弱みをつかむことができます。したがって、バリューチェーンは、経営戦略の立案には欠かせないツールです。

　また、この考え方は、企業内の垂直統合や企業間での水平統合などにも活用され、特に、バリューチェーン全体の経営効率を最適化するサプライチェーン・マネジメント（SCM）に活用されています。

　SCMとは、原材料や部品の調達から、最終の顧客までの全体の流れを正確に管理することによって、経営資源を効果的に用いて、価値の創造を顧客のニーズに合わせて最大化していこうという考え方です。

6

SWOT分析による戦略の立案

企業の内部環境は強みと弱み、外部環境は機会と脅威に分けて分析を行なう

SWOT分析とは

経営戦略を策定するには、次の3つのステップが柱となります。

①**分析**……企業を取り巻く環境を収集・分析して状況を把握し、課題を絞り込む

②**戦略代替案**……企業ビジョンの達成をめざして、戦略シナリオを作成して評価する

③**計画化**……戦略シナリオに基づいて、具体的にアクションプランへと展開していく

　経営戦略立案の第一歩となる、現状把握の分析手法にはさまざまなものがありますが、代表的なものが「SWOT分析」です。

　SWOT分析では、企業を取り巻く環境を内部環境と外部環境に分け、内部環境については自社の「強みと弱み」、外部環境については「機会と脅威」の4要素で分析します。

機会と脅威

　まず、外部環境分析としては、社会的要因、政治的要因、経済的要因、技術的要因という主要な4要因としてのマクロ環境があります。

　一方、ミクロ環境には、顧客、競合企業、供給企業、新規参入企業、代替品、さらに法律、地域、不測事態などがあります。

　これらのマクロ環境とミクロ環境の両方について、機会と脅威の分析をします。

　なお、機会とは、チャンスを意味します。環境の変化が自社にとってどのようなよい影響をもたらすのか、つまり、環境の変化をうまく活用すればこうなり得るということです。

　一方、脅威とは、自社にとって好ましくない環境変化です。つまり、変化にうまく対応できず、損失を被る可能性もあります。

強みと弱み

　自社の強みと弱みをつかむ内部環境の分析も、SWOT分析では重要です。

　マイケル・ポーター教授が示したバリューチェーン（前項参照）をベースに、組織力、人材力、財務力、ブランド力、営業力、技術力、生産力などを対象に、自社が他社に勝っているコア・コンピタンスとしての

経営用語&ミニ知識

2種類のリスク　リスクには、企業に損害のみをもたらすもので、前触れもなく発生し予測することが困難な事故である純粋リスクと、損失および利得の機会がある投機的リスクの２種類がある。前者の例としては災害、後者の例としては投資があげられる。

SWOT分析のしくみ

「強み」、一方、他社と比較して劣っている企業能力を「弱み」として分析・評価します。

SWOT分析のつかみ方

上図に示すように、強みと弱み、機会と脅威のマトリックスを作成することによって、強みと機会が交差する領域は、自社にとってのビジネスチャンスになることがわかります。この領域に経営資源を集中することが、SWOT分析の活用方法です。

一方、弱みと脅威の交差する領域は、自社にとってリスクのあるところですから、撤退するなど、リスクを回避するような対策が必要となります。

特に、自社の強みをつかむためには、商品事業の強み、技術・品質・生産力・研究開発能力などの強み、販売・営業力・チャネルの強み、外部とのネットワークの強みなどを抽出する必要があります。

7

コア・コンピタンスとは何か

単なる「強み」ではなく、自社ならではの「スキル」や「技術」をいう

中核の企業能力は何か

コア・コンピタンスとは、顧客に対して、他社にマネのできない自社ならではの価値を提供する、その企業の中核的な能力をいいます。

コア・コンピタンスは、1990年代の前半に、G・ハメル教授とC・K・プレハラード教授によって提唱されたもので、「競争優位を継続的に維持するために、自社の経営資源のうちコア（中核）になっているコンピタンス（企業能力）は何なのか、これを明確にして、積極的に強化していこう」というものです。

コア・コンピタンスの条件

コア・コンピタンスは、単に自社の「強み」をいうのではなく、より具体的に強みを絞り込んだ、自社ならではのスキルや技術をいいます。

したがって、その企業のコア・コンピタンスとなるためには、次の3つの条件が求められます。

①**顧客に対する価値の創造**……顧客にとって何を得られるのか、独自の価値を顧客に提供できること

②**競合他社にはない**……競合他社がマネのできない、その企業の独自性、差別的優位性があること

③**市場性がある**……市場創造の浸透性が強く、マーケットへのインパクトが大きく、将来の展開に幅が広がること

有効な進め方

コア・コンピタンスは、自社の経営資源を最終的にどこに配分して集中するのかを決定する、重要なテーマとなりますから、まず、「自社のコア・コンピタンスは何か」というところからスタートします。

顧客・市場・競合他社の3Cをベースに、商品企画力、加工技術力、営業・販売力、技術力、情報収集力、新製品開発力など、他社にはない独自の強さを設定します。

設定する場合には、全レベル、事業部門レベル、商品レベルなど、段階別に評価し、最重要なコア・コンピタンスを決定します。

コア・コンピタンスの項目が決定したなら、次に、目標を設定し、社員の意思統一を図ったうえで、経営資源をコア・コンピタンスに集中させる経営施策を考えます。

ただし、現在のコア・コンピタン

経営用語&ミニ知識

コア・コンピタンス戦略　コア・コンピタンスに経営資源を集中し、不得意分野についてアウトソーシングする経営戦略はコア・コンピタンス戦略と一般的にいわれている。変化の激しい現在では、このような戦略は必須といえよう。

◆コア・コンピタンス分析のしくみ◆

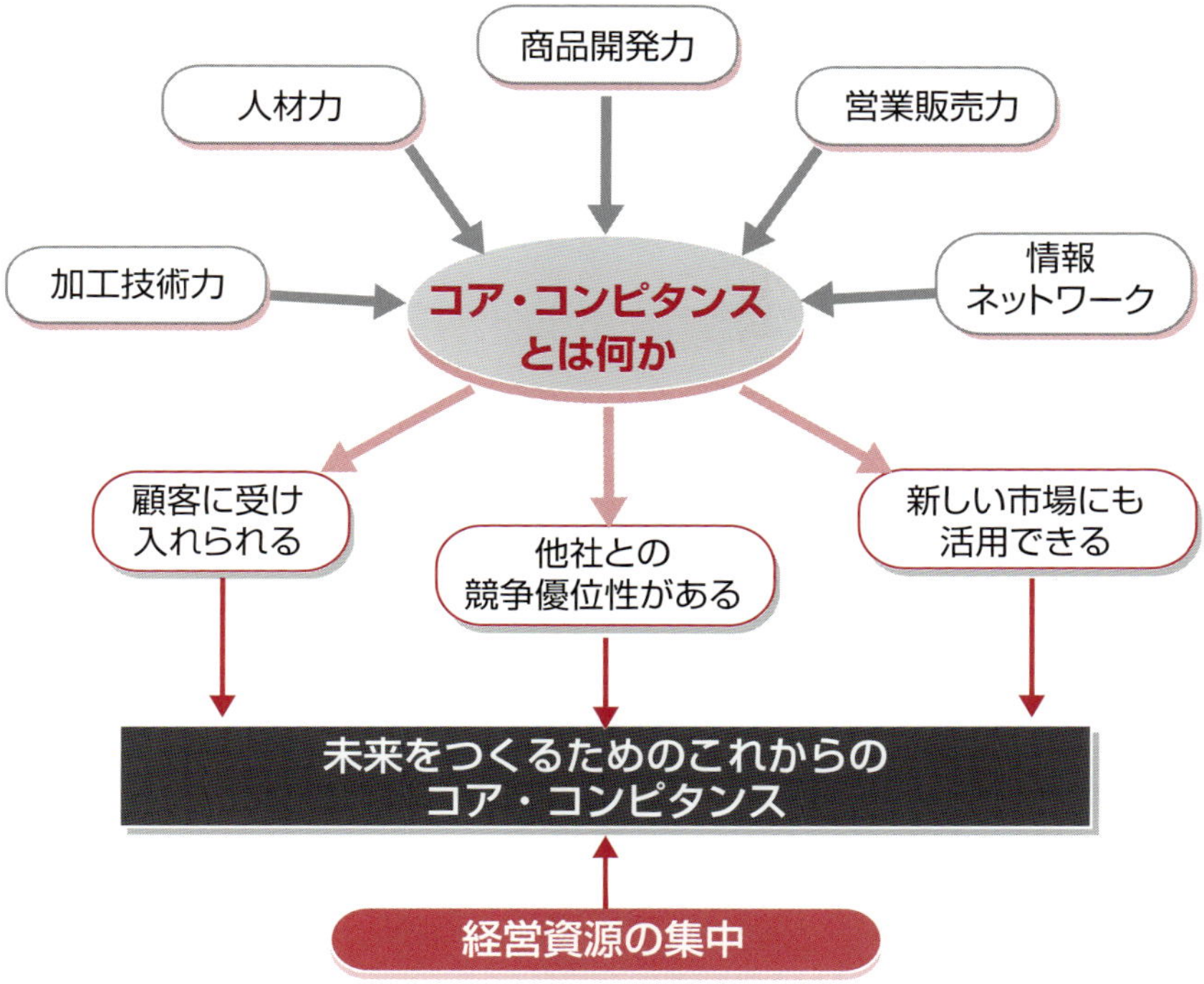

スは時代や環境の変化によって陳腐化してきますから、常に、未来を予測して今後獲得すべきコア・コンピタンスは何かを明らかにしていくことが大切です。

　コア・コンピタンスの考え方は、「自社のコア・コンピタンスによって市場の企業間競争を獲得する」ということですから、コア・コンピタンスが明確でなければ、競争優位性を得ることはできません。

　ですから、コア・コンピタンスは経営戦略策定の基本コンセプトになるものなのです。

　要するに、コア・コンピタンス経営とは「選択して強みのある得意分野に集中する」という、競争時代に生き残るための戦略の基本を示したものです。

8

事業のKFS（成功の要因）を明確にする

事業成功の要因を抽出するには、3つのステップに基づいて行なう

●事業成功の要因とは

外部や内部の環境を分析し、戦略シナリオを作成する方法のひとつに、「事業成功の要因」（KFS＝Key Factors for Success）を明確にするやり方があります。

企業ビジョンを達成するためには、事業を成功させるための要因を抽出しなくてはなりません。そこで事業成功の要因と現状とのギャップを見出し、そのギャップを埋めるための戦略構想が必要となります。

このKFSの抽出を誤ると、競争上不利な状況になる可能性があります。

特に顧客の価値を高める要因は、より重要性の高いものといえます。

●KFSのステップ

〈ステップ1〉

KFSの抽出方法の第一歩は外部環境の分析です。SWOT分析で説明したように（46ページ参照）、マクロ環境とミクロ環境の分析から、現在および将来の事業の特性を把握します。

〈ステップ2〉

顧客の特性、競合企業の特性、市場の特性、業界の特性など、それぞれの事業特性を組み合わせて、KFSを抽出します。

〈ステップ3〉

市場での競争優位の状態を想定して、あるべき姿を描き出します。

なお、KFSを想定する場合に重要なことは、現状の市場状況から将来の変化を読み取り、将来に備えることです。

●ギャップの分析

事業成功のカギとなる要因を抽出し、自社のあるべき姿を想定したなら、自社の現在の事業との間にあるギャップを抽出します。

ギャップの抽出を把握するためには、自社の内部環境つまり企業能力の強み、弱みを客観的に分析することが大切です。

特に重要なことは、自社の弱みを認識しないで、何とかなるだろうという安易な分析だと失敗の原因となりますから、バリューチェーンに基づいて機能別にギャップを検討することです。

KFSを抽出し、ギャップを明確

経営用語&ミニ知識

ＫＦＳの同義語　KFSの同義語として、経営戦略やITガバナンスなどを計画的に実施する際、その目標・目的を達成する上で決定的な影響を与える要因のＣＳＦ（Critical Success Factor）、事業や業界においてカギとなる成功要因のＫＳＦ（Key Success Factor）がある。

◆KFS（成功の要因）と戦略策定チャート◆

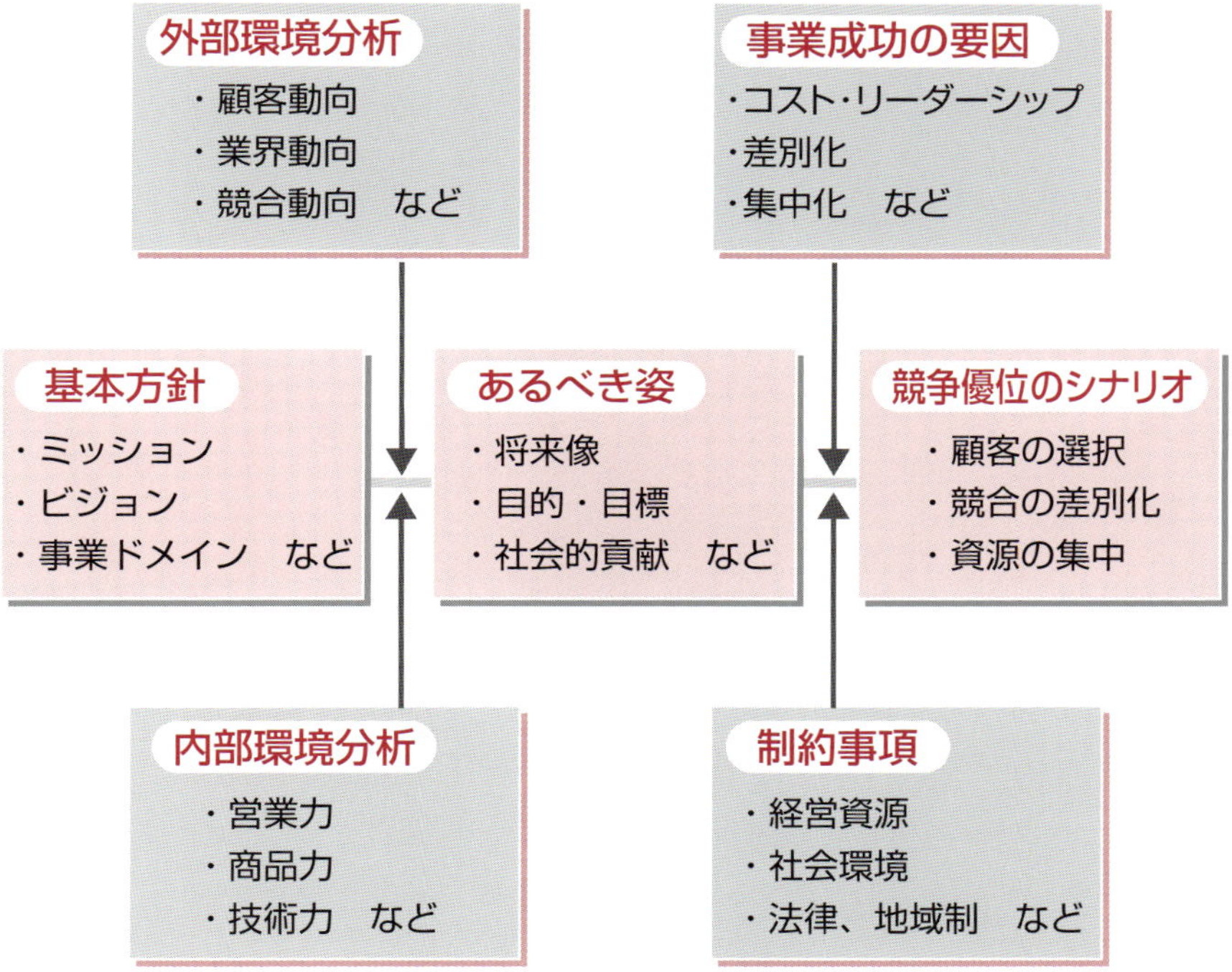

にすることによって、全体の課題や部門の課題も明らかになってきます。

KFSのコア

KFSを抽出するための重要なコアになるものには、次の3つがあげられます。

- 顧客ニーズの拡大
- 競合との差別化
- 自社資源の集中

いかなる企業も経営資源には限りがありますから、顧客ターゲットを絞り込んで、資源を集中的に投入するという選択が重要な戦略発想のポイントになります。

9 戦略シナリオのつくり方

シナリオは物語風に文章化して、楽観・悲観・最可能の3つのシナリオを作成する

戦略シナリオの必要性

経営戦略を策定して、経営計画や事業計画を立案します。この場合に「将来を予測することは困難である」ということを前提に、あらかじめ複数のシナリオを作成して、将来に対応していくという考え方が「戦略シナリオ」です。

つまり、将来の環境の変化に対応できるように、複数のストーリーをあらかじめ想定しておいて、現実に最も近いシナリオによって対処していくという手法です。

将来の変化に対して1つだけの戦略や計画では、予測がはずれた場合に、対応に混乱を招く可能性があります。

そこで、あらかじめ複数の戦略シナリオを作成しておくことによって、経営に対するリスク回避の役割をになうことにもなります。

戦略シナリオの内容

シナリオとは、映画や演劇などの脚本を意味しますから、箇条書きではなく、物語風に文章化し、文学的にまとめるのがコツです。

文章化するにあたっては、次の点に注意して作成します。

- 過去、現在から未来を予測し、外部環境や競争状況がどのように変化するか
- そのためにどのような戦略をとるか
- その結果として、企業イメージ、組織、ライバル会社との関係、売上、利益、従業員などの規模がどうなっているか
- 対象とする予測の時期・期間はいつにするか

3つのシナリオ

戦略シナリオは、未来を分析・予測して、未来のイメージを創造的にふくらませることが必要です。そこで、戦略シナリオをつくるときは、次の3つのシナリオを作成します。

①楽観シナリオ

未来の環境変化に対して、自社の強みを伸ばし、機会をうまく活用して、将来の脅威にうまく対応できるとすれば、自社は何年後にはこのような姿になっている、というシナリオです。

②悲観シナリオ

未来の環境変化に対して、機会を

経営用語&ミニ知識

フィージビリティスタディ　一度、経営戦略のシナリオに沿って経営がスタートしてしまうと、途中での変更は困難を極める。そのために予備調査を行なうこともあり、それを「フィージビリティスタディ」という。

◆3つの戦略シナリオ◆

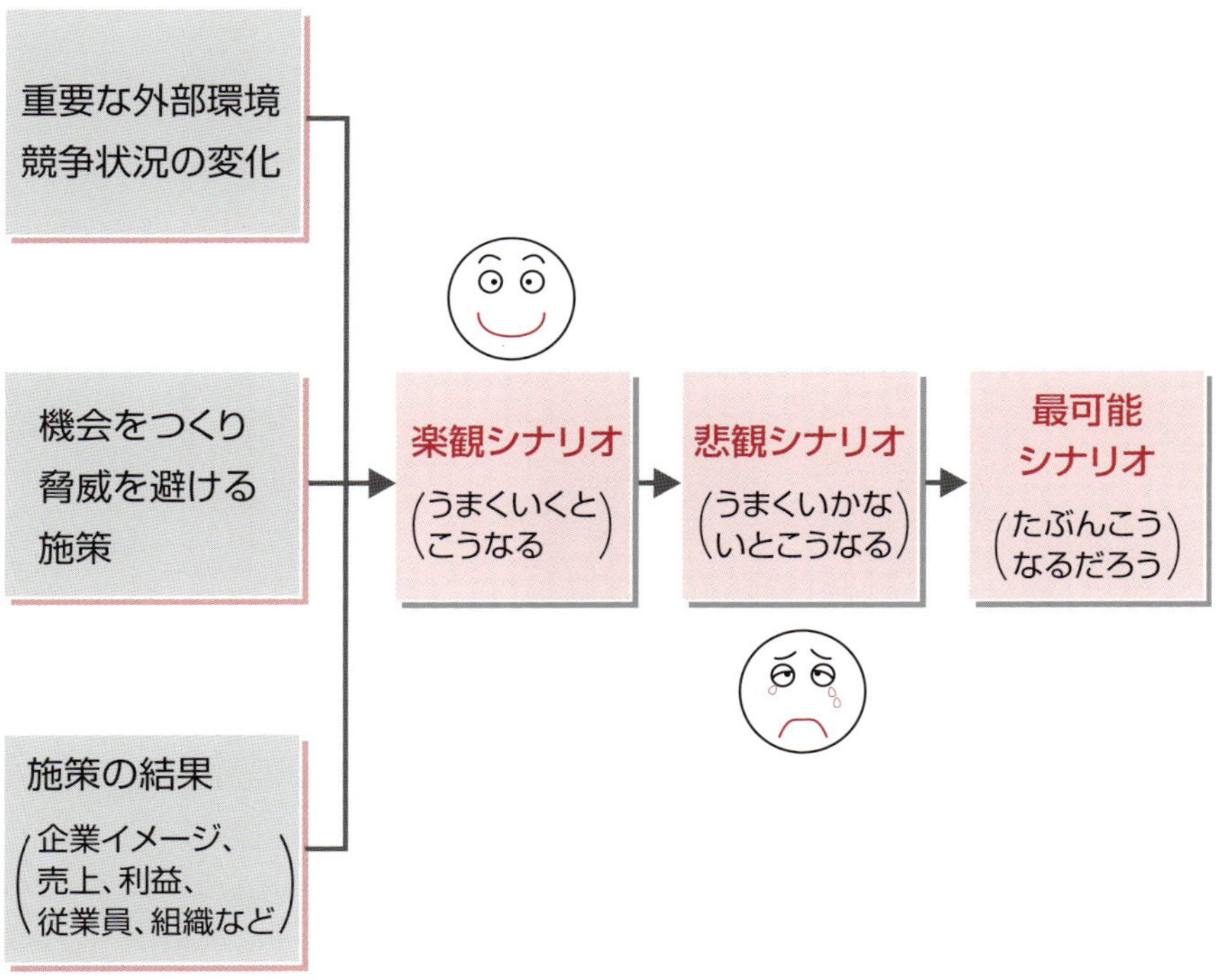

うまく活用できず、脅威にも対応できずに自社の強みを伸ばすことができなかった場合、自社は何年後にどのような姿になっているだろうという、その間の経緯と結果をまとめたシナリオです。

③最可能シナリオ

　未来の環境変化に対して、最も可能性のある自社の姿で、3つのシナリオの中では、最も重要なシナリオです。

　戦略シナリオは、自社の×年後はこんな姿になっているだろうという未来イメージを描き、その期間のプロセスと結果を物語として記述します。

　なお、3つのシナリオは、楽観シナリオ、悲観シナリオ、そして最後に最可能シナリオの順で作成します。

10

中・長期経営計画のたて方

短期経営計画と連動させ、全体計画と部門計画を策定する

海図、羅針盤の役割

経営計画は、企業の将来像であるビジョンと、それを達成するためのシナリオを明文化したもので、企業が進むべき「道しるべ」となるものです。

企業を船にたとえれば、経営計画は航海するための海図であり、そして羅針盤の役割も果たします。

さらに、経営計画はビジョン計画としての「中・長期経営計画」と、実行計画としての「短期経営計画」に区分され、2つの計画が一体となった「二重焦点型」の経営計画でなければなりません。

経営計画の目的

経営計画の目的は、次のようになります。

①企業環境の変化に対応し、不確実な将来を予測し、将来に向けて最適な事業構造および経営体質の変革を行なう。

②長期的な視点から企業のビジョンを明らかにし、企業能力のコア・コンピタンスを集中して、社内組織のベクトルの統一化を図る。

③自社で保有する経営資源によって、事業の最適化を図り、短期計画において収益力の維持向上をめざす。

中・長期経営計画とは

中・長期経営計画は、企業の将来像をデザインした中・長期（3年から5年）のビジョンを計画化したもので、実行計画である短期経営計画と連動させながら、企業の経営革新を進めていくものです。

したがって、有効な中・長期経営計画を策定するためには、次の点に留意することが必要となります。

①中・長期経営計画のベースとして企業ビジョンや経営戦略のシナリオが明確になっていること

②ビジョンや戦略のみの計画では、目標があいまいになるので数値目標も明確にすること

③中・長期経営計画の作成によって、経営戦略を総合的に体系化し、目標に対する進捗状況を検証できるようにすること

④中・長期経営計画と短期経営計画が常に連動するように、計画の構成や様式・内容をローリングしやすいようにしておくこと

全体計画と部門計画

中・長期経営計画の様式は業種、規模、組織などによって異なりますが、一般的には全体計画と部門計画に区分されます。

●**全体計画**……企業全体のビジョンや戦略シナリオを具体的に計画化したもので、経営理念、経営方針、経営目標、経営戦略、利益計画、投資計画、人員計画、新規事業計画などがあります。

●**部門計画**……全体計画に基づいて営業部門、生産部門、人事・労務部門、財務部門などの機能別の計画となります。

◆中・長期経営計画の体系◆

全体計画

1.経営理念
- (1)社是
- (2)社訓

2.経営方針
- (1)経営基本方針
- (2)中・長期の全社方針
- (3)中・長期の部門方針

3.経営目標
- (1)中・長期の全社目標
- (2)中・長期の部門目標

4.経営戦略
- (1)各事業ごとの戦略シナリオ
- (2)各課題ごとの戦略シナリオ

5.利益計画
- (1)各期ごとの利益計画
- (2)各部門ごとの利益計画

6.投資計画

7.人員計画

8.新規事業計画

部門計画

(1)営業部門計画
- ①得意先別戦略計画
- ②商品別戦略計画
- ③地域別戦略計画

(2)生産部門計画
- ①生産構造変革計画
- ②生産性・合理化計画
- ③研究開発計画
- ④外注依存強化計画

(3)人事・労務部門計画
- ①組織活性化計画
- ②能力開発計画
- ③採用・要員計画

(4)財務部門計画
- ①財務構造変革計画
- ②資金運用計画
- ③資金調達計画
- ④関係会社財務計画

経営用語&ミニ知識

ローリングとローリングプラン　計画の練り直しや見直しをすることをローリングといい、長期計画の実施過程において、計画と実績の間に食い違いが生じていないかという毎年のチェックをローリングプランという。

11 短期経営計画のたて方

必ずやり遂げなければならない計画で、部門別に具体的な明示を心がける

計画を成功させるための条件

短期（年度）経営計画とは、ビジョン計画としての中・長期経営計画を実行・行動レベルに落とし込んだものです。

短期経営計画を成功させるためには、次のような条件が前提となります。

①経営理念や経営方針などの企業ビジョンが全従業員に共有化されていること

②中・長期経営計画と連動し、具体的な実行計画・行動計画として織り込まれていること

③収益力の維持・向上のための課題が明確であり、実現可能な計画であること

④各部門の責任者が十分に納得した、参画型の計画であり、部門間の調整がなされていること

⑤各部門の責任と権限が明確であり、目標の達成が評価制度に結びついていること

経営方針・経営目標

基本方針や中・長期経営方針は、企業の将来像を表明したものですから、比較的、抽象的な表現になります。

しかし、年度方針は必ずやり遂げなければならないことを、部門別に、かつ具体的・重点的に明示しなければなりません。

また、単年度の経営目標は、年度方針や中・長期の経営目標を具体的に実行して達成するためのものですから、より具体的に数値で明示する必要があります。

経営目標とは、組織のベクトルを示した方針に基づいた、到達すべき具体的なゴールを示したものですから、組織全体の合意と共有化されていることが重要です。

利益・キャッシュフロー計画

利益計画とは、目標利益を達成するための損益および資金の計画を会計的手法によって数値化したものです。

一般的に利益計画は、予想損益計算書によって、資金計画は資金繰り表、キャッシュフロー計算書によって具体化し、両者を結びつけるものとして見積貸借対照表を作成します。

さらに、利益計画は月次単位・部

経営用語&ミニ知識

キャッシュフロー　企業の一定期間の現金（キャッシュ）の流れ（フロー）をキャッシュフローという。企業活動によって、現金がどれだけ増減したかを知ることができ、「現金収支」ともいう。

◆短期経営計画の作成手順◆

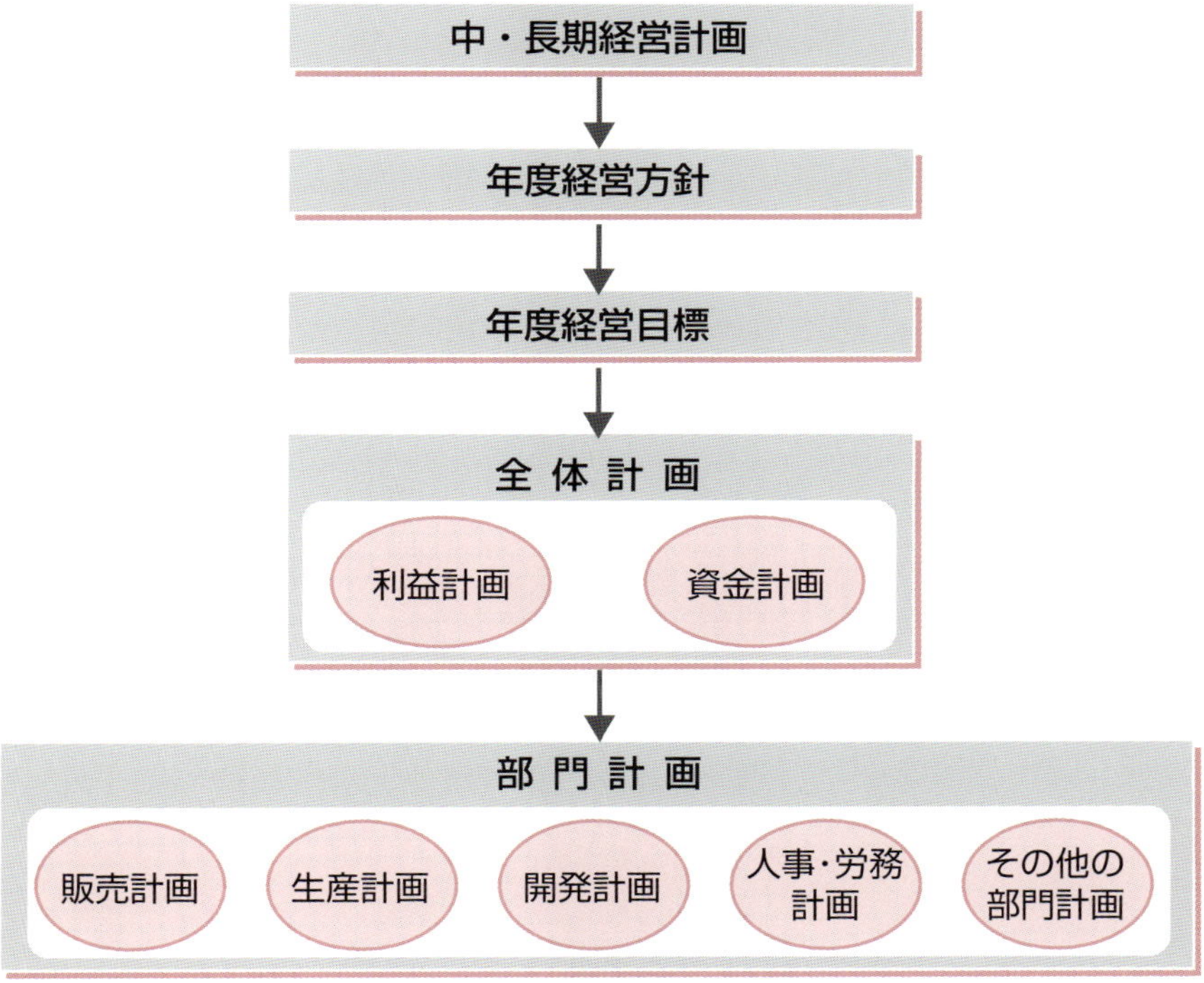

門単位についても作成します。近年、実際の資金繰りがどうなるかは企業経営上、重要であるため、キャッシュフロー計画も利益計画と同時に作成します。

機能別部門計画

年度の利益計画に基づいて、次のような機能別の部門計画を作成します。

- **販売計画**……何を（商品計画）、どこへ（顧客計画）、いつ（期間計画）、どのように（回収計画）、だれが（組織計画）、いくらで（売価計画）、どのようにして（販売促進、広告宣伝計画）、どれだけ（売上高計画）など、総合的な販売の計画をたてます。
- **生産計画**……販売計画に基づいて仕入計画、生産計画、在庫計画をたてます。

このほか、人事・労務計画や開発計画、投資計画などもたてておいたほうがよいでしょう。

12

目標管理による行動計画のたて方

目標管理は、目標設定→目標遂行→達成度の測定・評価のステップで行なう

社員一人ひとりの計画も

ビジョン計画としての中・長期経営計画は、実行計画としての短期経営計画に結びつけ、さらに一人ひとりの行動計画へ落とし込んでいきます。

行動計画は社員一人ひとりの行動目標の設定からスタートします。

この場合に大切なことは、個人の目標と、組織としての目標との融合が求められるということです。そのためには、目標設定、目標遂行、目標達成、業績評価のプロセスが有機的に連動したシステムが必要となります。

目標管理とは

個人と組織をつなぐ手法、それが「目標管理」です。

目標管理とは、組織目標と個人目標を明確に設定することにより、各人の能力を開発し、その個々の力を組織的に集中させることにより、効率的な経営をしようとするものです。

目標管理は、次のような多様な面を持ち合わせています。

①自律的に個人の目標を設定する
②目標を達成することで働きがいをつくり出す
③経営計画を個人の行動計画へ落とし込む
④組織目標を共有化し、個人目標とのつながりをつくり出す
⑤職場における人間関係の調和を図る
⑥納得のいく人事評価への適用を実行する

目標管理のステップ

目標管理は、「目標設定→目標遂行→達成度の測定・評価」というステップに基づいて進めていきます。

①目標設定

実行計画としての短期経営計画に基づいた部門方針・部門目標を受けて、上司の設定範囲内で、自主的に個人目標を設定します。これにより、企業全体の目標と個人の目標とが統合化されます。

目標の期間は、6か月単位で行ないます。目標項目は5項目以内が妥当で、具体的・定量的であることが重要です。

②目標遂行

目標は自己の責任で管理・遂行し

経営用語&ミニ知識

人事評価指標　企業目標やビジネス戦略を遂行したかを評価する指標として、プロセスの目標を達成したか否かを定量的に表わすKGI（Key Goal Indicator）と、プロセスの実施状況を計測するために、実行の度合いを定量的に示すKPI（Key Performance Indicator：重要業績評価指標）がある。

◆経営計画と目標管理の結びつき◆

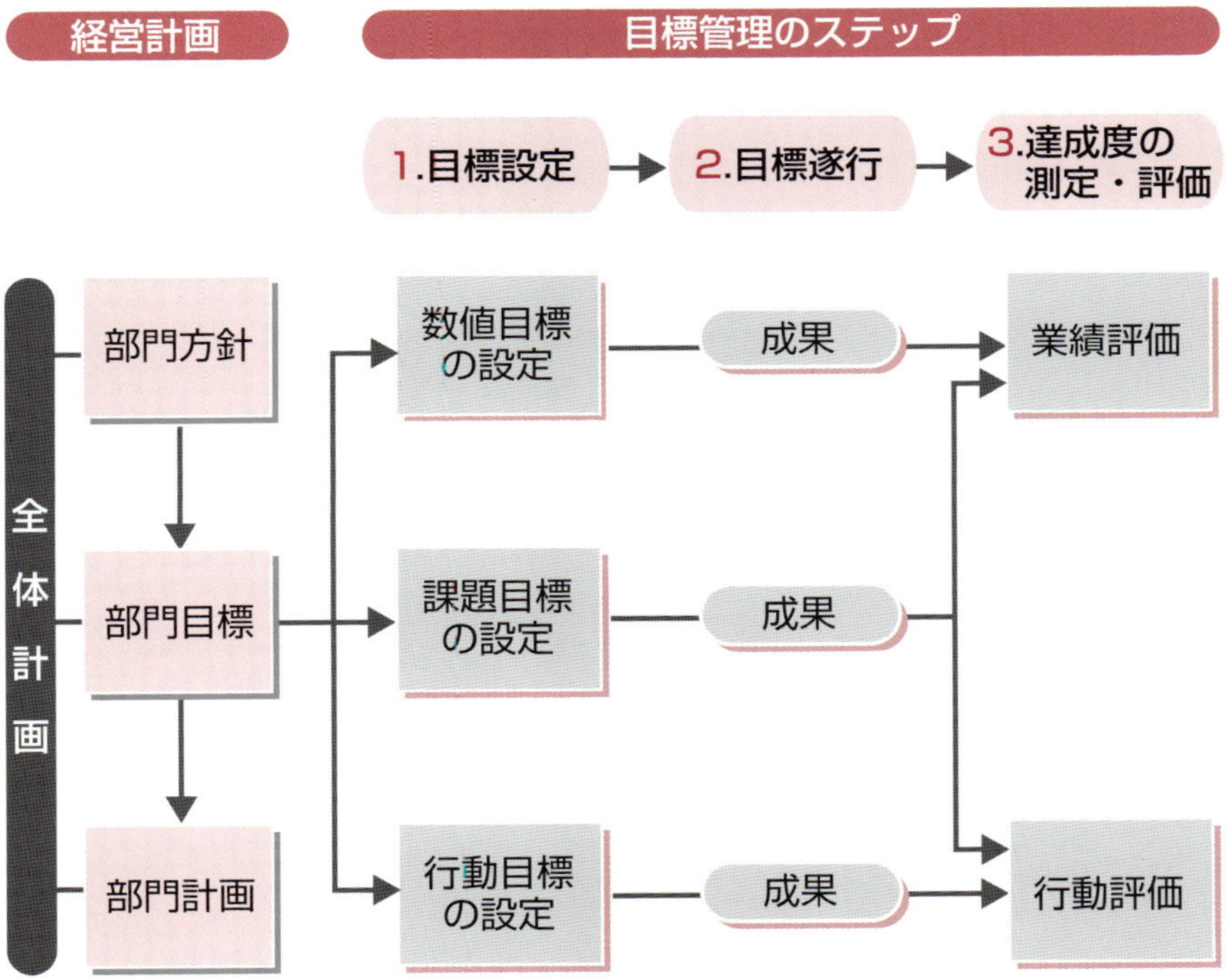

ます。

ここで大切なことは、上司の承認と協力が必要だということで、上司とのホウ・レン・ソウ（報告・連絡・相談）が求められます。

③達成度の測定・評価

成果についても、自らどこまで達成したのか測定・評価をして、人事評価制度と連動させることが必要となります。

目標の3要素

目標とは「期待する結果」です。目標は第三者が評価できるように、原則として数値化し、次のように「定量目標」として設定することがのぞましいです。

- 目標項目（何を）…期待する結果の内容
- 目標値（どれだけ）…達成すべき数値
- 納期（いつまでに）…達成期限

経営者列伝

❷ シリコンバレーが育む起業家精神

サーゲイ・ブリン&ラリー・ペイジ（Google,Inc.）

◆ガレージで創業

インターネットの世界にあって、検索エンジンはとても重要な役割を果たしている。

世界で最も人気のある検索エンジンは米国のGoogle（グーグル）社が開発した検索エンジンであり、検索精度は他社に比べて優れている。

Googleは、スタンフォード大学の博士課程のサーゲイ・ブリンとラリー・ペイジによって創業された。もともとは大学での研究の一環だったが、実業家の出資を受け、ガレージをオフィス代わりに起業した。

スタンフォード大学の学生が起業した会社の代表的なものとして、ヒューレット・パッカード（HP）やYahoo！があり、HPやアップルはガレージから起業している。

◆検索連動型広告での成功

創業当初、Googleは、多額の出資を受けながらも、検索エンジンの開発に膨大な費用をつぎ込み、キャッシュの減少に悩んでいたが、これを一気に解消したのが「アドワーズ」と呼ばれる検索連動型広告である。

広告がクリックされる度に、広告主はGoogleにわずかな広告費（数円～数千円）を支払うしくみだ。1回の収入はわずかでも、これらが積み重なると膨大なものになり、世界中の大手広告代理店をはるかに超える収入をGoogleは手にするまでになっている。

この画期的なビジネスモデルは、PCさえあれば世界中の人々が誰でも参加でき、世界中から富を得ることのできるチャンスを与えたといわれている。

◆邪悪にならない

Googleの社訓は「邪悪にならない」という一風変わったものだが、非常に重要なメッセージが込められている。損得勘定を超えたユーザー本位のサービス提供姿勢は、広く世界中のユーザーの支持を集めるばかりでなく、多くの有能な人材をGoogleにひきつけることにも一役買っている。

かつてはベンチャーおよび大企業でトップを務めたものまでもがGoogleに結集してきている。

◆世界の叡智を整理

現在、Googleは全世界の地図・書籍・投稿動画を閲覧できるサイトを運営している企業を次々と買収している。

世界中の叡智の整理ともいえるような壮大な挑戦を始めているGoogleが今後どのような方向に進み、そして世界をどのように変えていくかは、これからのビジネスのあり方を考えるうえでも、目が離せない。

3章

新しい経営手法の潮流

- コーポレートガバナンスとは?
- M&Aはスピード経営の申し子
- アライアンスの有用性と落とし穴
- イノベーションのジレンマ
- 個人情報保護とプライバシーマーク
- 高まる知的財産の重要性
- グローバルスタンダードとISO
- バランストスコアカードによる戦略
- シナリオ・プランニングとは
- ゲーム理論の経営への応用
- 会社再建法制とターンアラウンド
- 内部統制構築をめぐる動き

1 コーポレートガバナンスとは？

米国式の株主重視の企業経営が求められるようになってきている

会社は誰のものか

これまでの日本の企業経営は、「会社は経営者と社員のもの」であるとして、経営陣に対する株主の監視も比較的緩やかで、株主が会社経営に意見をすることもそれほど積極的ではありませんでした。しかし昨今、機関投資家を中心とする外国人株主や、いわゆる「物言う」株主が増加したことにともない、米国式の株主重視の立場に立った経営が、日本にも強く求められるようになっています。

また、最近では、企業内のチェックが有効に機能しないことや、株主軽視の考え方に起因する不祥事が、数多くの企業で発生するようになったことから、「そもそも会社は誰のものか」、「会社の運営はどうあるべきか」という問いかけへの答えとしての、コーポレートガバナンス（企業統治）が企業の重要な課題となってきています。

わが国でも「企業は株主のものであり、取締役はその代理人である」という株主重視の考え方の進んだ米国式のコーポレートガバナンスを取り入れた形で、近年、商法改正とその流れをくんだ会社法の施行をはじめとする数多くの施策が行なわれています。

ガバナンス強化への取組み

まず、商法改正で、監査役の権限や責任を強化することで、企業内部でのチェック機能として作用することが期待されました。次に「委員会設置会社」と呼ばれる米国型の実際の業務執行と経営の監視を分離させた形での経営形態を選択することも可能にしました。２００６年５月からは会社法が施行され、内部統制のシステムの構築義務のある会社の範囲が拡大されました。社外取締役の制度についても、会社から独立した立場で業務執行に関わるという本来の目的に合致したものとなっているかについて、詳細な情報の開示が選任時に義務づけられました。

また、企業が株主からの受託責任を果たすべく、これらに対するアカウンタビリティ（説明責任）も、同時に求められるようになってきていて、ディスクロージャーと呼ばれる法的な開示義務に留まらない、積極

経営用語&ミニ知識

エンロン事件　エンロン事件とは、2001年アメリカの急成長エネルギー企業であったエンロン社が、不正経理、粉飾決算の発覚によって破綻に追い込まれた事件。この影響で監査機能を果たせなかった大手会計事務所のアーサーアンダーセンが消滅するなど、コーポレートガバナンスが進んでいるといわれるアメリカで起きた事件だけに世界に大きな衝撃を与えた。

的なIR（インベスターズ・リレーション＝投資家向け広報活動）を行なう企業も増えています。

さらに、今日の企業においては、企業内部の統治に限らず、企業外部とどう関わるかという観点も大きな課題となっていて、コンプライアンス（法令等の遵守《じゅんしゅ》）や環境問題への取組みなどもコーポレートガバナンスのうえで重要です。

◆コーポレートガバナンス強化の変遷◆

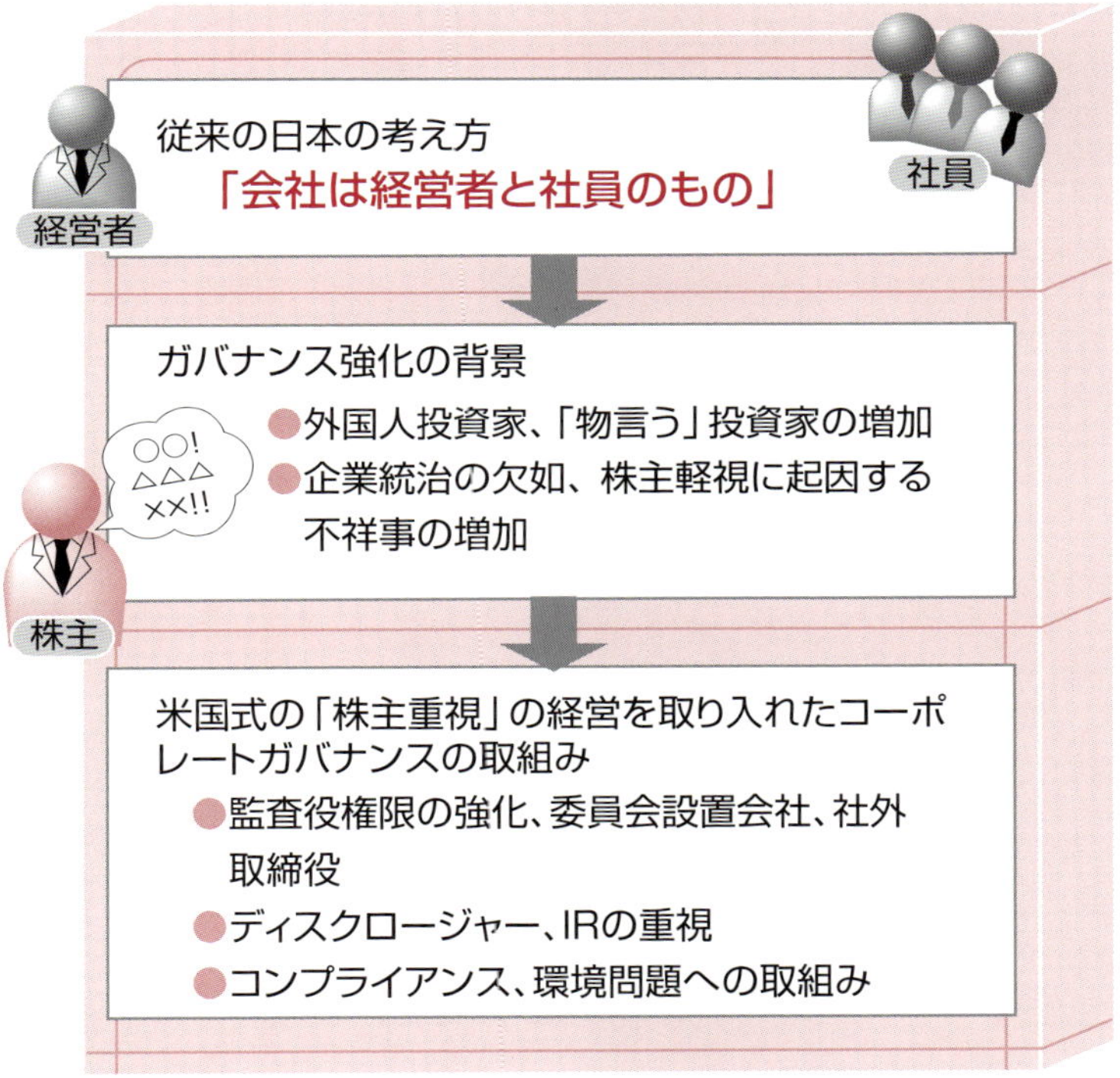

従来の日本の考え方
「会社は経営者と社員のもの」
経営者
社員
ガバナンス強化の背景
●外国人投資家、「物言う」投資家の増加
●企業統治の欠如、株主軽視に起因する不祥事の増加
○○!
△△△
××!!
株主
米国式の「株主重視」の経営を取り入れたコーポレートガバナンスの取組み
●監査役権限の強化、委員会設置会社、社外取締役
●ディスクロージャー、IRの重視
●コンプライアンス、環境問題への取組み

●コーポレートガバナンスの現状

コーポレートガバナンスが欠如した企業に対する株主をはじめとした利害関係者の目は厳しく、消費者からの不買運動、買い控えといったような行動によって、企業が市場からの退出を余儀なくされたり、上場廃止や損害賠償請求など企業の存続自体すらも脅かされたりする例も少なくありません。

一方で、コーポレートガバナンスの先進国といわれた米国においても、エンロン事件などの企業不祥事が相次いだことから、米国式のコーポレートガバナンスそのものへの不信も高まっており、「会社は誰のものか」「会社の運営はどうあるべきか」の問いかけにはじまるコーポレートガバナンスの真のあるべき姿については、今日もなお模索が続いています。

2

M&Aはスピード経営の申し子

M&Aで時間とコストをかけずに業界内での地位を築く

●注目を集めるM&A

激変する昨今の市場環境に迅速に適合するために、企業はこれまで以上に早いスピードで、企業体力の強化や多角化、事業再構築を行なうことが要求されています。このためM&A（企業の合併と買収）と呼ばれる手法が注目を集めるようになってきています。

M&Aには、①企業が相手企業と一体になる「合併」、②相手企業の株式を取得し、支配権を得る「株式譲渡」、③相手企業の事業自体を譲り受ける「営業譲渡」、④相互の株式を交換して相手株式を持ち合う「株式交換」などの方法があり、これらはそれぞれメリット・デメリットがあることから、用いられるM&Aの方法は個別の状況に応じて異なります。

●M&Aのメリットとデメリット

そもそも、企業がM&Aを活用する主要なメリットの1つとして、自社でコストをかけて開発するよりも早く、業界での地位を確立できることがあげられます。総じて企業がゼロから開発を進めていくことは、膨大な時間とコストを要するばかりか、場合によっては開発自体が完了する保証もありません。そこで、既存の地位を確立した企業を買収することにより、これらのリスクは回避でき、買収した企業の技術や人員は即戦力として使用することができるようになります。

このような利点を活かして、自社で蓄積することや模倣することが困難なものや、コストや時間を要するものを相手先企業が有している場合などには、この手法が多く用いられます。

一方でM&Aにはデメリットもあります。まず、通常、買収価格は、プレミアムと呼ばれる割増価格となることが多く、経済的に「割に合う」取引であることはまれです。買収対象企業の有する資源（技術、ブランド、人材等）が魅力的な場合や、他社と買収合戦を繰り広げる場合などには、よりこの傾向が顕著になります。また、買収後の組織・企業文化の融合がスムーズに進まないケースも少なくありません。

さて、株式が公開市場で取引され

経営用語&ミニ知識

敵対的買収案件の増加　これまでの日本企業の買収においては、買収候補先企業の経済的価値以前に、買収後も当該企業と円満に事業を遂行できるかが非常に重要であり、敵対的買収によるM&Aはほとんどなかった。昨今では、外国企業や投資ファンドだけでなく、同業他社同士の敵対的買収の動きも見られるようになってきており、今後の動向が注目されている。

ている企業のM&Aについては、友好的なものとは限らず、時には対象企業の意に反して敵対的に行なわれる場合もあります。特に時価総額が低い値段のまま放置されている企業や、親会社の時価総額が子会社の時価総額に比べて著しく小さい企業などは、敵対的買収の対象にされやすいといわれています。

　敵対的買収への対抗策としては、①ポイズンピル（買収が実現したとき買収企業が不利になる「毒薬」措置を講じること。具体的には新株発行などによる希薄化など）や、②クラウンジュエル（「魅力ある資産」の意味で、この資産を買収前に売却して、買収の魅力を失くしてしまうこと）、③ホワイトナイト（買収対象とされた企業が友好的な企業に買収してもらうよう依頼すること）などがあります。

M&Aブームの影響

　M&Aの案件数は年々増加の一途をたどっていますが、いくつかの問題点も孕《はら》んでいるといえます。まず、時価総額の低い企業は、企業買収の可能性を恐れて目先の株価対策に走らざるを得ず、結果的に長期的視野に立った経営判断の妨げになることや、敵対的買収に企業がさらされた際の、買収対象企業の役員・従業員の過度なまでの拒否反応を示すことなどがあげられます。

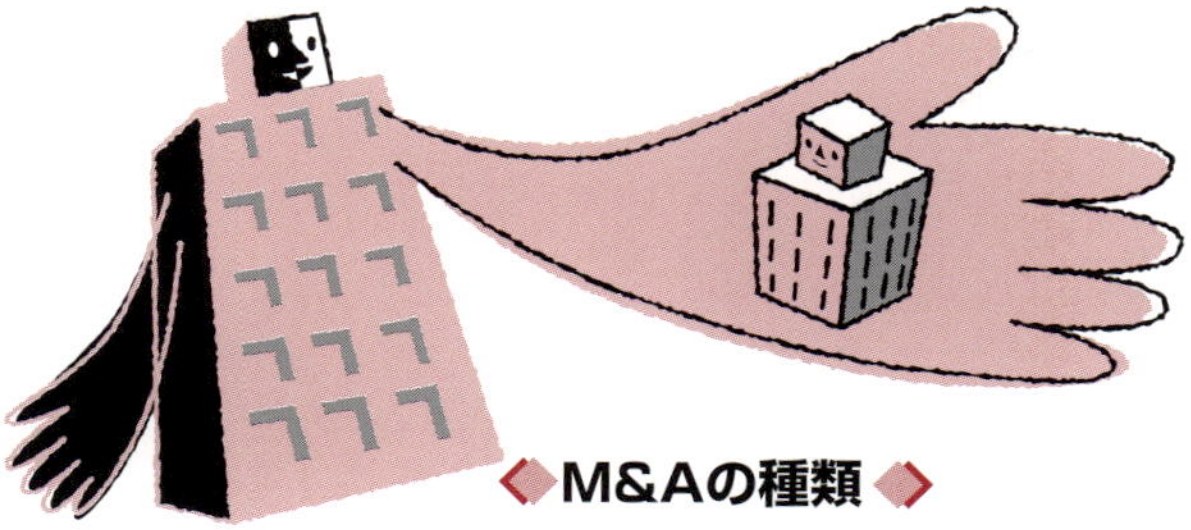

M&Aの種類

合　併	…… 企業同士が一体になる
株式譲渡	…… 株式を取得し支配権獲得
営業譲渡	…… 対象企業の事業自体を獲得
株式交換	…… 相互に株式を交換

M&Aのメリット・デメリット

メリット	●時間とコストをかけて自社開発するリスクを負うことなく、業界内で地位を築ける
デメリット	●高い買収価格（通常プレミアム価格となる） ●組織・企業文化の融合に手間どる場合が多い

3

アライアンスの有用性と落とし穴

Ｍ＆Ａ特有のリスクを冒すことなく、Ｍ＆Ａ同様の効果を得られる

●アライアンスの特徴

アライアンス（提携）は、企業の合併や買収といったＭ＆Ａの手法をとることなく、企業同士が連携をすることをいいます。Ｍ＆Ａの項でも述べたように、企業内部での独自開発は、膨大な時間とコストを要します。そのため、業界の地位の確立にスピードを求める場合には、Ｍ＆Ａの手法がとられますが、Ｍ＆Ａに見られる高額な買収価格、買収後の企業文化の融合の困難さなど特有の課題も抱えています。

提携は、こうしたＭ＆Ａのデメリットを回避できる有効な方策といえます。

おもなアライアンスの手法としては、①合弁会社の設立、②共同開発、③販売提携、③資本参加などがあげられます。前述のようなＭ＆Ａ特有のリスクを生じさせることなく、かつ、Ｍ＆Ａのもつメリットを活かすことができる点で、この手法は優れています。

なお、アライアンスは広義のＭ＆Ａとしてそれに含めることもあります。

●アライアンス特有の問題

一方で、アライアンス特有の問題も少なからず存在します。まず相互の主導権、支配権が明確でないことによるアライアンスの失敗例が数多く生ずることがあげられます。「会社の主導権を誰が握るのか」、「各々の業務範囲のコントロールを誰がするのか」、「そもそもアライアンスで当事者がどのような役割を果たすのか」という問題は、アライアンスを行なう当初から明確にしておくべき課題といえるでしょう。

また、各当事者同士での目的や利害が当初は一致していた場合でも、アライアンス後の展開によって、これらにズレが生じることも少なくありません。

●日本におけるアライアンス

日本においても「業務提携」や「資本提携」ということばがニュースにならない日はないくらい、アライアンスの手法が多く活用されています。そして、これらの提携は規模のメリットの享受やリスク軽減を目的とした、同業種間によるものや、相互の強みを活かした異業種間にま

経営用語&ミニ知識

提携の真の目的を理解する　提携はそもそも目的が違うもの同士によって行なわれるため、相手方の真の目的を理解し、その後の展開を見据えることが重要となる。たとえばベンチャー企業にとって大手との提携は魅力的だが、相手方の提携の目的はベンチャー企業が開発した技術やノウハウの習得だけにあるのかもしれない。

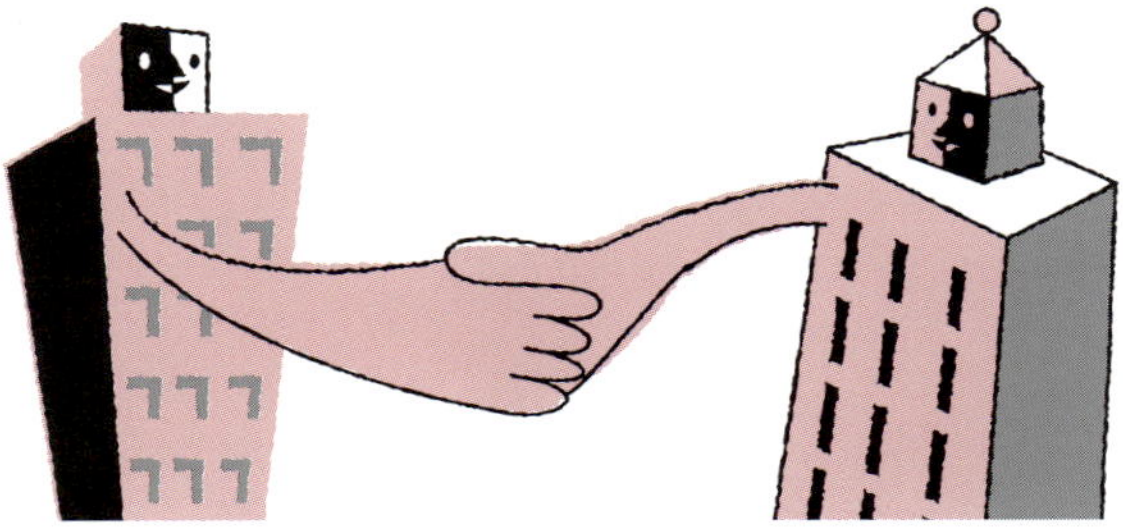

アライアンスのいろいろな手法の種類

合弁会社……共同で会社を設立	**販売提携**……販売面での相互協力
共同開発……共同で技術開発	**資本参加**……相互または一方への出資

アライアンスのメリット・デメリット

メリット	●時間とコストをかけて自社開発するリスクを負うことなく、業界内での地位を築ける ●M&Aで生ずるデメリットを回避できる
デメリット	●支配権、主導権が不明確　●目的、利害にズレが生じやすい ●継続性の観点から不安定

たがるものまでさまざまであり、具体的には以下のとおりです。

〈同業種間における提携の目的〉

①流通や管理といった間接コストの削減を企図したもの（例：小売業、航空会社）

②膨大になる開発費のリスク軽減を企図したもの（例：自動車会社、半導体メーカー、製薬会社）

③営業エリアの相互補完をめざすもの（例：金融機関）

〈異業種間における提携の目的〉

①営業力に劣るメーカーと営業に秀でた販売会社の販売提携

②技術力を有するベンチャー企業と大企業の提携

③商品のコアとなる高度な技術を有する企業同士の連合（勝ち組連合）

アライアンスでの異なる企業同士の協業がきっかけとなり、その後、企業同士の合併につながる例も見られますが、多くはアライアンスの解消といった事態に直面しています。

4 イノベーションのジレンマ

偉大な企業が偉大な経営を行なうがゆえに失敗するという逆説理論

著名な大企業が、技術革新などによって、意外なほどあっけなく敗退したり、地位を脅かされたりする事例がよく見受けられます。これらの失敗を慢心や官僚主義といった理由だけで説明せず、偉大な企業が偉大な経営をしたからこそ、特定の技術革新のもとで敗退しうるという逆説的理論で説明されるものが、「イノベーションのジレンマ」と呼ばれるものです。

イノベーションのジレンマとは

「イノベーションのジレンマ」は ハーバード大学のクレイトン・クリステンセン教授の分析により提起されたもので、同教授を一躍世界的に有名にした衝撃的理論です。

卓越した経営を行なう大企業は、通常、次のような経営手法を堅持しています。

①投資家を満足させるため、利益率の高い顧客のみに集中する
②高い成長を維持するため、小規模な市場は扱わない
③綿密な分析から得られた経営計画に基づき事業を推進する
④組織は既存市場にもっとも適応した形態をとる
⑤既存市場での顧客の選択基準（性能等）を満たすための技術等の投資を積極的に行なう

こういった優れた経営手法は、従来の企業経営においては有効に機能しますが、その経営手法ゆえに、破壊的イノベーションと呼ばれる次のような特徴をもった技術革新に適応できず、敗れ去ってしまうことが分析により明らかになってきました。

①当初は（大企業が参入しない）特定のニーズのある利益率の低い顧客向けである。
②当初は（大企業が注力する）主要市場のニーズを満たすための信頼性や技術等が劣っている。
③技術革新により既存技術との差異がなくなり（大企業が集中してきた）、顧客の選択基準を変えてしまう。

破壊的イノベーションの事例

破壊的イノベーションの事例として、既存のブラウン管（CRT）ディスプレイに対する液晶ディスプレイ（LCD）があります。液晶はブラウン管に比べて省スペース・省電

経営用語&ミニ知識

大企業にとって小規模市場は魅力に乏しい　大企業にとって、さらなる成長を維持し続けるためには、小規模な市場や新しく誕生したばかりの市場へは、参入を避けたがる傾向にある。これらの市場は大企業にとっては一般的に利益率が低くうまみに乏しいからだ。ここに破壊的技術が根をはる余地が生まれる。

イノベーションのジレンマ

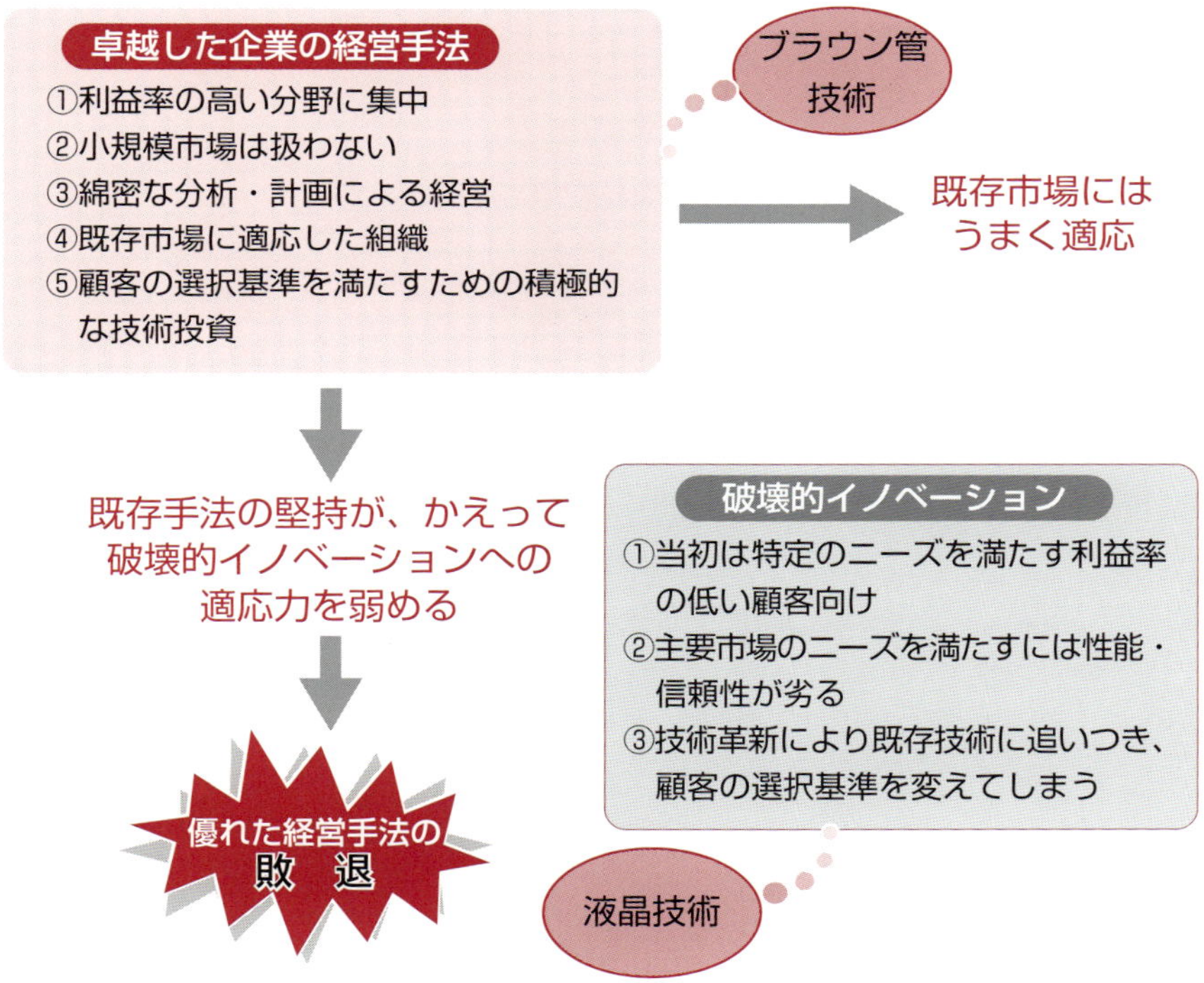
卓越した企業の経営手法
①利益率の高い分野に集中
②小規模市場は扱わない
③綿密な分析・計画による経営
④既存市場に適応した組織
⑤顧客の選択基準を満たすための積極的な技術投資
ブラウン管技術
既存市場にはうまく適応
既存手法の堅持が、かえって破壊的イノベーションへの適応力を弱める
優れた経営手法の敗退
破壊的イノベーション
①当初は特定のニーズを満たす利益率の低い顧客向け
②主要市場のニーズを満たすには性能・信頼性が劣る
③技術革新により既存技術に追いつき、顧客の選択基準を変えてしまう
液晶技術

力という特長があります。しかし、当初は液晶の製造コストが高く、表示性能も低いことから、計算機やデジタル時計など、小型の単純な一部の商品での採用に限られており、テレビやPCでは長らくブラウン管が主流でした。

このように、一部の市場・用途に限られていた液晶技術ですが、製造コストの低下や表示性能の著しい向上によって、携帯電話やノートPCへとその市場を着実に広げています。液晶技術は著しい進歩を遂げ、2006年第2四半期には、PC用ディスプレイ出荷台数の99・9%を液晶ディスプレイが占めました。その後にも、有機ELディスプレイなどの次世代の技術が誕生し、実用化されています。

イノベーションのジレンマは大企業にとっては脅威である一方、これから市場を開拓するベンチャー企業にとっては、競争に勝ち抜くカギとして注目されています。

5 個人情報保護とプライバシーマーク

個人情報の重要性を認識し、漏洩を防ぐためにどう行動するか

個人情報保護機運の高まり

インターネットや電子メール、データベースなどの情報技術の発展は、ショッピングや金融取引などのサービスを飛躍的に活発にした一方で、個人情報の流通も従来とは比較にならないくらい増大しました。これに伴い、個人情報が流出し、本来の目的以外に悪用されるリスクも格段に大きなものとなりました。

個人のプライバシーに対する意識の高まりとも相まって、１９８０年に経済協力開発機構（ＯＥＣＤ）が目的明確化や利用制限、収集制限などの原則をうたった「個人情報に関する8原則」が採択されると、各国で個人情報保護に関する法整備が進められてきました。

個人情報保護法の施行

日本においても２００３年に個人情報保護法が成立し、２００５年4月より全面施行されることになりました。同法では、国や公的機関そして、過去6か月間に５０００人分以上の個人情報を事業者に用いている「個人情報取扱事業者」について、それぞれの責務、義務等を定めています。

この法律では、「個人情報」を「生存する個人に関する情報で、当該情報に含まれる氏名、生年月日その他の記述等により特定の個人が識別できるもの」と規定しており、氏名・住所・生年月日だけでなく、身体・財産・社会的地位等の情報、医療情報や政治・思想に関する情報もこれらに含まれ、これらの情報が漏《ろう》洩《えい》し、改善命令に応じない場合、情報を漏洩した従業員だけでなく、経営者も罰則を課される両罰規定となっているのも大きな特徴といえます。

プライバシーマークとは

さて、法令の整備とあいまって、各企業では個人情報保護の取組みを内外にアピールし、社内の意識を高めることをおもな目的として、「プライバシーマーク」を取得する動きが多く見られるようになってきています。

「プライバシーマーク」とは、財団法人日本情報処理開発協会（Ｊ－ＰＤＥＣ）が認定するマークで、プライバシーマークの認定取得および

経営用語&ミニ知識

コンプライアンス・プログラム　コンプライアンス・プログラムとは、実際に個人情報を保護するために運用される運営システムのことで、セキュリティポリシーや具体的な運用規定から業務フロー、教育制度、監査体制といったように、方針の策定、運用から監査、運営改善まで多岐にわたる。

◆個人情報保護への行動◆

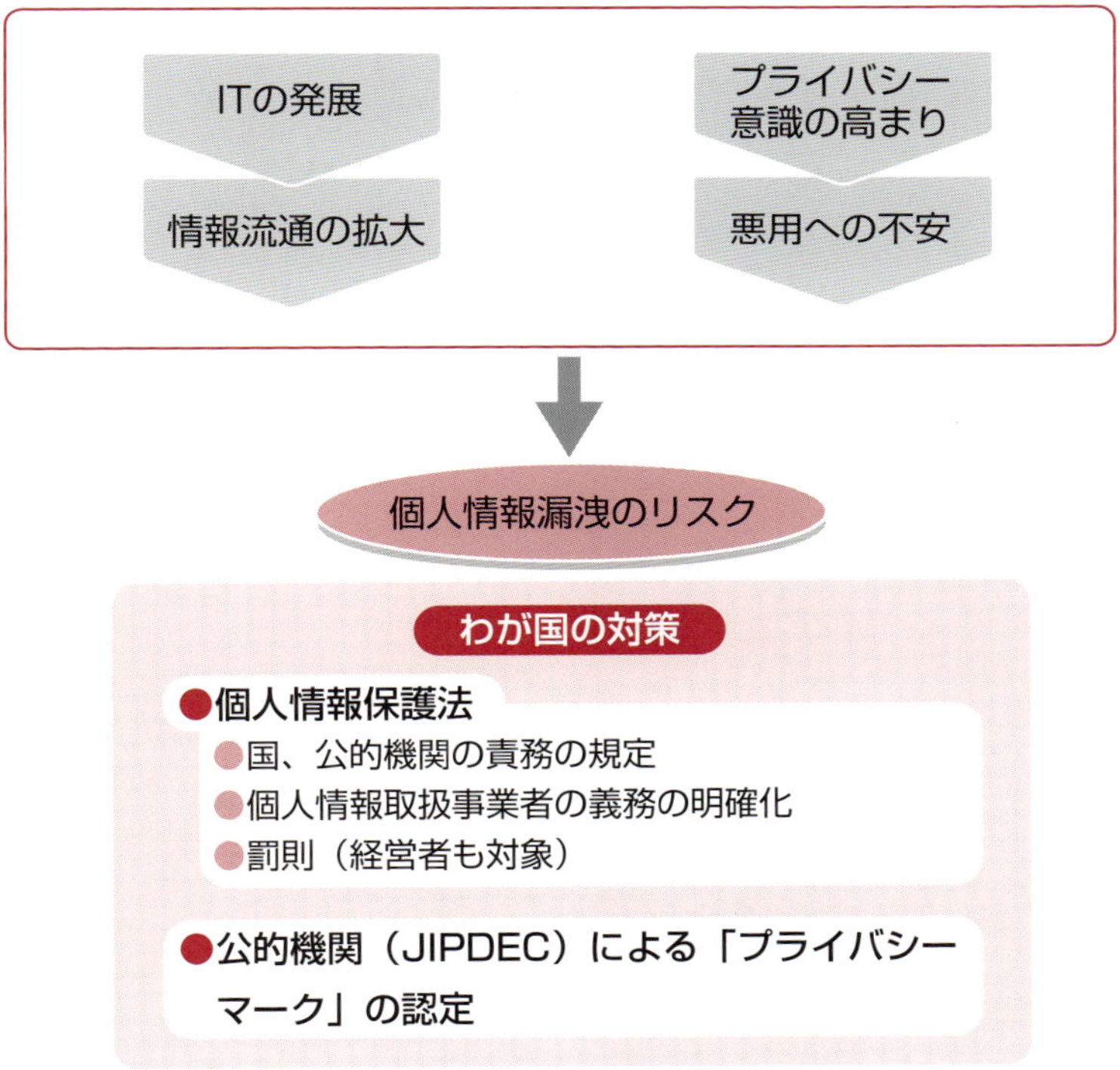

運用に関し必要事項を定める国家規格であるJIS Q 15001に準拠して、事業者が定めるコンプライアンス・プログラム（実践遵守《じゅんしゅ》計画）を運用している場合、この事業者にマーク使用を許可する制度です。

　プライバシーマークの認定を受けるためには、厳しい審査を経なければならないため、個人情報に関し適切な運用を行なっていることが、第三者から客観的に判断できるようになります。また、入札や取引にあたってプライバシーマークの取得を前提条件とする企業や公的機関も増えていることも、取得の動きに拍車をかけることになっています。

個人情報保護の現状

　こうした法整備や個人情報保護への意識の高まりにもかかわらず、連日のように個人情報漏洩の報道がなされています。そして、漏洩に対する各社の取組みも営業の自粛をするところから、単なる謝罪にとどめるところまでさまざまです。

　個人情報漏洩のリスクを完全になくすことは困難ですが、肝心なことは個人情報に対して企業がどのような意識をもって取り組み、万一漏洩したときにもそれをどう捉え、対処するかにあります。

6 高まる知的財産の重要性

国をあげての知的財産保護と活用への取組みが進められている

知的財産重視の政策

バブル崩壊後、日本の国際競争力の低下が叫ばれる一方、ＩＴやバイオ分野を中心に米国の技術革新は凄まじく、まさに一人勝ちの状況が現出されました。

　こうした米国の躍進の背景の一つとして、１９９０年代初頭より始まった国をあげての知的財産の保護、活用の政策があげられます。こうしたことから、わが国でも、遅ればせながら知的財産に関する戦略的な取組みがなされるようになったのです。

　具体的な取組みのおもなものとして、次のようなものがあります。

①大学等の技術移転を円滑にするためにＴＬＯ（Technology Licensing Organization）と呼ばれる技術移転機関の設立を促進したりするなどの産学連携の強化

②国内における知的財産侵害に対処するための連携の強化、知的財産に関する訴訟のみを専門に扱う、知的財産高等裁判所の設置

③海外等における模倣品被害を防止するための国際間の連携強化

　これらの取組みのなかでも、とりわけ、ＴＬＯに関する取組みは幅広く活用されるようになり、いわゆる大学発ベンチャーと呼ばれる企業も増加の一途をたどっています。

知的財産権の概要

　知的財産と呼ばれるものには、どのようなものがあるのでしょうか。

　代表的なものとしては、「自然法則を利用した技術的思想の創作のうち高度なもの」と定義される特許権、音楽や映画、写真、ソフトウェア、テレビゲーム等の創作されたものの権利である著作権があります。

　このほか、デザインに関する権利である意匠権、ロゴやネーミングに関する権利である商標権等がよく知られていますが、集積回路の回路配置の権利や植物の種苗《しゅびょう》に関する権利、営業秘密等も知的財産です。

特許権をめぐる諸問題

　特許権に関しては、企業の研究員が職務上行なった発明に関する対価をめぐって訴訟が相次いでいます。この発明は職務発明と呼ばれ、特許法により発明者への「相当の対価」の支払いを条件に、会社への権利移

経営用語&ミニ知識

DRM　DRM技術には、さまざまなものが登場してきている。代表的なものとして、コピーされた音楽や動画ファイルからは再生回数を制限したり、再生自体をできなくしたりする技術がある。デジタルデータではコピーしても品質が劣化せず、個人でも簡単にできることから、これまでと違った不正コピー対策が必要となる。

転を行なうことが認められています。しかし、「相当の対価」は、これまで、わずかな報奨金の支払いに限定されてきたケースが多いため、これまでは考えられなかったような高額の支払いを命ずる判決が多く出されるようになり、経営の観点からも見過ごせない要素となりつつあります。

◆知的財産権の例◆

特　許　権	自然法則を利用した技術的思想の創作のうち高度なもの ※自然法則を利用していれば、ITを組み合わせたいわゆるビジネスモデル特許も可能
実用新案権	高度でない技術的思想 物品の形状や構造、組み合わせ
意　匠　権	デザイン （視覚を通じて美観を感じさせるもの）
商　標　権	ロゴマーク、ネーミング等
著　作　権	音楽、映画、写真、ソフトウェア、 テレビゲーム、データベース等
そ　の　他	回路配置利用権、種苗法に基づく品種登録、 営業上の秘密等

権利侵害については、海外での工業製品の模倣品の氾濫が大きな問題になっており、侵害が多発している国や企業に対する政府からの働きかけが重要になってくるものと思われます。

著作権をめぐる諸問題

著作権に関しては、デジタル技術の発展、ブロードバンド化により、音楽やソフト等のコピー品のネット上での氾濫が大きな問題としてあげられます。これに対しては、業界をあげての監視や取締体制の強化を図っているほか、DRM（Digital Rights Management）と呼ばれる著作権管理のための技術的な取組みが進められています。

放送局などが保有するコンテンツをネット上に流通させるためには、関連する多くの権利者との調整が欠かせませんが、これらを円滑に進めるための枠組み作りも、ブロードバンド時代の訪れとともに始まってきています。

7 グローバルスタンダードとＩＳＯ

世界レベルでの品質管理や環境への取組みが活発になってきている

グローバルスタンダード

国際化の進展につれて、世界レベルでのルールや基準等の標準化の動きが加速してきました。国際的に標準化された基準のことをグローバルスタンダードといいます。

グローバルスタンダードには、国際的な機関により認定された「デジュールスタンダード」と呼ばれるものと、市場における競争のなかで、大勢を占めるようになった、事実上の標準である「デファクトスタンダード」と呼ばれるものがあります。

デファクトスタンダードとなったものの例としては、パソコンのＯＳであるウィンドウズ（Windows）やアナログビデオの方式（ＶＨＳ）等があげられます。

ＩＳＯの役割

一方、デジュールスタンダードの代表的なものとしてはＩＳＯがあげられます。ＩＳＯ（国際標準化機構）は、スイスのジュネーブに本部をおく、国際貿易の円滑化・促進のための国際規格の策定のために設立された国際機関であり、日本を含め１４０以上の国が加入しています。

規格だけでなく基準認証制度についても統一が図られ、日本ではＪＡＢ（日本適合性認定協会）が、適合性評価機関と呼ばれる、実際のＩＳＯ試験、認定業務を行なう機関を認定しています。つまり、ＩＳＯの認定にあたっては、ＪＡＢの認定を受けた適合性評価機関の試験・認定を受けることが必要になります。

ＩＳＯ９０００、ＩＳＯ１４０００

ＩＳＯにおけるマネジメントシステムの規格のなかで、経営上重要になるのは、ＩＳＯ９０００とＩＳＯ１４０００です。

ＩＳＯ９０００は、品質マネジメントシステムに関する規格です。品質マネジメントシステムとは、企業が顧客のニーズに応え、製品やサービスに反映していく一連のプロセスのことです。この規格は２０００年に、製品のみならずサービスにも適用できるように改訂されました。

ＩＳＯ１４０００は、環境マネジメントシステムに関する規格です。環境マネジメントシステムとは、製品やサービス等の企業活動が、環境に与える影響を低減するため、環境

経営用語&ミニ知識

グローバルスタンダードは最良か？　デファクトスタンダードとなった商品、サービスが、他の競合のものより優れているとは限らない。また、デジュールスタンダードになった規格が最高のものということにもならない。大事なことは、一度グローバルスタンダードになったものには、代替のものが現われない限り、それに従って競争せざるを得なくなるという点だ。

◆ISOと関連機関の役割◆

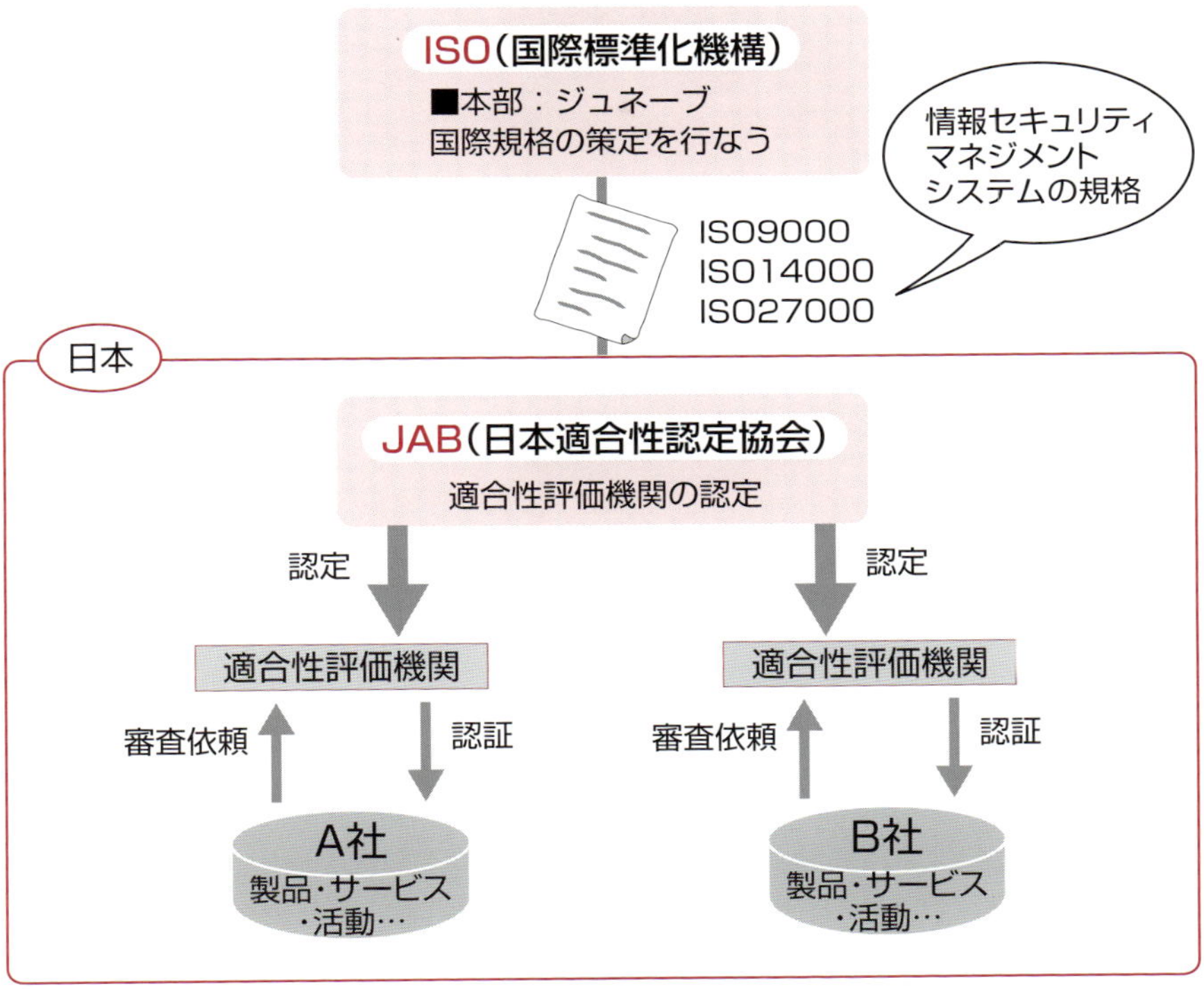

への取組みが常に改善され続けるプロセスのことを指します。つまり、環境に配慮した組織活動が行なわれているかについて、規格化されているわけです。

ＩＳＯの取得の効用と現状

国際化の流れに呼応するかのように、企業によるＩＳＯ取得の動きが活発です。ＩＳＯを取得することで、国際的に認定された基準での、品質管理や環境への取組みを行なっていることがアピールできるだけでなく、実際に標準化されている基準で運用することで、国際レベルでの品質管理や環境への取組みを行なうことが期待できるようになります。

一方で、企業によっては、規格以上の品質基準、環境基準を課している企業も多くみられます。ＩＳＯの取得は、グローバルスタンダードでの運用を行なっていることを訴えることはできますが、品質や環境についてのより厳格な取組みをしていることは、必ずしも意味しないことには注意する必要があるでしょう。

8

バランストスコアカードによる戦略

4つの視点の整合性をはかりながら全体の戦略を最適化する

これまでの業績評価手法

企業を評価・計測する場合、たとえばROE（株主資本利益率）といった指標で財務的な視点からなされることが通常でした。

しかし、これら財務的な指標は、いわば日々の企業活動によって出された過去の「成果」であり、未来について何らかの展望を与えてくれるものでもなければ、成果を得られた具体的な要因を説明してくれるものでもありません。

このため、とりわけ将来の戦略の策定・実行にあたっては、これらの指標だけでは不十分であることがわかります。

バランストスコアカードの登場

バランストスコアカードは、ハーバードビジネススクール教授のR・S・キャプランと経営コンサルタントのD・P・ノートンによって提唱された新しい経営指標を用いた、評価・計測のシステムです。

前述の①財務的な視点に加えて、②顧客の視点（顧客満足度、顧客定着率等）、③社内ビジネスプロセスの視点（品質、コスト等）、④学習と成長の視点（従業員満足度、情報化の度合）の4つの視点から、業績を定義します。

たとえば、売上の向上という財務的な視点1つにしても、顧客満足度や品質の向上といった、顧客や社内ビジネスプロセスの視点が密接に関連してきますし、さらに顧客満足度や品質の向上には、従業員のスキルアップや情報システムの導入度合いといった、学習と成長の視点からの評価・測定も重要になるでしょう。

このように、4つの視点の整合性とバランスをとりながら、全体の戦略の実行をはかり、財務業績を実現させていこうとするのが、バランストスコアカードの真の狙いです。

企業戦略を各個人まで落とし込む

バランストスコアカードで、企業が戦略的目標（たとえば、利益率の向上）を達成したい場合、まず、成果として事後的に反映される指標（この場合、売上高利益率等）を設定します。そしてこの指標とリンクする、すなわち指標向上の鍵となる要素であるKPI（Key Performance Indicator＝重要業績評価指標）を

経営用語&ミニ知識

ROE経営　ROEは株主資本利益率を意味し、当期純利益を株主資本で割って算出する。この数値が大きければ大きいほど、少ない株主資本で大きな利益を上げていることを意味することになり、効率的な経営を行なっている指標となる。このように、ROEをベースにした経営は企業の収益性を示す代表的な指標になっている。

◆バランストスコアカードの4つの視点◆

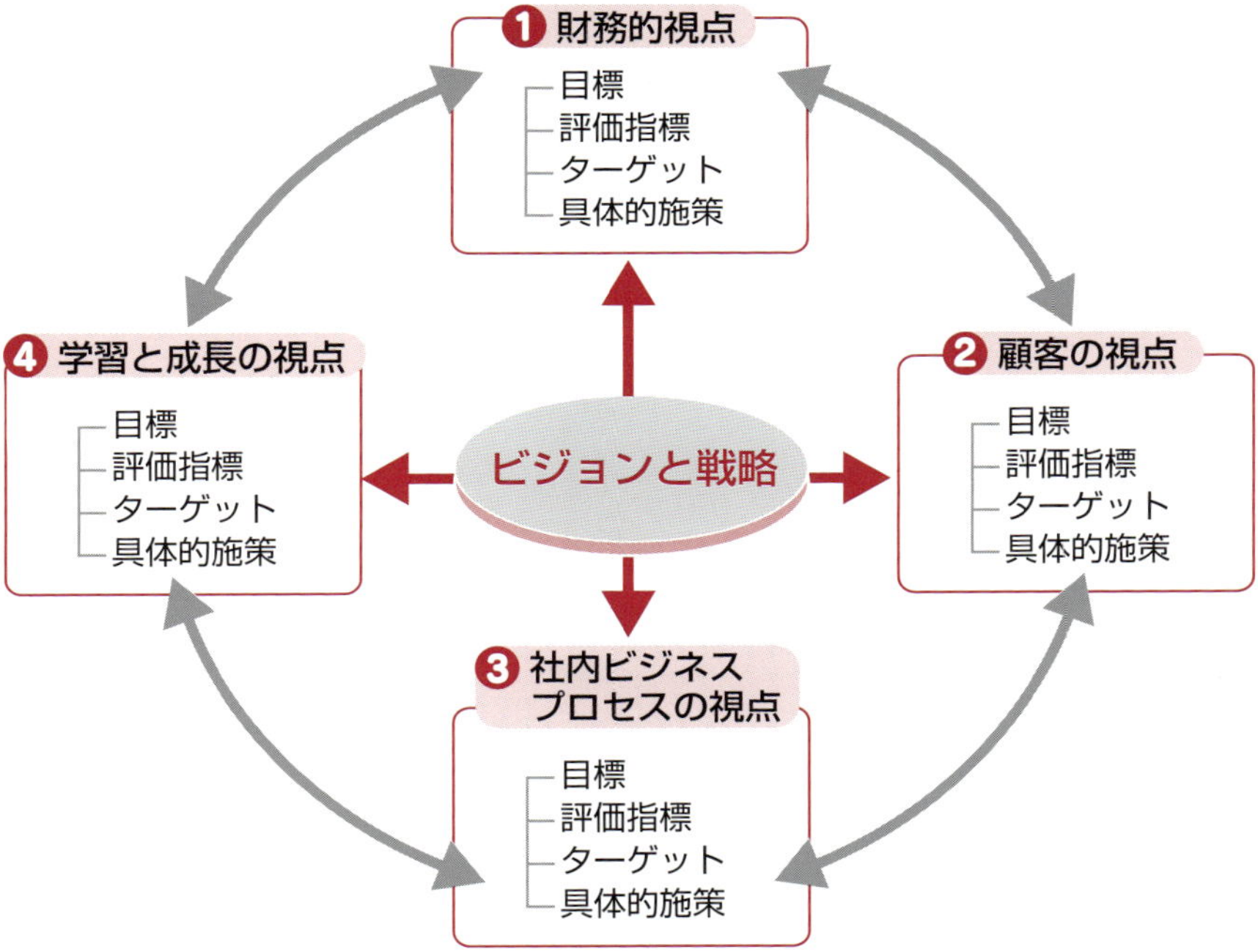

●4つの視点を密接にリンクさせ相互のバランスと整合性をとる

洗い出します。この場合ですと、顧客満足度や1人当たりの接客時間といったようなものが、重要なKPIになると考えられます。そして、これらのKPIを向上させるためには、必要となるスキルを身につけた従業員の比率の向上が欠かせないものとなるでしょうから、スキルを装備した従業員の比率といったような指標を、バランストスコアカードに組み込みます。最後に、組み込まれたKPIを達成するため、個々の従業員レベルでのアクションプラン（この場合、スキル向上のための研修計画等）にまで、落とし込まれます。

　このように、バランストスコアカードの導入によって、企業全体の戦略を個人レベルのアクションプランにリンクさせることで、個人と全体の戦略的整合性をとりながら、組織における戦略の実行に寄与することを実現しているわけです。また、個人レベルのアクションプランに落とし込むことで、これらを人事制度と連動させることも可能となります。

9

シナリオ・プランニングとは

不確実な時代に有効な、未来への意思決定力を高め、洞察力を深める手法

未来は予測することが不可能

90年代初頭のバブル崩壊後の日本経済は、長い停滞が続き、「失われた10年」とまで呼ばれるほどでした。不良債権処理等「後始末」に長い時間を要したのも一因ですが、バブル崩壊直後、世の中に何が起こっているかについての、洞察が欠けていたことも大きな要因でしょう。

「土地は永遠に値上がりするもの」、「日本経済は今後も世界を席巻し続ける」という神話にも似た固定観念から脱却できないことで、バブル後の傷を一層大きくしてしまった企業も少なくないでしょう。

未来はこのように不確実に満ちており、正確に予測することは不可能です。しかしこうした不確実な未来を前提としてとらえるシナリオ・プランニングという手法が近年、日本でも注目を集めています。

未来への洞察を深める

シナリオ・プランニングという手法は、欧米企業ではごく普通に用いられています。石油会社のシェルが、シナリオ・プランニングを用いて、石油危機後の世界を的確に判断しました。他のオイルメジャーが、石油需要の減少を理解できずに、引き続き設備拡張に走り多大な損失を被るのをよそに、シェルだけは石油需要の減少の時代を乗り切れたというのは有名な事例としてあげられます。

シナリオ・プランニングは、未来を予測する手法ではありません。シナリオ・プランニングにおいては、まず、自社のビジネスモデル（どのような因果関係のなかで会社が価値を生み出しているか）が検討されます。そして、そのビジネスモデルが、ビジネス環境を構成する「確実なもの」と「不確実なもの」を盛り込んだいくつかの未来へのシナリオにおいても、きちんと機能するか検証されます。最後に検証の結果を踏まえ、今後実施すべき戦略オプションを策定していき、その意思決定の精度を高め、未来への洞察を深めていくことになります。

観光ホテル業で行なわれていたら

もし、観光ホテル業でシナリオ・プランニングが行なわれていれば、現状への認識・対処がもっと容易になったかもしれません。

経営用語&ミニ知識

数十年後の未来を見通す　企業が長期的な戦略を立てるうえでは、10年、20年という単位の未来を見通したプランニングが不可欠となる。たとえば、高齢化の一層の進行、人口の減少、財政の逼迫、新興諸国の台頭やエネルギー資源の枯渇といった状況は、現在でも考えられる10年後のシナリオだ。これらを斟酌したうえで、未来を見通すテクニックが求められている。

◆シナリオ・プランニングの手法◆

❶ 現状把握 …… 自社の現状のビジネスモデルを検討・把握

❷ シナリオ策定 …… 未来に起こり得る要素を加味して、シナリオを策定

要素
- 確実なもの
- 不確実なもの

❸ 検証 …… 現状のビジネスモデルが、未来を加味した❷のシナリオで機能するか検証

❹ オプション策定 …… ❸の検証の結果を踏まえ、未来でも機能し得る実施すべき戦略オプションを策定

未来を経験 ……
- 意思決定の質が向上
- 未来に起こることを的確に理解
- 未来への対処力が高まる

国内観光といえば、昔は団体や家族向けの利用がほとんどであり、ホテルは大きく豪華な施設というのが、大きな強みとなっていました。

しかし、一方で少子化（これは確実であった要素）や団体旅行の減少、旅行のパーソナル化（これは不確実ではあったが、明らかになりつつあった要素）等の兆候も少しずつ進行していました。そして、これらの兆候の意味をきちんと理解していれば、今日のような大型ホテルの不振という事態に対しても、あらかじめ有効な対策がとれたかもしれません。

シナリオ・プランニングの効用

このように、シナリオ・プランニングの手法を用いることで、意思決定の質が向上し、的確に未来に起こることが理解できるほか、固定化されている個人のメンタルモデル（自己の世界観）を打破し、未来への対処力を高めることにも有効です。

このようにシナリオ・プランニングは、「未来を経験する手法」として期待されています。

10 ゲーム理論の経営への応用

意思決定の分析に応用され、戦略的思考を身につけられる

意思決定作用を研究

ゲーム理論は、意思決定を行なう複数の参加者（プレーヤー）が、その意思決定に関し、相互にどのように作用するかを研究する学問です。

１９４４年に数学者のＪ・Ｆ・ノイマンと経済学者のＯ・モルゲンシュテルンによる研究が始まりとされ、広く社会科学や経済学の分野において研究が進められてきました。

経営の分野においても、経営上の意思決定の分析に応用され、経営戦略や戦略的思考を身につけるために用いられています。

囚人のジレンマ

ゲーム理論でもっとも有名なのが「囚人のジレンマ」です（図1）。

2人の犯人（Ａ・Ｂ）が逮捕され、それぞれ別々の取調室で、取調べを受けている状況を仮定します。Ａ・Ｂ双方とも自白すれば懲役10年、双方とも自白を拒めば、本件で起訴できず、容疑がはっきりしている別件の罪で懲役1年とします。ここで、警察官はＡに対し「おまえだけ罪を自白すれば、別件の罪は目をつぶり無罪にしてやろう」と司法取引を持ちかけます。一方、このまま自白を拒み、その間に別室にいるＢが罪を自白した場合、Ａにはより罪の重い懲役20年が科されることになるとも告げます。そして、同様のことを別室にいるＢにも持ちかけます。

このとき、Ａはどのような行動がのぞましいかを図1に従って考えます。Ａがここで自白しない場合、Ｂも自白しなければ懲役1年、自白すれば懲役20年になります。逆にＡが自白した場合、Ｂが自白しなければ無罪、自白しても懲役10年になります。

つまり、Ａにとって、Ｂの行動に関係なく、自白をしてしまったほうが有利であり、同様の状況は、Ｂについても当てはまります。結局Ａ・Ｂとも自白することになり、双方懲役10年とより悪い懲役が科せられることになってしまうというのが「囚人のジレンマ」と呼ばれるものです。

経営判断への応用

囚人のジレンマになる状況は経営判断の局面にも応用が可能です。たとえば、ある製品分野でしのぎを削るＡ・Ｂの2社があるとします（図

2）。双方とも利益は拮抗《きっこう》し、現在10億円ずつと仮定します。ここで、多額の投資を要するが相手を圧倒できる最新鋭工場を建設するかの経営判断をせまられ、このときの利得状況は図2のとおりとします。A社からすれば、建設しない場合、B社も建設しなければ、これまでどおり利益は10億円のままですが、建設された場合、勝敗は決し、50億円の赤字になります。一方、A社が工場を建設した場合で、B社が建設しないときは、圧倒的有利になり50億円の利益、建設したときは、過剰生産に苦しみ10億円の赤字になります。

結局、A社にとっては建設したほうがいずれにしても有利になります。この状況はB社も同様で、結果双方とも工場を建設することになります。

図2の状況は、工場投資に限らず、店舗出店や研究開発の場合にも多く見られます。

このようにゲーム理論は、相互の関係の中で意思決定を研究する学問として、経営戦略等にも幅広く利用されています。

◆囚人のジレンマ◆

● 図1：囚人A、Bがとる行動と得られる利得（結果）

Aの行動＼Bの行動	自白しない	自白する
自白しない	A＝懲役1年 B＝懲役1年	A＝懲役20年 B＝無罪
自白する	A＝無罪 B＝懲役20年	A＝懲役10年 B＝懲役10年

結論 Aにとっては自白したほうが有利／Bにとっても自白したほうが有利 ▶ 結局A、Bとも自白 ▶ 自白前より状況悪化

● 図2：最新鋭工場を建設すべきか？

A社の経営判断＼B社の経営判断	建設しない	建設する
建設しない	A＝10億円 B＝10億円 そのまま	A＝－50億円 B＝50億円 B社がA社を凌駕
建設する	A＝50億円 B＝－50億円 A社がB社を凌駕	A＝－10億円 B＝－10億円 A社、B社とも過剰設備に苦しむ

結論 A社にとっては建設したほうが有利／B社にとっても建設したほうが有利 ▶ 結局A、Bとも建設 ▶ 建設前より状況悪化

経営用語&ミニ知識

裏切りの利得と代償　囚人のジレンマの状況は数多く見られる。第四次中東戦争におけるOPEC加盟のアラブ諸国の結束による原油価格引上げは、世界経済に大きな影響を及ぼしたが、その後各国の利害の対立等により、価格は下落に転じた。地球温暖化防止のためのCO_2削減も総論では皆賛成なのに、各国の利害が絡み個別の削減は順調とはいえない。

11

会社再建法制とターンアラウンド

再生の円滑化に向け、法律のほか、人やお金の面からも整備されている

再生環境の整備が背景

バブル崩壊にともない、経営不振の企業が続出する一方で、不良債権の処理は遅々として進みませんでした。これは、通常、債務の整理には多くの当事者の利害が絡むことや、企業再建に関する専門家の不在、再生資金を調達する環境の未整備等が背景としてありました。

90年代も終盤になると、ようやく再建を円滑に進めるための法整備や、ターンアラウンドマネージャーと呼ばれる再建の専門家の登場、事業再生ファンド等の環境の整備等が行なわれるようになり、これにともなって、企業再生だけでなく不良債権の処理、そして経済の円滑化も加速しているといえます。

民事再生法の整備

企業再建の法制度については、従来から、会社更生法や和議法等の法律がありましたが、手続きに時間やコストがかかるなど、バブル後の社会環境の変化に対応できなくなっていました。

そこで、こういった状況に対処するため、１９９９年に民事再生法が制定されました。同法は、法人のみならず個人も対象とされ、時間も短縮され、かつ、コストもかからない再建手続きを可能としています。また、それまでの経営者が、引き続き会社経営にあたることができることも、大きな特徴としています。

こういった従来の欠点を補う形で、民事再生法が成立したことで、民事再生手続きを申請する法人や個人が増加し、経営不振の会社の整理が進みました。また、会社更生法も時代の要請に応える形で、法改正がなされています。

ターンアラウンドマネージャー

ターンアラウンド（企業再建）という言葉とともに、人やお金の面からの環境の整備も進んでいます。人の面では、ターンアラウンドマネージャーと呼ばれる企業再建の専門家の登場があります。

ターンアラウンドマネージャーは、自社から任命され、もしくは外部から派遣される形で、不振企業の建て直しを行なう人を指します。彼らは、まず、当面の経営危機の安定化につとめつつ、企業の詳細を分析

経営用語&ミニ知識

産業再生機構　産業再生機構は、2003年の設立以来、優良な事業を持ちながら、巨額の負債を抱える多くの企業の再生支援案件を手がけてきた。結果として、これまで債権者とのしがらみのなかで、遅々として進まなかった銀行の不良債権処理が加速し、景気の浮上に一役買うことになった。

し、再生プランを策定します。

強力なリーダーシップのもと、従業員の動揺による人材の流出を防止するほか、必要に応じて既存の経営陣の交代も行ないます。また、これまでの組織やプロセスを見直すほか、会社の強みを再検証し、戦略の策定も行ないます。さらには、債権者等のステークホルダーとの折衝もします。ターンアラウンドマネージャーはまだまだ人材不足であり、人材の育成がこれからの課題といえます。

◆企業再生加速化の背景◆

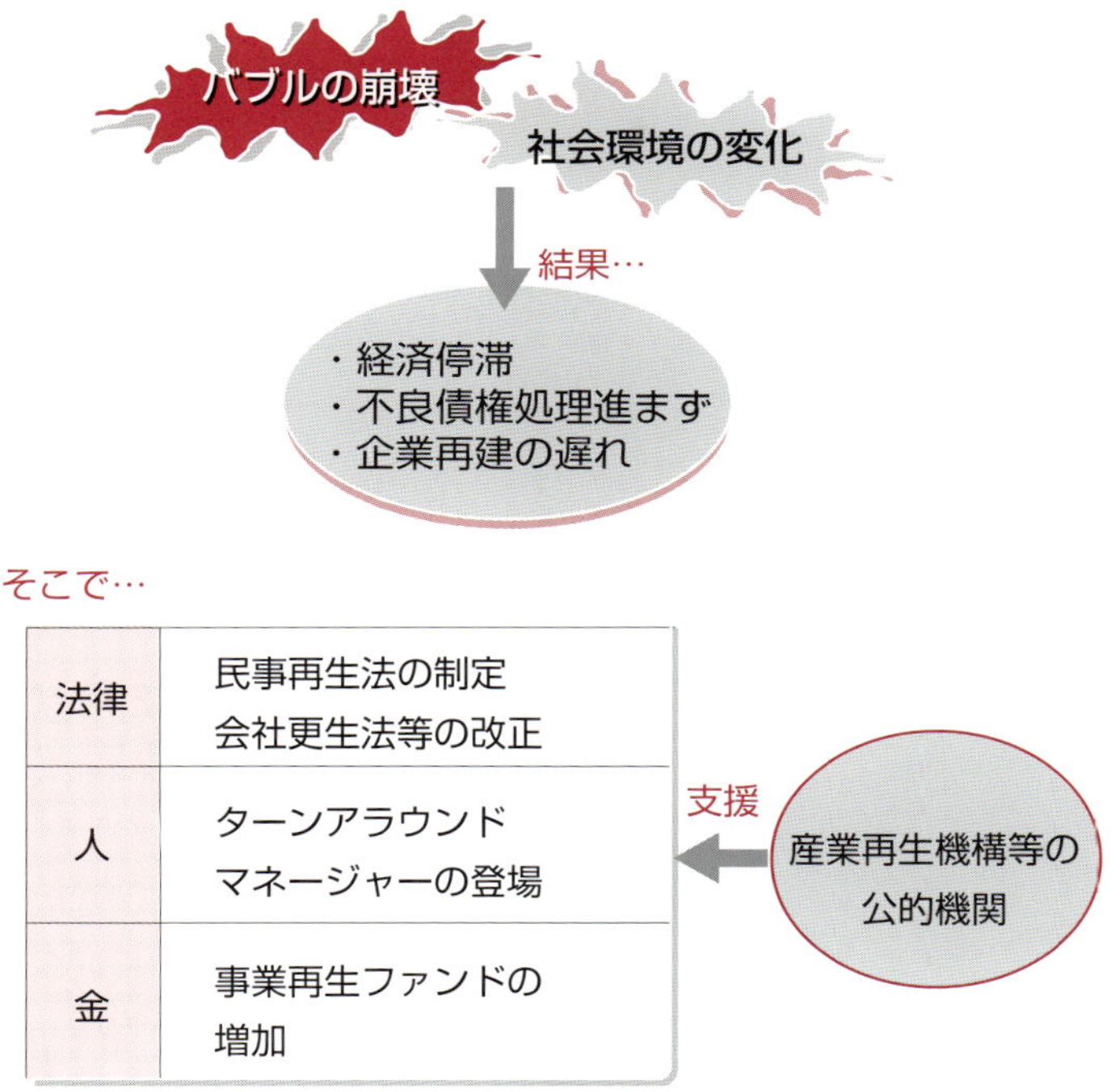

事業再生ファンド

お金の面に関しては、産業再生機構や日本政策投資銀行等の公的機関による支援や民間の事業再生ファンドの組成が活発になるなど、環境が整備されてきているといえます。

事業再生ファンドは、機関投資家から集めたお金を、経営不振企業に投資しつつ、再建を支援しその企業価値を高めることで、当該企業が上場やM&Aにより、株式売却されたりした場合、利益を得るファンドをいいます。

こういった法整備の充実、人とお金の面からの環境の整備により、企業再生は円滑になり、同時に不良債権の減少、経済の活発化に一役買っているといえるでしょう。

12

内部統制構築をめぐる動き

新しいコーポレートガバナンス構築の動きが加速している

内部統制システムとは？

企業のコーポレートガバナンスを語るうえで、忘れてはならない1つの動きとして、「内部統制システム」の構築義務の本格化があります。2006年5月に施行された会社法により、資本金5億円または負債200億円以上のいわゆる「大会社」は、内部統制システムの構築の決定が義務づけられました。

内部統制とは、以下の3つを達成することを目的として、企業で運用されるしくみのことをいいます。

①業務の効率性・有効性の向上
②報告される財務諸表の信頼性確保
③関係諸法規の遵守

具体的な体制としては、取締役の職務に関する情報の保存管理、効率性の確保のための体制、リスク管理や法令遵守の体制、企業グループ間の取引を適正にするための体制がこれに含まれます。

発端は米国

これまでの内部統制のしくみといえば、財務報告が適正であるかのみに力点が置かれてきました。これは、コーポレートガバナンスが発達しているといわれていた米国でも同様です。ところが、前述のエンロン事件を始めとして、大手企業の不正経理が次々に明るみに出ることで、会計面だけでなく、経営方針、業務ルールや法令遵守、リスクマネジメントといったような広範囲な視点からの統制の必要性が叫ばれるようになってきたのです。

2002年に成立したサーベンス・オクスリー法（SOX法、米国企業改革法）は、内部統制システムの構築、運用を経営者の義務とし、また、この監査を外部監査人の義務としています。

追随する日本

日本でも、米国流の内部統制システム構築の義務化に、追随する動きが加速しています。とりわけ、カネボウ事件、ライブドア事件など、大手企業による粉飾決算、不正経理が後を絶たないからです。

こういった問題の底流には、米国と同様に内部統制システムの不在、会計監査人によるチェック機能の不全といった原因が考えられます。

まず、前述のとおり2006年5

経営用語&ミニ知識

カネボウ事件　戦前から続く伝統ある繊維メーカーであったカネボウは、事業の多角化の失敗等により、経営が悪化した。しかし、上場廃止になることを恐れ、実際には債務超過であったにもかかわらず、多額の利益が出ているかのように粉飾していた。経営陣および担当会計士は起訴され、会計士の所属した大手監査法人に対する信頼をも大きく揺るがす結果となった。

◆内部統制が達成する目的◆

①事業経営の有効性・効率性

②報告される財務の信頼性の確保

③関連諸法規の遵守

内部統制を達成するための構成要素

(1)統制環境
経営者の経営理念や方針、会社に属する人たちの倫理観、取締役会・監査役の監視機能など

(2)リスク評価
企業目的達成に影響するリスクを確認・分析し、対応を決定

(3)統制活動
経営者の命令・指示が適切に実行されるための方針や手続き

(4)情報と伝達
業務が適切に実行されるために必要となる情報の把握とそれを伝える方法

(5)モニタリング
内部統制の内容を継続的に監視・チェックする機能

月に施行された会社法により、大会社における内部統制システム構築の決定が義務化されました。

また、証券取引法の改正により金融商品取引法が成立し、上場企業は、内部統制が適正に行なわれていることについて、「内部統制報告書」を提出することが義務づけられ、かつ、これは、監査役、会計監査人の監査を受けることを義務づけています。なお、こうした一連の法規制の強化は、米国に倣った動きであることから、「日本版SOX法」と呼ばれることがあります。

システムは機能するか

どんなシステムやしくみであれ、自ずと限界は存在します。これまでの会計監査のしくみですら、長年有効に機能すると考えられていながら、脆くも限界を露呈しました。

重要なことは、より不正が行なわれないシステムを追求していくことと同時に、企業が社会に果たす役割と責務の重さについて、経営者自らが認識することにあるといえます。

経営者列伝

❸ フィロソフィ経営とアメーバ経営

稲盛和夫（京セラ&KDDI）

◆現代の「経営の神様」

稲盛和夫は、京セラとＫＤＤＩという２つの大企業をゼロから築き上げた日本を代表する経営者だ。戦後設立された会社で、これほどの事業規模の企業体を２つも創造した経営者は他に例がない。

また、「盛和塾」の塾長として経営者の育成にも熱心であり、こうした活躍ぶりから、稲盛を現代の「経営の神様」と呼ぶ人もいる。

◆京セラの誕生

稲盛は鹿児島大学を卒業後、京都の松風工業という赤字続きの会社に就職した。給料も遅配続きであり、同期がさっさと見切りをつける会社だったが、稲盛はここでニューセラミックの開発に成功した。

しかし、その後の開発の遅れから稲盛を担当から外すという会社の命が下るにおよび、稲盛もついに独立を決意した。こうして、自らの技術を世に問う会社「京都セラミックス（現：京セラ）」が誕生したのである。

◆新入社員の連判状

創業当初から稲盛を慕うものは多く、前職の同僚、部下でついてきた者も多かった。会社も順調に行くかに見えたある日、１つの事件が起きた。新入社員から将来にわたっての待遇保証を約束するよう連判状が提出されたのだ。彼らは退職をちらつかせながら、要求受諾をせまった。

この事件は稲盛に経営者とは何かを考えさせられる１つのきっかけになったという。技術を世に問うと会社を始めた稲盛だったが、経営の目的とは営利や自らの夢だけではなく、「全従業員の物心両面の幸福を追求すること」でなければならないと気づかされたという。

◆異業種のＤＤＩの設立

稲盛が創業したもう１つのビッグビジネスにＤＤＩ（現：ＫＤＤＩ）がある。この異業種への参入の際、稲盛は「動機は善であり、私心はない」と確信したという。つまり、動機が大衆のために電話料金を安くしたいという純粋なものであり、私心がないことを自問したうえで参入を決意したという。

稲盛の経営手法は心をベースにしたフィロソフィ経営と呼ばれている。また、会社の組織を小集団に分けて、運営管理していく経営手法で自己変革をうながすアメーバ経営も提唱した。数字や力のみに依拠した経営が各所で破綻を見せ始めている昨今、稲盛の提唱する心の経営を考える時期に来ているのではないだろうか。

4章

マーケティングの役割と生産のしくみ

1 マーケティングの役割とは？

販売行為すら必要としないすぐれた商品やサービスを生み出すこと

マーケティングの必要性

最近のビジネス環境の変化を見ると、どれも商品やサービス同士の競争を一層厳しくするものばかりです。たとえば、経済のグローバル化により、企業は世界レベルでの競争を余儀なくされました。また、インターネットの普及に代表されるIT化によって、企業は十分に知識武装した消費者を相手に取引をする必要性が出てきました。さらに規制緩和によって、従来の横並び的な経営や、同様の商品・サービスラインナップから脱却して、各企業の個性を打ち出すことが必要になっています。

すなわち、他社と同様の商品やサービスを大量均一に提供していく時代はすでに終わったのです。加えて、昨今ではニーズの多様化、商品・サービス寿命の短縮が顕著です。

こういったなかで的確なマーケティングを行なうことなく、事業を進めることは、企業の存続すら危うくしかねません。

これからの時代、マーケティングは、必要不可欠なものであることは間違いありません。

マーケティングとは？

マーケティングとは、売れるものをつくり、それを販売するために行なう、製品の企画から生産、販売にいたるまでのすべての活動のことをいいます。そして、これら一連の活動がマーケティングにおける重要な検討課題となります。

経営学の大家である、P・F・ドラッカーは「マーケティングとは販売行為を不要にすること」とすら言っています（『コトラーのマーケティング・マネジメント』フィリップ・コトラー著、月谷真紀訳）。

たしかに、私たちの周りには、取り立てて営業努力をすることもなく、自然に顧客の支持を獲得し、発売と同時に売れていってしまう商品やサービスがいくつも存在します。

こういった顧客ニーズを的確につかみ、顧客がほしがるものを提供することで、販売行為すら不要の状態をつくり出せることこそが、真のマーケティングの姿であると、ドラッカーは語っているのです。

マーケティングの4P

商品やサービスのマーケティング

を検討するうえでは、どのようなものをいくらで、どのような流通経路で販売し、プロモーションをしていくのがよいのかが重要になってきます。これらは、「マーケティングの4P」と呼ばれます。

すなわち4Pとは、①「製品（Product)」、②「価格（Price)」、③「流通（Place)」、そして、④「プロモーション（Promotion)」を指し、これらの組合せ（マーケティング・ミックス）のなかで、他社との差別化を図ることがマーケティングの基本なのです。

たとえば、パソコンメーカーにおいては、「①初心者用パソコンを、②普通の価格で、③電気店等の店頭販売にて、④大々的に販売促進をして売る」というマーケティング・ミックスを採用する企業もありますし、「①高品質なパソコンを、②低価格で、③通信販売で、④最低限の販売促進で売る」というマーケティング・ミックスを採用する企業もあります。

つまり、企業の戦略や製品の特長に応じて、マーケティングの方法も異なってくるのです。

マーケティングの4Pとマーケティング・ミックス

4P	要素	マーケティング・ミックスの事例（パソコンメーカー） A社の場合	マーケティング・ミックスの事例（パソコンメーカー） B社の場合
Product（製品）	特長 デザイン 品質 保証 etc...	初心者向け	高品質
Price（価格）	標準価格 値引き etc...	普通の価格	低価格
Place（流通）	チャネル 立地 品揃え	電気店等の店頭	通信販売
Promotion（プロモーション）	販売促進 広告	大々的な宣伝販促	必要最低限の宣伝販促

企業の戦略や特長によりマーケティング・ミックスも異なる

経営用語&ミニ知識

有効なマーケティングとは？　マーケティングには様々な手法があり、どれが有効かは下述のパソコンのように状況により異なる。誰もが化粧品メーカーや携帯電話会社のようなマーケティングをすれば成功するというわけではないし、多額の予算を使うことで、マーケティングの成功が約束されるわけでもない。

2

セグメント・マーケティングとは？

市場を細分化し、マス・マーケティングにはない精度を高める

大量生産・大量流通・大量の広告宣伝が主流であった時代においては、企業は、万人受けする商品やサービスを安価に大量に効率よく買い手に提供するマス・マーケティングが要求されました。

しかし現在では、買い手のニーズや購入手段は多様化し、インターネット等の普及による買い手の情報蓄積も高まった結果、従来型の売り手主導のマス・マーケティングが機能しなくなってきています。

セグメント・マーケティング登場

「ワン・トゥ・ワンマーケティング」、「セグメント・ワン」と呼ばれる個対個の究極のマーケティング手法も現われてきていますが、多くの市場はまだ個別のニーズを満たすには、費用対効果の面で課題があります。

ある共通の特性に基づいてグループレベルで市場を細分化することで、個々のグループのニーズを満たしていこうとするのが、セグメント・マーケティングです。

マーケティングの大家である、ノースウェスタン大学のフィリップ・コトラー教授によると、消費財におけるセグメント・変数が市場の細分化において使われます。

①地理的変数（たとえば、関東と関西、本州と九州など）
②人口統計学的変数（年齢、性別、所得など）
③心理的変数（社交的、先端をいくなど）
④行動変数（商品をよく買う、たまに買う、品質重視で買うなど）

セグメント別の打ち手

企業は、慎重なリサーチにより見つけ出されたセグメントごとに、参入すべきか、どのような戦略をとるかを決定していきます。

たとえば、自動車保険市場はマス・マーケティングの発想でとらえれば、どのドライバーにも一律のメニューで同額の保険料で提供していくことが考えられます。しかし、これらの顧客のなかにはほとんど運転をしない、または事故をほとんど起こさないセグメントが存在することも分析により容易に判明するでしょう。そこで、このセグメントに的を絞ったメニューの提供も選択肢とし

経営用語&ミニ知識

IT化とカスタマイゼーション　セグメンテーションの究極の姿は、個人ごとのカスタマイゼーションだ。ITの発達でカスタマイズにかかる費用が低下したことにより、この究極の姿が少しずつ実現しつつある。PCのデルのような大企業では、個々の顧客ニーズに応じながら、大量注文に応じるマス・カスタマイゼーションと呼ばれるしくみも確立されている。

て考えられます。つまり、このセグメントは、事故を起こさないのに高額の保険料を支払わされることに、不公平感を持っていると考えられるため、保険料を割り引いた自動車保険サービスの提供が有効と考えられます。

優良運転免許証取得者に対する保険料割引サービスはセグメント・マーケティングの応用例であり、このセグメントは、保険会社にとっても保険金を支払うリスクの少ない優良顧客であることから、各社とも囲い込みに最も力を入れているセグメントにもなっています。

セグメント・マーケティングの登場

市場における顧客の変化

- 顧客ニーズの多様化
- 顧客の情報武装の強化
- 購買手段も多様化

↓ しかし…

- マス・マーケティング（大量生産・大量流通・大量広告宣伝）の手法では通用しない
- ワン・トゥ・ワンマーケティング（1対1の顧客別対応）を行なうには、費用対効果面で課題がある

↓ そこで…

共通の特性に基づいて、グループごとに市場を細分化
＝**セグメント・マーケティング**

- 事故をほとんど起こさないセグメント
- ほとんど運転しないセグメント

保険料を割安に

- 事故を起こしやすいセグメント

保険料を割高に

3

差別化とポジショニング戦略

他社との違いを明確にして、買い手の心のなかに独自の地位を占める

なぜ差別化をするか

差別化は商品企画において、もはや欠かせない考えになっています。企業はこぞって、自らの製品を差別化しようと躍起になっています。差別化をすることには、どのような意味があるのでしょうか。

差別化とは、自社の商品やサービスを競合他社のそれと区別するために、その違いを明確にして、買い手に訴えることをいいます。差別化戦略をとることで、競合他社との違いが明確になり、その差別化された特長が模倣されにくいものであればあるほど、競争上の優位が生まれます。とりわけコスト・リーダーシップ戦略とは異なり競合商品と明確に区別されることで、価格競争に巻き込まれる可能性が低くなるという点が大きなメリットとしてあげられます。

たとえば、機能よりもファッション性やデザイン等を重視した時計や、味よりも含まれる健康成分を強くアピールした飲料等は、他の競合商品と差別化された商品ということがいえると思います。

差別化をするポイント

差別化をするポイントのおもなものとして、製品自体による差別化、サービスによる差別化、そしてイメージによる差別化があげられます。

製品自体による差別化の例としては、その形態（大きさ、形状等）、品質、耐久性、素材、スタイル、デザインといったものがあります。サービスによる差別化をする事例としては、注文や配達のスピードアップ、アフターサービス、情報提供等があげられます。イメージによる差別化をする事例としては、ブランド、ロゴ、企業イメージや店舗等の雰囲気といったものがあげられます。

企業はこれらのポイントについて、どの点が自社製品を特徴づけるうえで、明確な差異となるかを慎重に吟味しながら、差別化を行なうことになります。

ポジショニング戦略とは

市場において、自社の商品やサービスを、買い手の心のなかの独自の位置（ポジション）を占めるよう設計することをポジショニングといいます。明確に買い手の心に伝わるような価値提案を行なうことがここで

経営用語&ミニ知識

自然農産物の差別化　差別化は、一見、難しそうな自然農産物でも可能だ。とりわけ輸入品との価格競争に悩む農産物では、積極的な取組みがなされている。無農薬野菜、生産地や生産者といった情報を積極的に開示することによる安心の提供、ブランド牛に代表される商品自体の高付加価値化等はその代表的な事例である。

◆差別化とポジショニング◆

差別化	自社の商品やサービスを競合他社のそれと区別するために、その違いを明確にして、買い手に訴えること
製品自体の差別化	形態、品質、耐久性、素材、スタイル、デザイン等
サービスの差別化	注文や配達のスピードアップ、アフターサービス、情報提供等
イメージの差別化	ブランド、ロゴ、企業イメージ、店舗等の雰囲気等

↓

独自の位置（ポジション）は、価格競争から商品やサービスを守る

は求められます。たとえば、前述の飲料の場合、単なる飲料でなく、健康食品であるというポジショニングを獲得することによって、通常の飲料よりも高い価値提案ができた結果、高めの価格設定を可能としている事例も多く見受けられます。

　企業は、ポジショニングを設定したのちは、マーケティングの4P（製品、価格、流通、プロモーション）を駆使したマーケティング・ミックス戦略を活用することで、このポジショニングを強化するようにしなければなりません。

独自化が進む日本

　これまでの日本では、各社の商品やサービスも他社と比べて差異はなく、どちらかというと横並びとなることが多かったといえます。しかし、グローバルレベルでの競争の激化や消費者の嗜好の多様化は、いやがうえでも他社との明確な違いを打ち出すことを要求しています。こうした流れからも、差別化はますます重要になっていくものと思われます。

4

ＡＩＤＭＡ理論とは？

顧客が商品やサービスを購買するまでの5つの過程を説明した理論

購買決定までのプロセス

顧客が購買を決定するまでのプロセスを表わしたものがＡＩＤＭＡ（アイドマ）理論、ＡＩＤＭＡの法則と呼ばれるものです。これは、次の各プロセスを表わす単語の頭文字を並べたものです。

①Ａ…認知（Attention）

顧客が、新聞やテレビといった情報媒体、店頭や営業マン等を通じて、商品やサービスについて知るプロセス

②Ｉ…関心（Interest）

顧客が、商品の特性等に触れ、話題にしたり、関心を持ったりするプロセス

③Ｄ…欲求（Desire）

顧客が、商品をほしいと思うようになるプロセス

④Ｍ…記憶（Memory）

商品について顧客が完全に記憶しているプロセス

⑤Ａ…行動（Action）

顧客が、実際に購買行動を起こすプロセス

ＡＩＤＭＡは、Ｍの段階のないＡＩＤＡ理論と呼ばれることもありますが、いずれにせよ、営業マンの営業プロセスや通信販売でのメッセージの作成には、有効な考え方ということができます。

通販会社の場合

通販会社のメッセージ発信は、この理論を応用して、組み立てられている好例といえます。たとえば、いわゆる、テレビショッピング等では、以下のようなプロセスがとられることが多くあります。

①Ａ…まず、パフォーマンス等でその商品に注目を引くことに全力をあげます。

②Ｉ…どのような困ったことに対処するか説明して、顧客の関心を引きます。

③Ｄ…販売する製品の特長や、他との違い、今回の特典等を説明し、顧客の関心を「買いたい」という欲求までに高めます。

④Ｍ…顧客に商品名と連絡先や電話番号を記憶させます。

⑤Ａ…顧客にコールセンターへの電話という行動を起こさせます。

この手法は、通販会社にかぎらず、営業マンの購買までの説得方法等、

経営用語&ミニ知識

ネット時代における購買プロセス　ネット上で商品やサービスに関する膨大な情報にアクセスできるようになると、顧客の購買プロセスも、顧客が関心を持った段階で検索という手段によって自ら情報収集を行なう形に変化してきている。テレビ等ではもっぱら関心の惹起に重点が置かれ、同時に検索をうながすタイプの広告が近年急増しているのはこのためだ。

◆AIDMAの5段階◆

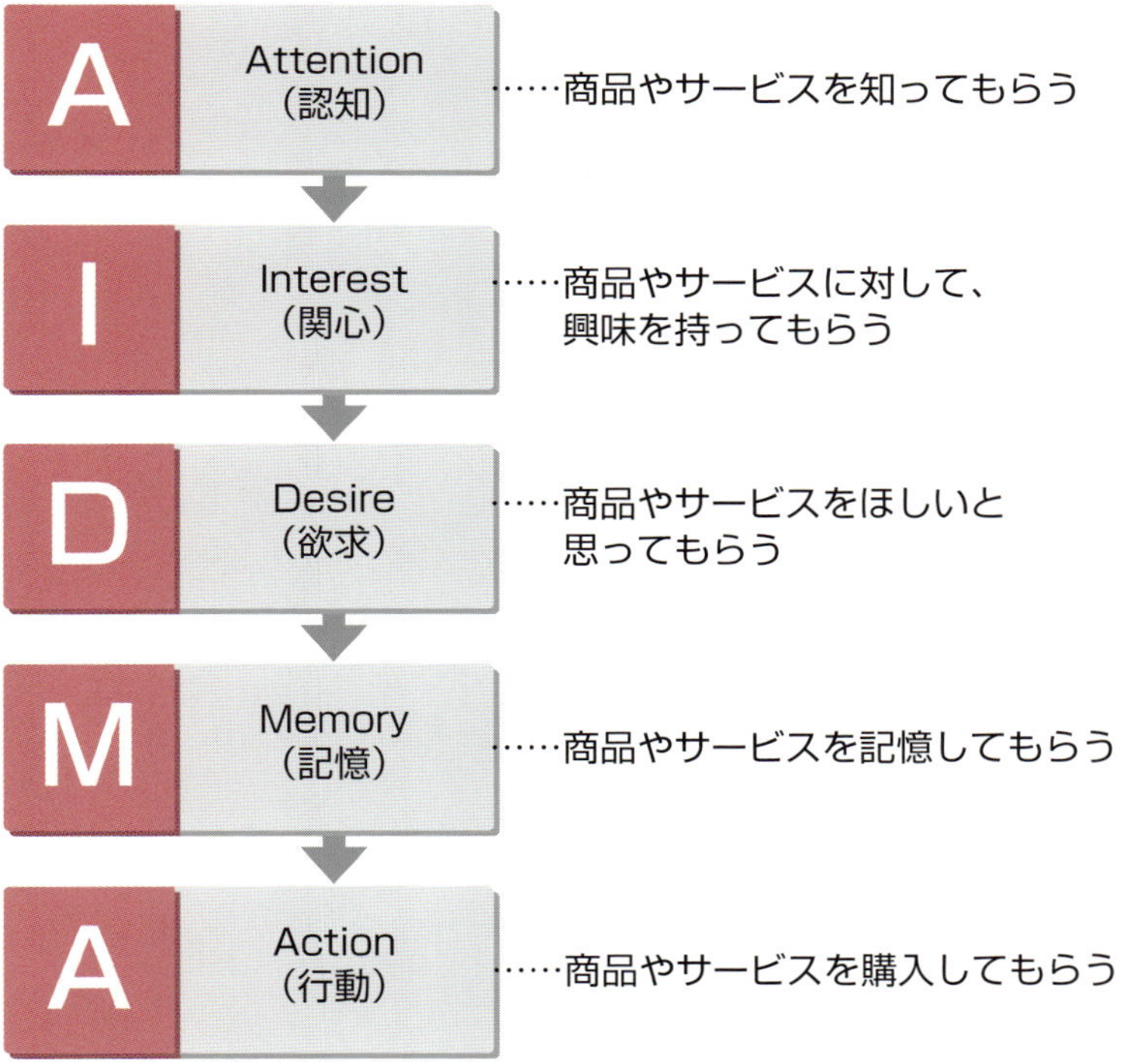
A
Attention
（認知）
……商品やサービスを知ってもらう
I
Interest
（関心）
……商品やサービスに対して、興味を持ってもらう
D
Desire
（欲求）
……商品やサービスをほしいと思ってもらう
M
Memory
（記憶）
……商品やサービスを記憶してもらう
A
Action
（行動）
……商品やサービスを購入してもらう

多くの購買プロセスにおいて応用が可能です。そして、この方法からわかることは、どれだけ関心のある顧客、すなわち「見込み客」を発掘し、それをどれだけ高い確率で、実際の購買にまで持っていけるかが重要であるということです。

●IT時代とAIDMA理論

ＩＴ時代においては、顧客の購買プロセスにも若干の変化が見られるようになりました。商品やサービスに関心のある「見込み客」は、検索という手段によって、性能や他社との違い等、多くの情報を得ることができるようになったのです。つまり、顧客が情報を得る過程で、いかに顧客を自社に取り込めるかが重要となってきたのです。

また、商品やサービスを検索する際に、検索結果でいかに上位に表示させるかというSEO（Search Engine Optimization）への対策が求められてきているのも、購買過程が変化してきていることの１つの証左といえます。

5 価格戦略の重要性

1円でも高く売るという価格戦略は利益を最大化するには重要

重要性を増す価格戦略

企業が販売戦略を立案するうえでは、いかにして製品を1つでも多く売るかという点に重点が置かれがちで、いかにして1円でも高く売るかという観点からは、あまり検討がなされてきませんでした。

しかし、多くの産業において、需要に比べて供給が飽和状態である昨今では、販売数量の向上というのは極めて困難です。また、コスト削減努力についても劇的な改善が見込めないことから考えても、利益の最大化のために、価格に関し積極的に関与する取組みが必要となってきているといえるでしょう。

1%の価格上昇が持つ意味

さて、製品の販売数量を減らすことなく、価格を1%上昇させることができるとすれば、それはどのような意味を持つことになるのでしょうか。たとえば、あるメーカーが販売価格100円、製造原価等の諸経費を除く最終利益が20円の製品を販売しているとします。

この製品について、価格が1%上昇した場合、製品の販売価格は、101円となります。一方、価格上昇分はそのまま利益となりますから、この製品の最終利益は21円と5%も上昇したことになります。

つまり、このメーカーの場合、価格の1%上昇がそのまま5%の増収につながることになるわけです。同時に1%の価格下落は、5%の減収につながることを意味します。

価格について企業はもっと敏感になる必要があることが、この例からわかったと思います。

価格設定の手法

企業の利益を最大にするための最適な価格設定には、通常、慎重かつ綿密な分析が必要となります。その1つ目の理由として、価格弾力性（価格を1%上昇（下降）させた場合、販売数量は何%下降（上昇）するか）を算出することがむずかしい点があげられます。これに対しては、ユーザーや専門家への詳細なリサーチのほか、地域や期間を限定しての試験販売等の手段を用いることで、一定の価格のもとでの販売数量を推定する手法がとられます。

2つ目の理由として、同じカテゴ

経営用語&ミニ知識

ビール市場の価格設定　ビール市場にはその代替品も含めさまざまな価格のラインナップが登場してきた。発泡酒・第3のビールと呼ばれる商品は、酒税が抑えられる結果「低価格のビール」としての価格設定がなされている。また、最近では麦芽の量を増やしたり、醸造にこだわったりして、高めの価格設定をした「プレミアムビール」も登場している。

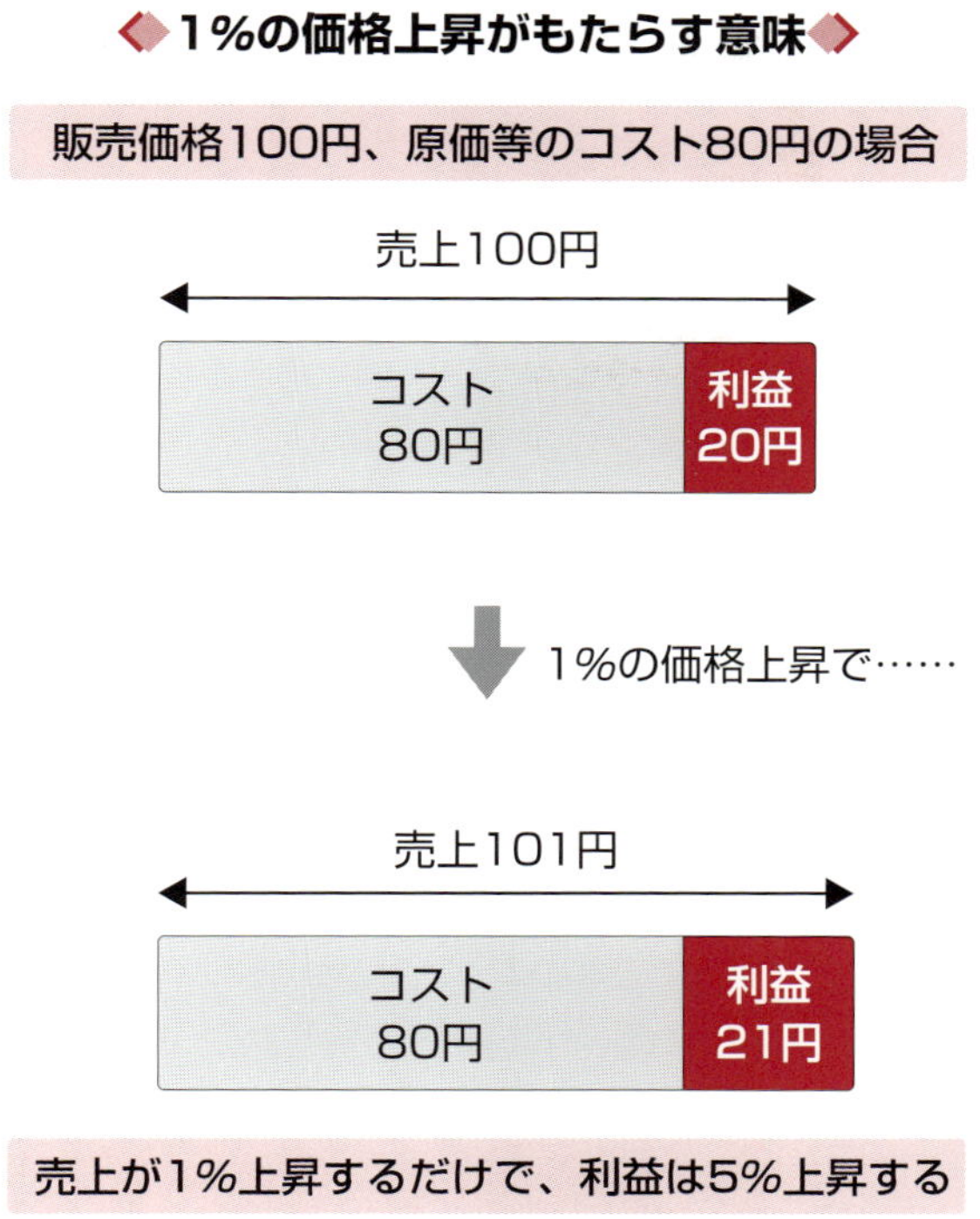

リーに属する製品でも、顧客が払ってもよいと考える「最適な価格」が異なる場合がある点があげられます。たとえば、自動車の購買には、移動手段としか考えない層もあれば、ステータスを求める層もあり、それぞれ支払ってもいいと考える価格も異なります。

これに対しては、各層に応じた製品ラインナップとし、個別の価格設定を行なうことが考えられます。こうすることで、それぞれの層から最大の利益を得ることが可能となります。この手法は、飛行機運賃等多くの例が見られますが、活用するにあたっては、自社の製品間で共食いにならないよう、また、ブランド全体のイメージを傷つけないように慎重に管理する必要があります。

妥当な価格設定

昨今では、インターネットの普及等により、消費者が保有する商品に関する情報量が飛躍的に増大した結果、価格に対する知識も、企業の購買担当者並みになっているとまでいわれています。価格設定においても、単に安ければ売れるという時代は終わり、消費者が納得する「妥当な価格設定」を行なうことが、これまで以上に重要になってきていることは、間違いありません。

6

ブランド・エクイティ創造の経営

ブランドを資産ととらえ、どのように維持・強化していくか

ブランドの役割

私たちが、何気なく提供を受ける商品やサービスにおいても、ブランドが重要な役割を果たすことが少なくありません。たとえば、スポーツシューズを買う場合には、有名なスポーツ選手が使用しているブランドが購買決定の一要因になったり、携帯音楽プレーヤーでも機能や品質だけでなく、どこのブランドかということが重要であったりします。

このようにブランドとは、自社の商品やサービスと他社のものとを区別するための名称、言葉、デザイン等をいいます。

商品やサービスにブランドを表示させることには、以下のような効果があります。

①商品やサービスの特徴や品質を顧客に訴えることができる

②安心の印として、顧客への信頼・保証につながる

③他社と区別できるので、注文などで手間が省ける

④表示されたブランドを商標権として、法的に保護することができる

ブランド・エクイティ

１９９０年代になると、こういった考えに加えて、ブランド・エクイティという概念が登場するようになりました。ブランド・エクイティとは文字どおり、ブランドを企業の「資産」として、その価値を最大化するべく、マネジメントしていくことの有用性を提示したものです。

これは、米国のＤ・Ａ・アーカー教授により提唱されたもので、ブランド・エクイティは、①認知度（どれだけの人が知っているか）、②イメージ（明るいとか、やわらかいとか）、③ブランド・ロイヤルティ（この商品やサービスでなくてはという忠誠心）、④知覚品質（実際に使用したときどう感じるか）、というおもに4つの要素からなるとしています。そして、この4つの要素を維持・強化するためのブランド戦略が重要であるとしています。

ブランド・エクイティは、企業の広告宣伝活動だけでなく、製品やサービスの使用により形成されていきます。形成されたブランド・エクイティの価値を定量的に算定することは困難ですが、実際の企業のＭ＆Ａ

経営用語&ミニ知識

ブランド崩壊を防げ　「安心の印」であるはずのブランドが、不祥事によって一気に崩壊してしまうケースも、近年多数発生している。雪印乳業による食中毒事件等が、よくブランド崩壊の事例として取り上げられる。平生のブランド管理以上に、危機における企業姿勢がブランドにも大きな影響を与える。

◆D.A.アーカーが提唱する「ブランド・エクイティ」のおもな4つの要素◆

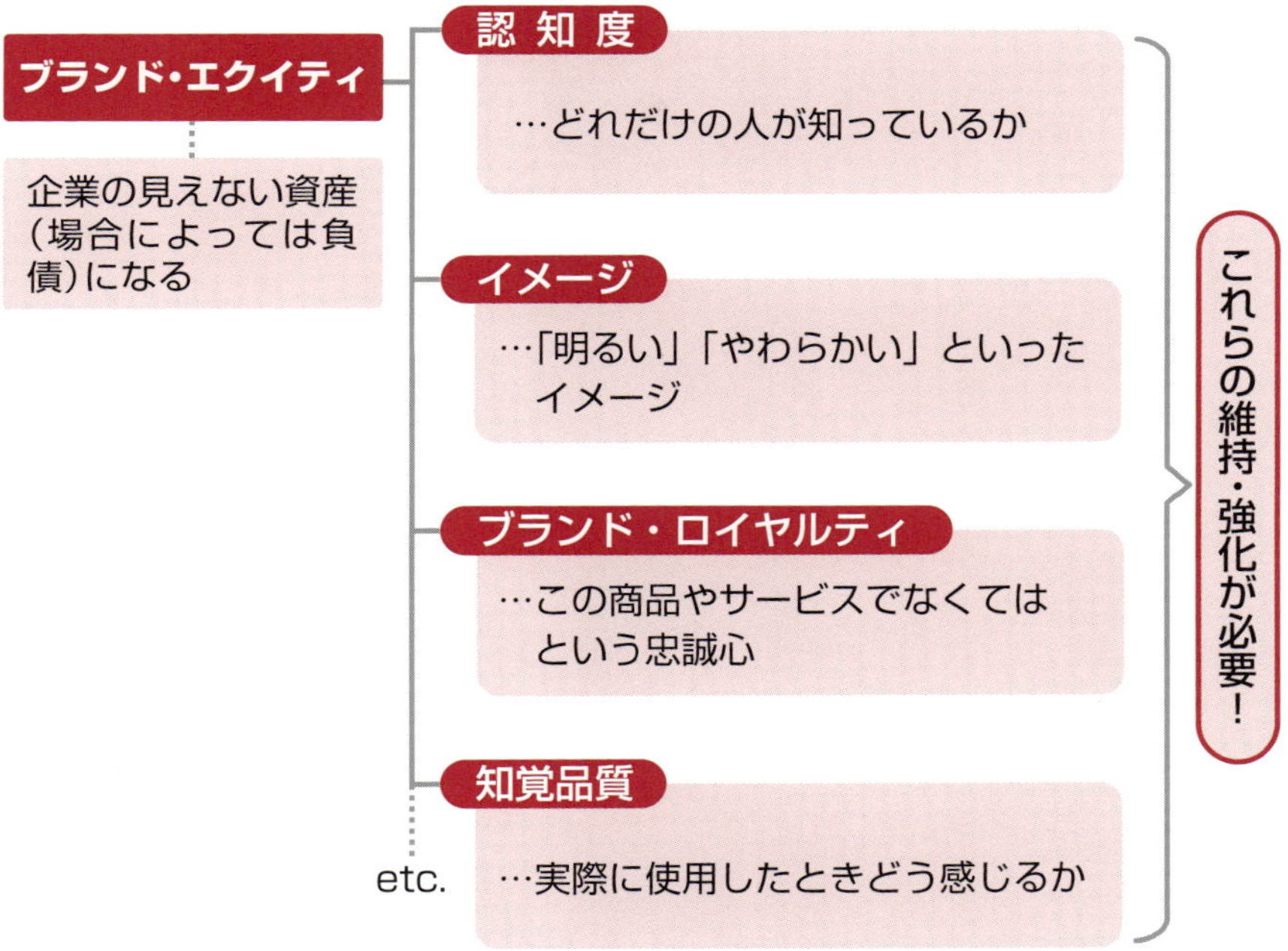

※D.A.アーカー『ブランド・エクイティ戦略』、『ブランド優位の戦略』（ダイヤモンド社）をもとに作成

においては、企業が所有するブランド・エクイティが考慮された価格が買収価格として決定されます。

ブランドの拡張

一度ある分野でブランドが確立された場合には、そこで形成されたブランド・エクイティを活用してブランド拡張を行なうこともできます。「●●Ｍｉｎｉ」、「●●Ｐｒｏ」等、サブ・ブランドという形で拡張をするものや、類似している業種への進出（たとえば、パソコンから周辺機器等）を図る等、さまざまな形でのブランド拡張が行なわれています。

すでに形成されたブランド・エクイティを活用することは、多額の費用をかけることなく、消費者の認知、支持を獲得することができるメリットがあります。一方、新たに拡張した分野の状況いかんによっては、既存のブランドからマイナスの影響を受けたり、逆に既存のブランドに悪影響を与えてイメージを毀損《きそん》したりする恐れもあるので、ブランド拡張には慎重な対応が求められます。

7 ネットワーク効果の活用

業界によっては、利用者の増大それ自体が商品やサービスの魅力を高める

利用者の増大が価値をもたらす

通信業界やソフトウェア業界では、従来の製造業やサービス業とは違った特徴を持つ場合があります。ネットワーク効果と呼ばれるものもその1つです。

ネットワーク効果とはネットワークの外部性とも呼ばれる現象です。通常、商品やサービスは、その利用者が増えれば増えるほど、その利便性や価格面で悪い影響が出て、その価値が下がります。たとえば、飛行機は利用者が増えれば、好きな席が取れなくなるばかりか、航空運賃の上昇すら招きかねません。

ところが、商品やサービスのなかには、利用者が増えれば増えるほど、利用者の価値が上がるものがあります。これは商品やサービスの互換性やネットワーク自体が持つ価値により、その魅力が高まるためと考えられます。

利用者の増大が価値をもたらす

こうした事例は通信業界やソフトウェア業界に多くみられます。代表的な例として、マイクロソフト社のＯＳ（オペレーティングシステム）であるウィンドウズがあります。

ＯＳの価値を決める要素として、パソコン同士の互換性やそこで使えるソフトウェアの種類といった点は重要です。ウィンドウズは、使用可能なパソコンやソフトウェアが増えれば増えるほど、その価値を増していき、その価値の上昇により、さらに一層利用者をひきつけていく、まさにネットワーク効果の好例です。

同様の例として、出品者数の多さが価値となるネットオークションサイトや、使えるサービスが価値となる携帯電話等があります。

ネットワーク効果で一人勝ち

ネットワーク効果が現われる産業では、圧倒的に優位に立つ勝者1社とその他の敗者に分かれる「一人勝ち」の状況になることが多くみられます。前述のウィンドウズの例に見られるように、利用者が多いことは、サービス自体の価値を向上させ、より一層の利用者を取り込むというように、正の循環が生まれるからです。

反対に利用者が少ないことは、サービス自体の価値を下げ、利用者の減少に拍車をかけることになりま

す。OS市場に関しては、マッキントッシュがこの負の循環に陥ってしまった事例といえるでしょう。

求められるマーケティング

利用者は、このような市場においては、商品やサービスの選択は慎重にならざるを得ません。なぜならば、選択の誤りは、その後の価値の減少（場合によっては商品やサービスの終了による無価値化）に密接にかかわってくるからです。

マーケティング担当者は、自社の商品やサービスが、業界の標準的地位であり、多くの利用者に支持されている点をアピールするとともに、商品やサービスの購入に際し、他社からの乗換えを容易にするための販売政策（場合によっては無償配布）が求められることになります。

重要なのは、利用者にとって魅力的なネットワーク基盤があることを訴えられるかという点であり、これらの効果を生む産業で、勝利を得るカギとなるでしょう。

◆ネットワーク効果◆

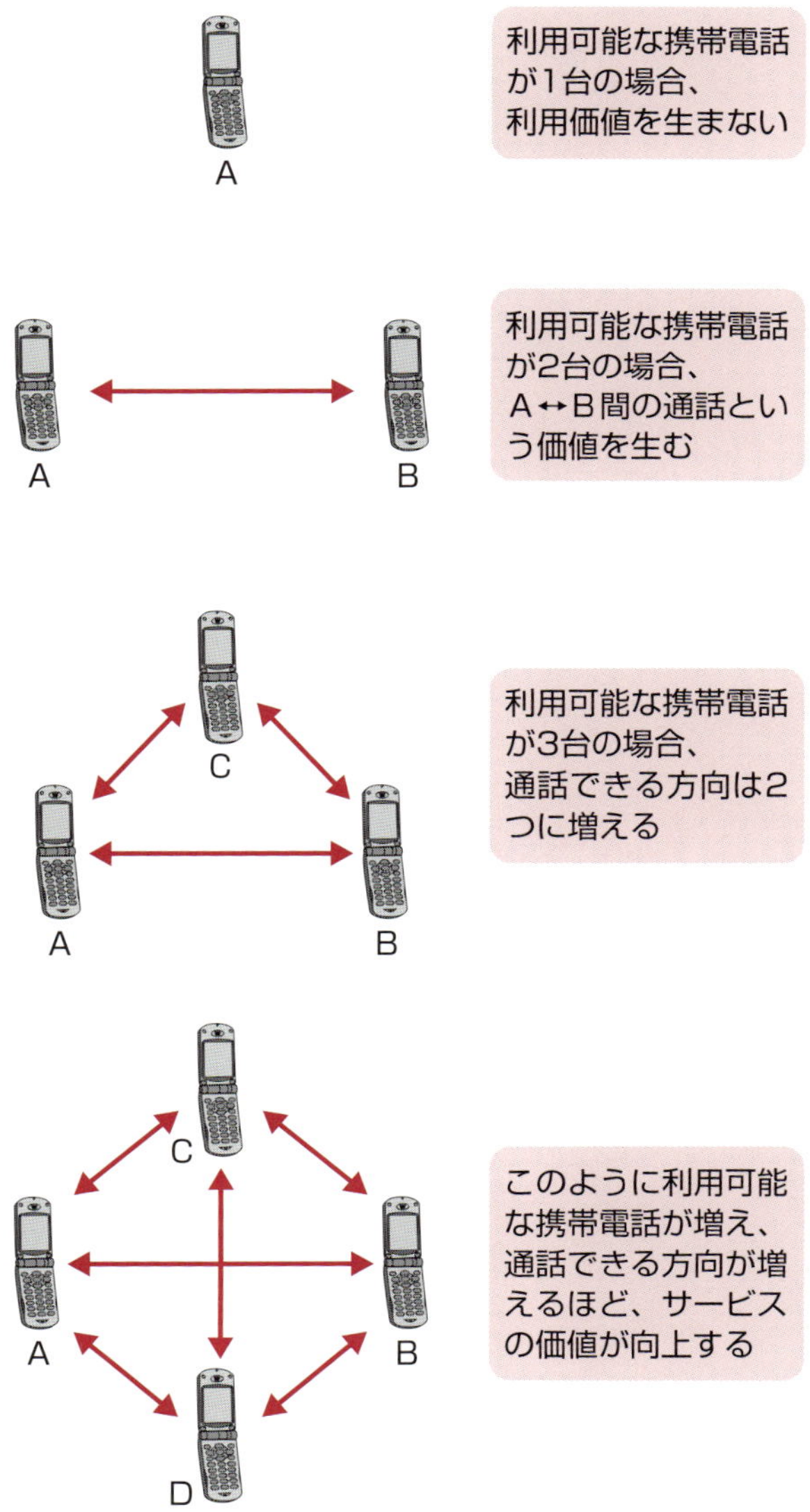

A
利用可能な携帯電話が1台の場合、利用価値を生まない
A
B
利用可能な携帯電話が2台の場合、A↔B間の通話という価値を生む
C
A
B
利用可能な携帯電話が3台の場合、通話できる方向は2つに増える
C
A
B
D
このように利用可能な携帯電話が増え、通話できる方向が増えるほど、サービスの価値が向上する

経営用語&ミニ知識

バンドワゴン効果　バンドワゴン効果とは、ある商品やサービスが、他と比べて、より人々に受け入れられていることがわかると、それに同調しようとする動きが働き、さらにその商品やサービスの消費が喚起されるという効果をいう。「バンドワゴンに乗る」ということが「多数に与（くみ）する」ことを意味することから、こう呼ばれている。

8

バイラルマーケティング

利用者のクチコミを利用した新しいマーケティングの一手法

新しいマーケティングの手法

バイラルマーケティング（viral marketing）とは、利用者のクチコミのしくみを活用して、企業の商品やサービスを広め、購買につなげるひとつの手法です。

バイラル（viral）とは英語の「ウィルスが原因の」という意味で、その手法やクチコミのプロセスが、あたかもウィルスに感染・増殖しているようであることから、このように名づけられました。インターネットの利点をうまく利用できるため、新しいマーケティング手法として、近年、注目が集まっています。

バイラルマーケティングの事例

バイラルマーケティングの事例としては、大きく2つに分けられます。

1つは、利用者のコミュニケーションプロセスを利用して、商品やサービスが勝手に広まるよう、仕掛けを作ることがあげられます。具体的なサービスの事例としては、インターネット上でのグリーティングカード（挨拶状）や、P2P（ピア・ツー・ピア）と呼ばれる技術を利用したメッセンジャーやmixiなどのSNSがあります。

これらは、最初の利用者が相手に対し、同じ手段の利用（カードの返信やネットワークへの加入）を勝手にうながすので、企業自体が、広告等の販売促進に積極的に関与することなく、利用者を増やすことが可能になっています。

2つめは、いわゆる「紹介キャンペーン」等に代表されるような、紹介行動を誘発するために、金銭等の何らかのインセンティブを与えるものです。インターネット上のアフィリエイトプログラムと呼ばれるものが代表的な事例で、この場合、自らのブログやメールマガジン、Webサイトに張られたリンク経由で、商品やサービスが紹介されたり、購入につながったりした場合、一定の対価が支払われます。

注目される背景

そもそも、バイラルマーケティングが、なぜこれほど注目されるようになってきたのでしょうか。1つには、既存の新聞広告やテレビ広告に代表されるような、マスマーケティングへの不信感があげられます。広

経営用語＆ミニ知識

日本人とバイラルマーケティング　日本では、紹介料等の何らかの金銭的報酬が絡んだ形で知人に物を薦める行為は、伝統的に忌避する傾向がある。逆にネット上の掲示板等のように、情報のよい悪いにかかわらず他人に広めたがる特性も持ち合わせている。バイラルマーケティングでは、こうした傾向・特性も考慮しながら慎重に設計することが要求される。

告が氾濫した結果、消費者の不信感の増加、広告効果が減退しているともいわれています。

　2つ目として、情報過多の時代になり、商品やサービスに関する詳細な理解がむずかしくなった結果、知識豊富な他人の評価が重要視されることがあげられます。

　3つ目としては、インターネットの急速な普及により、商品やサービスに関する他人の評価を容易に入手することができるようになったことがあげられます。バイラルマーケティングも、インターネット時代の申し子の1つなのです。

メリットと課題

　バイラルマーケティングは、マスマーケティング等と比べて、低予算ですみ、手法いかんによっては、計り知れない効果をあげることが可能です。しかし一方で、コントロールがむずかしく、適切な管理がなされないと、企業の意図と反して悪い情報のみが広まってしまったり、インセンティブをともなうキャンペーンの場合、予想外のコストが発生してしまったりする等の課題があります。

　その手法やプロセスのメカニズムは未解明な部分が多く、今後の確立が待たれる手法なのです。

◆バイラルマーケティングの例◆

利用者のコミュニケーションプロセスを利用して、商品やサービスが勝手に広まるよう仕掛けしたもの

グリーティングカード（挨拶状）	年賀状やクリスマスカードを送られてきた相手が、返信をするためには、グリーティングカードサービスへの会員登録が必要なので、自然に会員数が増える
P2Pを利用したメッセンジャー	サービスを利用するためには、相手方の加入が必要なので、相手への登録が自然に呼びかけられる

紹介行動を誘発するために、金銭等の何らかのインセンティブを与えるもの

紹介キャンペーン	自分の友人等を紹介したり、購買のきっかけをつくったりすると、紹介者に報酬が支払われるしくみ
アフィリエイトプログラム	自分のブログやメールマガジン、Webサイトにはったリンクを経由して、紹介や購買がなされると、リンク元に報酬が支払われるしくみ

9

ＣＲＭの役割とその課題

顧客の情報を一元的に管理し、長期的な関係を維持・強化する手法

●顧客との長期的関係の維持・向上

ＣＲＭ（Customer Relationship Management）とは、販売員や営業マン等が収集した、顧客の属性や購買履歴といった情報を、一括して管理し、それを個々に分析・活用することで、顧客との長期的な関係を維持・向上するための管理手法およびその情報システムをいいます。

そもそもＣＲＭが注目されたのには、いくつかの背景があります。

昔から「お得意様」という言葉に代表されるように、安定した収益を生む顧客に対しては、企業の大事な顧客として、その関係の維持には細心の注意が払われてきました。近年の多くの調査でも、長期的な関係を維持している顧客ほど、取引量も増加する傾向にあり、かつ、新規獲得にともなう販促コストも必要ないことから、安定した収益を生むことが証明されています。

加えて、ＩＴの発展により、個々の顧客に関する情報管理や、きめ細かい分析が容易になったこともＣＲＭの普及に一役買っています。

●重要度を増すコールセンター

ＣＲＭを語るうえで重要度を増しているのが、コールセンターです。コールセンターでは、以前より、対面の応対ができない大量の商品やサービスに関する、注文の受付や苦情の処理の窓口として、大きな役割を果たしてきました。

ＣＴＩ（Computer Telephony Integration）と呼ばれる電話とコンピュータを統合させる技術が発達したことにより、顧客対応が飛躍的に変化しています。

たとえば、顧客から電話がかかってきた時にコンピュータの音声により自動的に対応部署を振り分けたり、顧客が所定の番号を伝えるだけで、以前の対応履歴画面が表示されたりすることが、この技術により可能となっています。また、この技術により、電子メール、ＦＡＸといったような媒体の異なる情報もまとめて管理することもできるのです。

このような一元管理により、顧客ごとに蓄積された情報が、共有・分析されることで、より顧客ニーズに近いサポートを提供でき、最終的には顧客満足度を高めていこうとする

経営用語&ミニ知識

ハイテクハイタッチ　CRMに限らずハイテク化が進むなかで、より重要になってくるのがハイタッチという考え方だ。未来予測学者のジョン・ネズビッツが「ハイテクには情緒や人情味といった人間らしさ、すなわちハイタッチ（High touch）の部分が重要」と唱えたように、利便性や機能だけにとらわれない顧客の視点に立ったしくみづくりが重要といえる。

◆CRMのイメージ◆

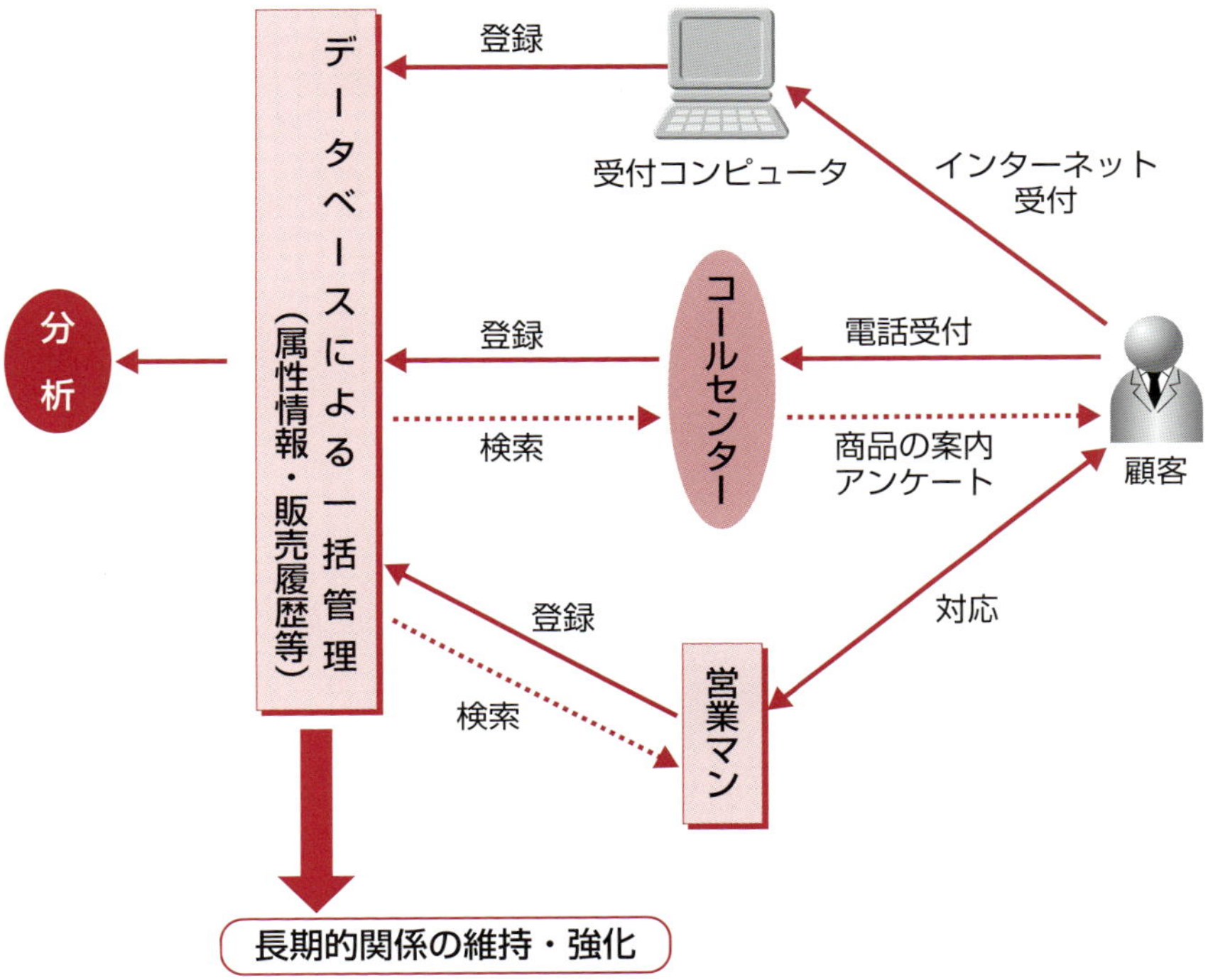

のがCRMであるとするのなら、コールセンターは、その要に位置しているといえます。

CRMの課題

このように、一時期はブームにもなった感のあるCRMですが、現在は、そのブームもやや下火になってきています。

顧客に対しての明確なビジョンや戦略上の目標を持つことなくCRMを導入した企業では、他社との明確な違いを生むこともなく、いわゆる「宝の持ち腐れ」で終わってしまっている例も決して少なくありません。

また、情報システム等をはじめとしたCRM導入にかかる投資に対する効果が見えにくいことも、CRMの有効性に疑問が持たれる1つの要素になっています。

大事なことは、顧客が真に望む関係は何なのか、それに対して企業はどのように接していくのか、明確な方針を決定したうえで、CRMを活用することにあります。

10

サプライチェーンマネジメント

開発から販売まで、一連の流れを全体として最適化する管理手法

供給の流れに注目

サプライチェーンとは、「供給の鎖」の意味で、通常、商品がたどる開発から、原材料の調達、生産、流通、販売という一連の流れを指します。

この供給の流れに着目し、受発注計画や生産計画等を、この流れに参加する企業や部門間で共有・管理することで、全体としての最適化を図ろうとする管理手法やシステムをサプライチェーンマネジメント（SCM:Supply Chain Management）といいます。

サプライチェーンマネジメントのもとでは、①モノの流れ、②お金の流れ、③情報の流れ、④業務の流れの4つについて、常に需要サイドの視点に立って、供給の流れ全体が最適になるよう管理がなされます。これには、「必要なときに必要なものを必要なだけ」というジャスト・イン・タイム（ＪＩＴ）の思想が根底にあります。

サプライチェーンマネジメントの導入により、必要最小限の在庫や仕掛品にとどめることができ、また欠品による機会損失を防ぐことが期待できるので、キャッシュフローの増大が実現されます。納期短縮や欠品が減ることは顧客満足度の向上にもつながります。

脚光を浴びる背景

サプライチェーンマネジメントが脚光を浴びる背景には、いくつかの要因が考えられます。

まず、これまでの生産者主導から消費者主導への移行があげられます。モノ不足の時代には、生産者は、大量かつ効率的に商品を供給するだけで足りました。しかし、消費者主導の時代には、多様化する消費者のニーズにきめ細かく対応した生産計画が求められます。こういったなかでは、不良在庫の増大や欠品による機会損失は、企業にとって命取りともなりかねません。

次に、ビジネスのグローバル化があげられます。世界規模のビジネス展開においては、世界中の需要動向や供給情報等に常に目を光らせておく必要があります。キャッシュフロー重視の経営もグローバル化には不可欠な要素です。

経営用語&ミニ知識

ジャスト・イン・タイム　ジャスト・イン・タイムは「かんばん方式」とも呼ばれるように、下流工程から上流工程（たとえば販売部門から製造部門、製造部門から購買部門というように）への「かんばん」によって指示が出される。これによって必要なときに必要なものを必要なだけ生産することができ、不要在庫の削減、キャッシュフローの増大を実現している。

サプライチェーンマネジメントとは

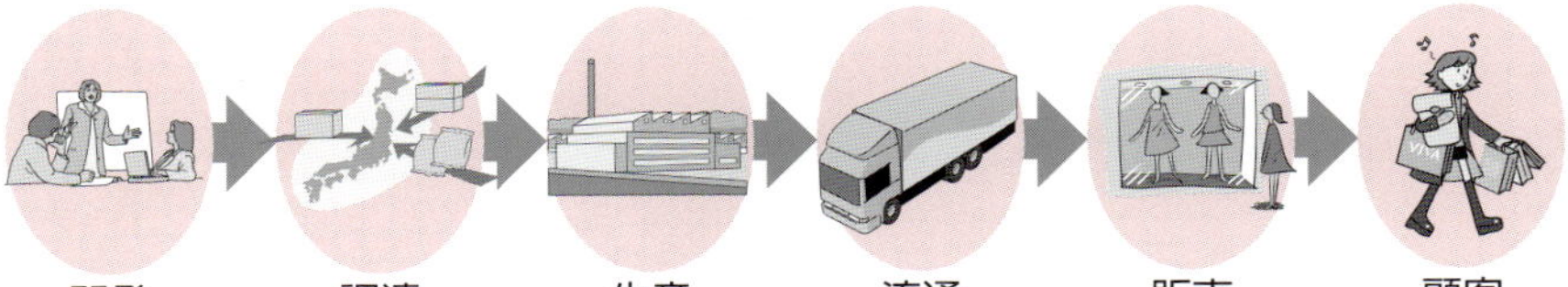

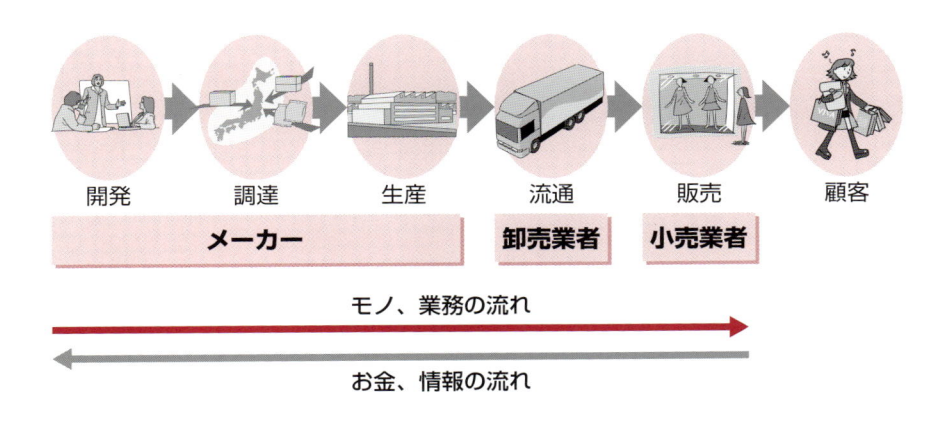

開発　調達　生産　流通　販売　顧客

メーカー　卸売業者　小売業者

モノ、業務の流れ →

← お金、情報の流れ

サプライチェーンマネジメント

●消費者（需要サイド）の視点から
●全体の最適化
→ 在庫、欠品ロス減少、納期短縮 etc.
キャッシュフロー増大、顧客満足度向上

ERP（Enterprise Resource Planning）という企業の経営資源を有効に活用するための管理パッケージに代表されるような、業務横断型の情報システムの発展も大きな要因です。このようなシステムにより、参加企業や部門間の情報の共有・管理が飛躍的に容易になりました。

導入へ向けた課題

サプライチェーンマネジメントの導入にあたっては、いくつかの課題も存在します。よどみのない供給の流れをつくるうえでは、各参加企業や部門の相互協力が欠かせませんが、日本における古い商慣習や流通慣行が、この流れを阻害するケースも多々見られます。また、中小企業においては、SCMの導入にあたっての情報システムや物流コストも大きな負担となります。

これらの課題はあるものの、サプライチェーンマネジメントの思想の普及や、ERP等のシステムの充実により、今後も発展を続けていくものと思われます。

11

TOC（制約条件理論）

ボトルネックに焦点をあてることで、活動全体を改善しようとする考え

●『ザ・ゴール』で一躍脚光

TOC（Theory of Constraints＝制約条件理論）とは、イスラエルの物理学者エリヤフ・ゴールドラット博士の生産管理理論です。

生産活動について、従来のように個々の製品やプロセスごとに焦点を当てて改善していくのではなく、一連の流れのなかでそのボトルネック（制約条件）を改善することで、活動全体を改善していこうとする取組みです。この理論は、日本でも発売されベストセラーとなった、博士の著書『ザ・ゴール』により、一躍脚光を浴びるようになりました。

たとえば、企業が生産性を向上させようと、ある工程のために高性能な機械を購入したとしても、それが必ずしも全体の生産性向上につながるとは限りません。なぜならば、その機械を操作するための作業員が熟練するのに時間がかかり、機械の性能を十分に発揮できないとか、この機械を導入した以外の工程で、この機械の処理能力以上の作業を処理できないという形でボトルネックが発生し、全体としての生産性の向上を制約するからです。

●スループット会計

TOCの理論の特徴の1つとして、スループット会計があります。スループット会計は、①スループット（販売価格から製品を生み出すための変動費を引いた利益）、②業務費用、③投資、という3つの評価指標からなり、従来の原価管理手法と大きく異なります。

製品ごとの原価計算が目的ではないため、直接労務費を製品に配賦しません。また、この会計では、企業はスループットを生み出すことによってのみ、「ゴール」（営利企業ならばお金を儲けること）に到達できることが一目瞭然というわかりやすさも大きな特徴となっています。

●TOC思考ステップ

TOCを検討するにあたっては、次の5つのステップをたどります。

①制約条件を特定する
②制約条件が容易に取り除ける場合は取り除き、①に戻る
③他のすべての決定を制約条件に従属させる（ボトルネックとなっている箇所の効率が最大になるよう

経営用語&ミニ知識

部分最適と全体最適　これまでの日本では、各工程での生産性向上とか従業員のスキルアップといった部分レベルでの最適化（部分最適）に重点がおかれ、こうして培われた品質、練度の向上は国際競争力の源泉となってきた。TOCは、これとは対照的に工場であれば工場全体として、最適解は何か（全体最適）という問いかけをする理論といえる。

◆TOCの基本的な考え方◆

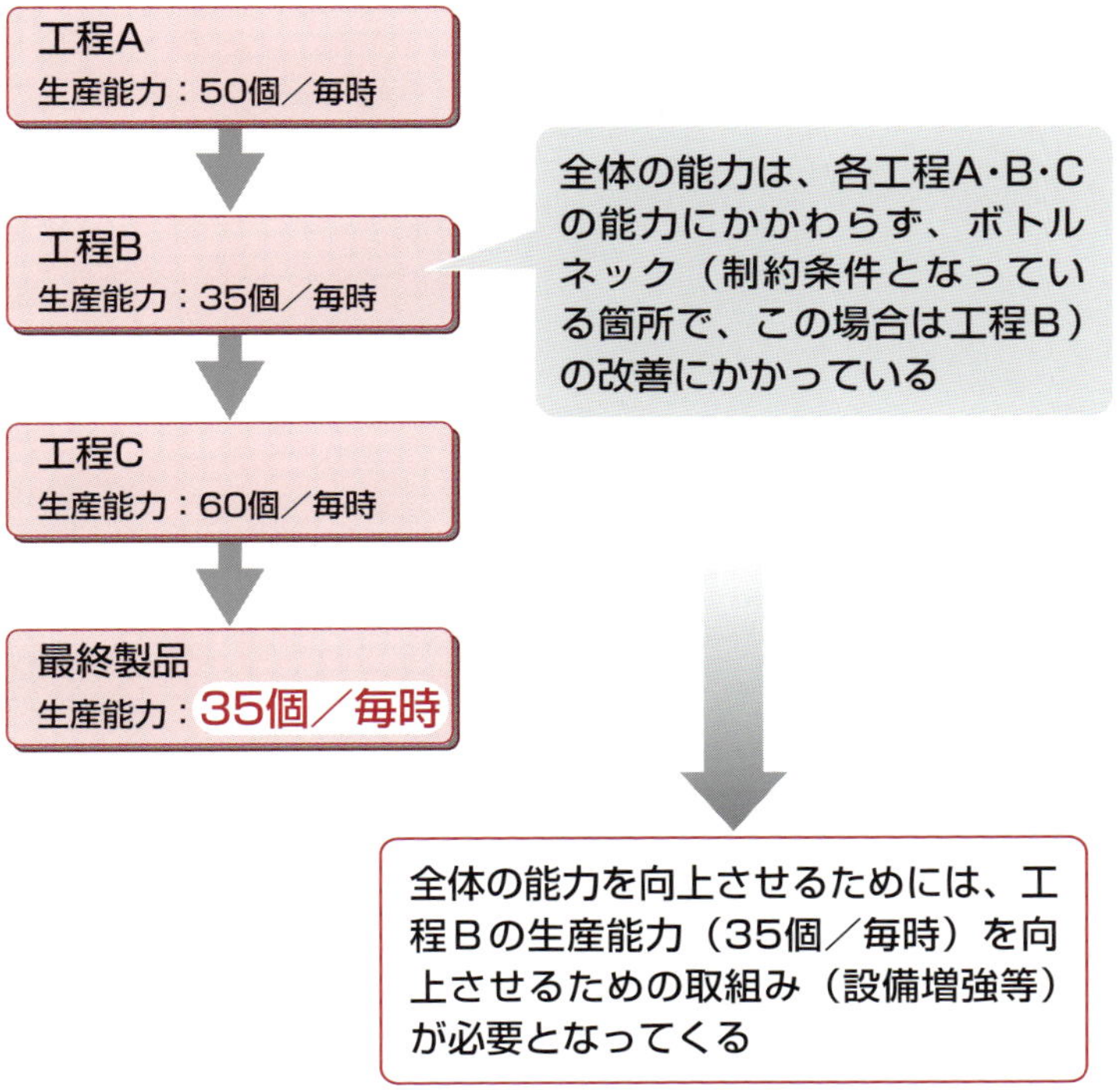
工程A
生産能力：50個／毎時
工程B
生産能力：35個／毎時
工程C
生産能力：60個／毎時
最終製品
生産能力：35個／毎時
全体の能力は、各工程A・B・Cの能力にかかわらず、ボトルネック（制約条件となっている箇所で、この場合は工程B）の改善にかかっている
全体の能力を向上させるためには、工程Bの生産能力（35個／毎時）を向上させるための取組み（設備増強等）が必要となってくる

他の工程等を改善する）

④制約条件を高める方法を検討・実行する（ボトルネックとなっている箇所の処理能力を高めるための設備追加等）

⑤最初の①に戻り、別の制約条件がないか検討する

先ほどの例ですと、制約条件の1つは、「作業員が高性能の機械を使いこなせないこと」と考えられるので、②により作業員教育等で可能ならば改善、不可能であれば③で機械を作業員の能力に見合った形に改善し、さらに、④で人員の増強、交代等でボトルネック箇所の能力を高める方策を検討・実行することになります。最後に、作業員という本件の制約条件がなくなった場合、⑤から他の制約条件を再度検討します。

この理論は、工場等の生産活動のみならず、店舗などのサービス産業にも応用できます。また、企業全体の戦略立案、マーケティング活動、組織の改善等の生産活動以外の分野へも適用範囲を広げています。

12 コンカレント・エンジニアリングとは？

同時並行的に進めることで、開発期間の短縮をはかる手法

●工程を同時並行的に

コンカレント・エンジニアリング（Concurrent Engineering）とは、通常製品の開発・生産において、企画→概念設計→詳細設計→試作→生産準備→生産といったように、順を追って進められる工程を、同時並行的に処理することをいいます。

Concurrentとは英語で「同時の・並列の」ということを意味します。

コンカレント・エンジニアリング導入の最大のメリットは、開発着手から本格的な生産を開始するまでの期間を短縮できる点にあります。前述の各プロセスの完了を待つことなく、同時並行的に進めることで、全体のスピードアップを図っているのです。また、各工程を統合的に行なうことから、コストダウンや、資源の有効活用に配慮がなされることになります。

●もともとあった発想

コンカレント・エンジニアリングは、もともと米国防総省の研究機関であるＤＡＲＰＡ（Defense Advanced Research Projects Agency）による研究から始まったとされています。日本の製造業においても、昔から業務横断的な人的ネットワークが構成されるなかで、たとえば、設計図が完成する前から、生産工程の担当者に必要情報を流し、着手を前倒しさせるようなことが行なわれてきました。

しかし、これらの順を追わない処理には、前述のような各工程の担当者との業務横断的なネットワークのもとでの緊密な情報共有や、下流工程における、後から発生する設計変更にも対応できる、高度なスキルが必要とされてきたのです。

●ＩＴの進歩が発展の要因

コンカレント・エンジニアリングの近年の飛躍的な発展には、ＩＴの進歩が要因として欠かせません。ＣＡＤ（Computer Aided Design）と呼ばれる設計・製図ソフトウェアによって製作された設計図や、部品表・指示書などといったデータを、ＰＤＭ（Product Data Management）と呼ばれる設計技術方法管理ソフトウェアによって整理し、一元的に管理することで、各工程間の情報共有が以前とは比べも

経営用語&ミニ知識

CAD　CADとは「コンピュータを使用して、製品や建築物のデザインを行なうこと」を意味する。現在のCADソフトでは、コンピュータによって設計、製図、デザインまでを行なうほか、原価計算や高度なプレゼンテーションまで行なう機能を有するものまである。

◆コンカレント・エンジニアリング◆

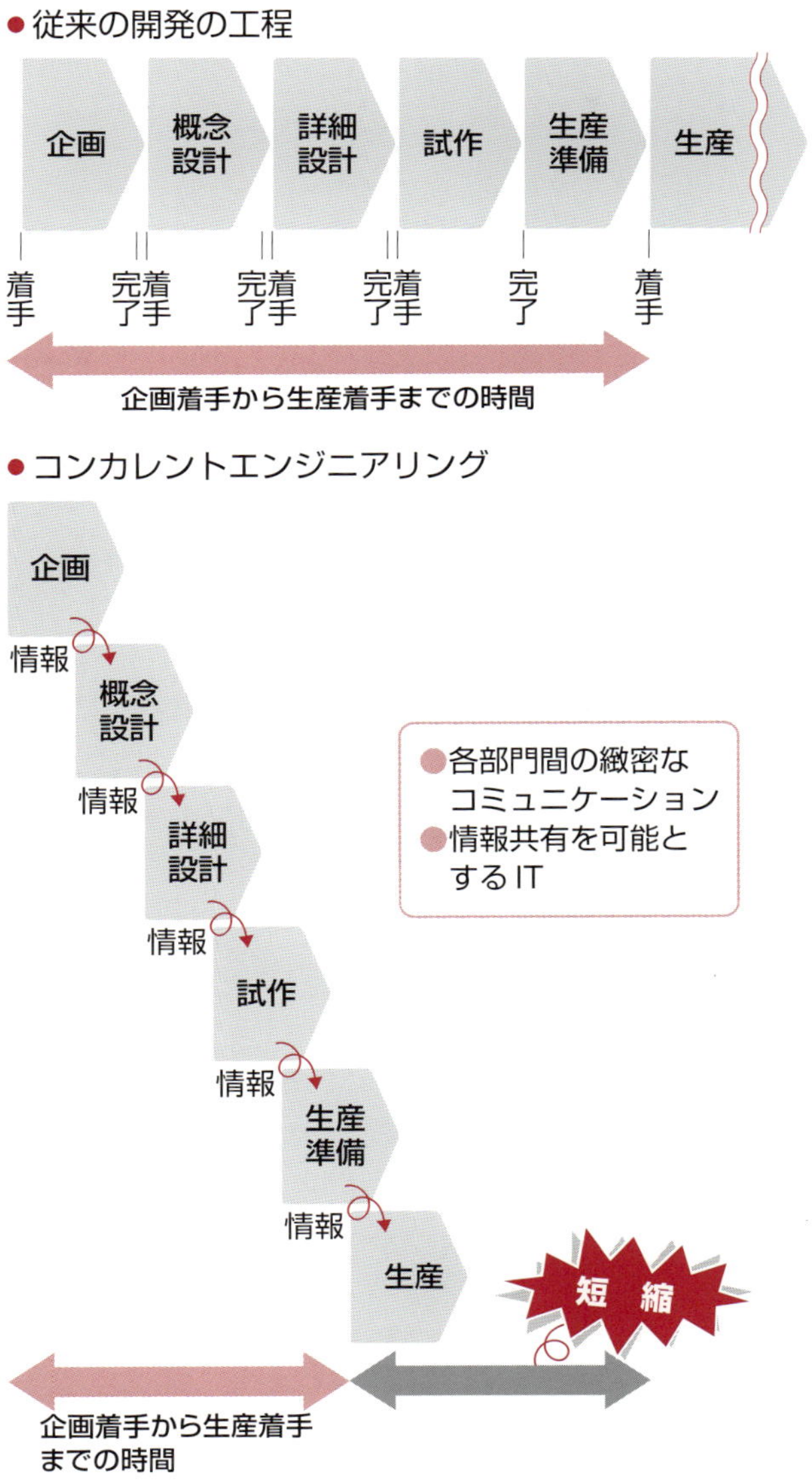

のにならないほど容易になりました。さらには、各部門の情報が共有できるインフラが整ったことで、コンカレント・エンジニアリングが適用される範囲も、単に開発と生産の工程のみならず、購買、品質管理、営業、マーケティング等といった部門も含めた、製品のライフサイクル全体のなかで、管理をしていこうという広がりを見せています。

肝心なのはコミュニケーション

ＩＴの進歩により情報の共有が容易になったとはいえ、やはり各部門ごとの密接なコミュニケーションが必要なことには変わりありません。設計者にはＩＴではカバーできない調整能力と、各工程について総合的に判断するためのスキルと知識が求められるようになってきています。

13

セル生産方式

少人数が製品のすべての工程を受け持つ独立性の強い生産方式

ベルトコンベアを外す

セル生産方式とは、U字型などコンパクトな形に生産ラインを配置したセルと呼ばれるもののなかで、1人～数人の作業員が、部品の取付けから組立て、加工、検査までの全工程を行なうことを特徴とする生産方式です。

ベルトコンベア方式に代表される、従来のような、1人がコンベア上の1つの工程のみを受け持つ大量生産方式に替わる、まさにベルトコンベアを外す新しい方式として注目を集めています。

セル生産方式のメリット

セル生産方式のメリットはどういうことがあげられるでしょうか。まず、生産している品目の変更が部品等の入替えや作業順序の変更等をするだけででき、生産量の増減もセル内の人数やセル自体の数を調整するだけで容易に調整することができます。これは、取りも直さず多品種少量生産への対応に優れているということを意味します。

また、少人数で製品の全工程を行なうことから、リードタイム（注文があってから加工が完了し、納入するまでの時間）を短くすることができ、仕掛品に代表されるような在庫を削減し、その結果、必要となる運転資金や保管するための倉庫も減らすことができます。

さらに、大量生産方式とは違って、セルごとに独立しているため、どこかの工程での生産性や品質の低さ（ボトルネック）が、全体に影響を与えることも少なくなります。

各自が製品の完成までを受け持つことから、個々人の成果が見えやすいこと、製品自体に愛着を持てるようになることも、メリットということがいえるでしょう。

セル生産方式のデメリット

セル生産方式には多くのメリットがある一方で、デメリットも若干あります。

まず、作業員がすべての工程に習熟するには、時間もコストもかかります。また、生産性の向上も個人のやる気いかんにかかることになるほか、過度な個人の能力への依存は負担の増加につながることもありえます。

経営用語&ミニ知識

職人芸とセル生産方式　大量生産方式では、どれだけ安価に大量の物を製造できるかに重点がおかれてきたため、製品へのこだわりといったような要素は見過ごされがちである。セル生産方式等の広まりにつれて、これまで軽視されがちだった「職人芸」的な要素が、日本の製造業復活のキーワードとして、再評価されるようになってきた。

◆セル生産方式◆

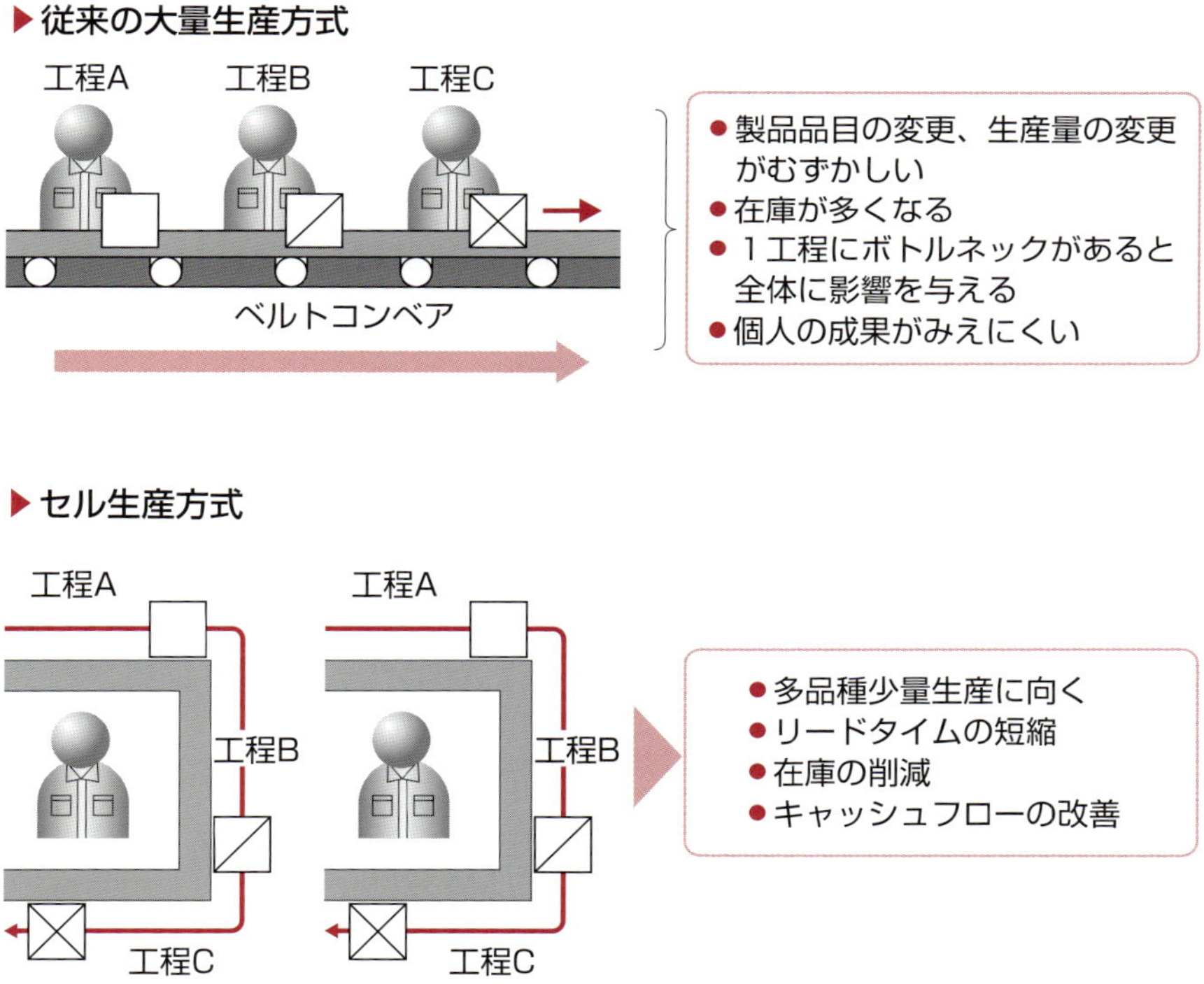

▶従来の大量生産方式
工程A
工程B
工程C
ベルトコンベア
●製品品目の変更、生産量の変更がむずかしい
●在庫が多くなる
●１工程にボトルネックがあると全体に影響を与える
●個人の成果がみえにくい
▶セル生産方式
工程A
工程B
工程C
工程A
工程B
工程C
●多品種少量生産に向く
●リードタイムの短縮
●在庫の削減
●キャッシュフローの改善

これらへの対策として、熟練したことを表彰し個人のやる気を高めたり、技能を向上させるための制度づくりをしたりすることが必要となってきます。

セル生産方式普及の背景

そもそも、セル生産方式がこれだけ注目を集めるようになった1つの背景として、顧客ニーズの多様化や製品のライフサイクルの短縮によって、適切なタイミングに素早く、なおかつ多様な商品を製造する必要性にせまられたことがあげられます。ベルトコンベアに象徴される少品種大量生産方式では、ムダが多く、多品種少量生産のニーズを満たすことができません。

また、大量生産の拠点が中国等の労働力の安い海外に進出し、日本の空洞化が始まったことも背景になっています。

セル生産方式は、エレクトロニクス業界を中心に採用され、現在では自動車業界や工作機械業界の一部にも導入が進んでいます。

経営者列伝

④ 再チャレンジが生んだ ライセンスビジネスでの成功

カーネル・サンダース（KFC Corporation）

◆65歳からの再チャレンジ

「ケンタッキー・フライド・チキン」というフランチャイズ・ビジネスが、カーネル・サンダースが65歳のときにスタートさせたものであるということは、あまり知られていない。

◆職を転々とする半生

カーネル・サンダースの30歳になるまでの半生は、さまざまな職業を転々とした人生だった。10歳で農場手伝いを早々にクビになってから、軍隊→鉄道→弁護士→保険外交員→セールスマンと職を転々とした。

◆評判のレストラン

人生の中盤にさしかかろうとする30歳になる前、カーネルはガソリンスタンドの経営を始めた。当時アメリカでは、自動車が急速に普及し始め、郊外でガソリンスタンドの需要が増えていたのである。事業は順調に見えたが、突然襲った世界恐慌により、全財産を失ってしまった。

しかし、逆境の中でもカーネルの意欲は衰えなかった。ほどなくして、カーネルは別の地で再びガソリンスタンドのビジネスをスタートさせた。「ガソリンと一緒においしい食事を提供すればお客さんも喜ぶはずだ」というカーネルの発想でスタートさせた小さなレストランも、自動車の普及と歩調を合わせるかのように、味とサービスのよさで大評判になった。

◆火事、交通量激減……

今度こそは順風満帆と思ったのもつかのま、今度は、火事でレストランや宿泊施設が全焼してしまった。なんとか再建したものの、追い討ちをかけるように高速道路の開通で、店の前の道路の交通量が激減し、お店の売上も半減した。ついに、カーネルは店を手放して年金生活に入ることを考えた。

◆おいしさを分かち合いたい

ところが、ここで問題がまた発生する。店を売り払っても、未払金の清算で手元にはほとんどお金が残らず、もらえる年金も月額わずか105ドルしかなかった。人生の終盤、65歳になったカーネルはまたしても大きなピンチを迎えたのだ。

細々とした余生を過ごすこともできたはずのカーネルであったが、ここで一大決心をして、レストランで好評だったチキンの調理方法のライセンスビジネスを始め、現在まで続く成功を得たのである。

晩年カーネル・サンダースはこう言っていたという。

「いくつになっても一生懸命働き続けることが大事だ。そうしないと錆びついてしまう」

5 章

人と組織のしくみ

- 組織の果たす役割とは
- 活力ある組織を形成するには
- エンパワーメント
- IT化がもたらすネットワーク型組織
- プロジェクト組織の役割
- 成果主義とその問題点
- モチベーションとインセンティブの制度
- コーチングによる人材育成
- コンピテンシーによる人材管理
- ナレッジマネジメントの狙い
- 企業年金と退職金制度はどうなる
- CEO、COOに求められる役割
- 執行役員と執行役制度
- 持株会社制度の活用方法

1 組織の果たす役割とは

共通の目的・目標を達成するため、数々の組織形態が試みられる

企業が大きくなると、1人で事業を進めていくことは不可能になります。そこで、1人の力でなしえない事業を、効果的に成し遂げるためのシステムが必要になります。それが組織です。

つまり、組織とは、共通の目的・目標を達成するために、2人以上の人間が集まって、相互の能力を最大限発揮するための、合理的な体系をいいます。

組織の要件

組織は、複数の人材から構成されていますから、そこには考え方や嗜好の異なったいろいろな人が集まっています。

したがって、これらの人材をうまくまとめていくためには、まず組織が次のような要件を備えていなければなりません。

①共通の目的・目標がある
②仕事が分業化・専門化されており、一人ひとりが役割をもっている
③メンバーは相互に関連をもち、協力の意思と意欲がある
④組織に共有のルールがある
⑤コミュニケーションが円滑に行なわれるようになっている

組織の形態

組織の形態は、おおむねライン組織、ファンクショナル組織、ライン＆スタッフ組織の3つに分類されます。

ライン組織とは、トップから末端まで1つの命令・指示系統により統一された組織です。部下は1人の上司からの指示しか受け付けない軍隊型の組織ともいえます。

ファンクショナル組織とは、経理、営業といった経営機能別に専門化された組織で、同じ仕事をする者がひとつの組織に集約され、組織間の調整により運営をはかるものです。

ライン＆スタッフ組織は、前述の2つの組織を組み合わせたものです。開発、製造、販売といった基本的な経営機能はライン組織として、これらは事業部のような形で事業ごとにまとめられます。一方、それらを支援する人事・経理といった経営機能はスタッフとして、ラインの命令系統から除外し、専門的な助言や提案を行なうようにしたものです。

経営用語&ミニ知識

事業部制　これまでの多くの大企業が事業部制と呼ばれる組織を採用してきた。事業部制とは各事業部ごとに組織を束ねる制度であり、各事業部は事業部長が統括し、トップは全社的な経営に専念できるなどメリットが多かった。しかし、近年において横断的な製品が求められるようになってからは、むしろこの制度は弊害となり、別組織を採用する企業が増えている。

◆組織の形態◆

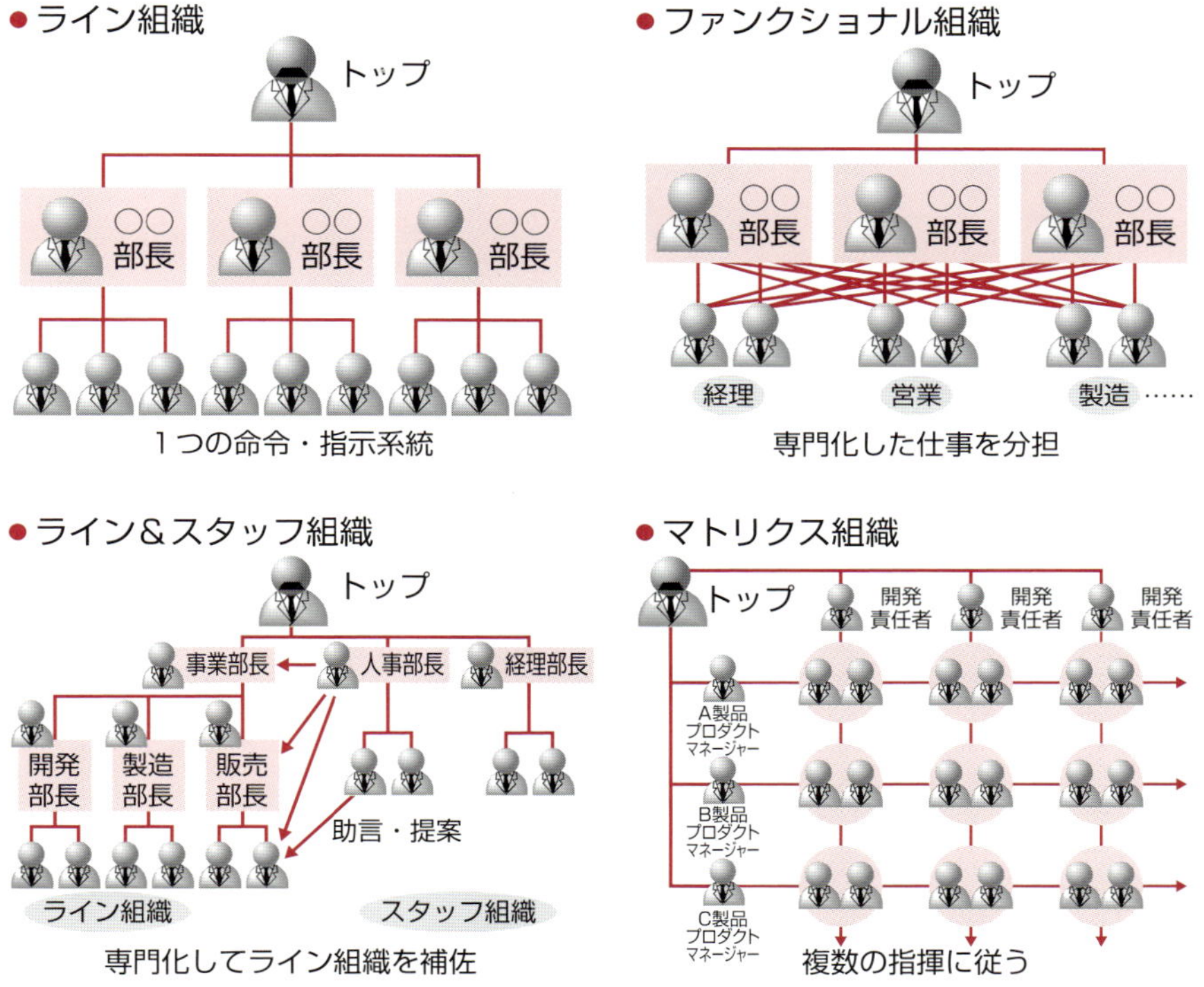

マトリクス組織とは

近年では、複数の目的を同時に追求する目的でマトリクス組織と呼ばれる形態が用いられることがあります。

マトリクス組織では、たとえば開発、製造といったファンクショナル組織による指示・命令系統とは別に、プロダクトマネージャーを頂点とする製品別組織による指示・命令系統が存在します。すなわち複数の上司の指揮に従うのが大きな特徴です。

これにより、ファンクショナル組織として専門性を高めることができ、かつ、製品別組織にして変化の激しい外部環境に対応するという、複数の目的を実現することを狙っています。

マトリクス組織は、複数の目的を同時に達成できる反面、2人の上司の利害がぶつかることもあるため、その運用や権限のあり方について、慎重な組織設計が要求されます。

2

活力ある組織を形成するには

自社の置かれている環境や状況にあった組織をつくることができるか

組織を活力あるものにすることは、企業を維持、成長させていくうえで非常に重要な要素です。また、経営者にとって、いかに組織を活性化させるかがその力量をはかるうえでの、重要なポイントになるといっても過言ではありません。

活力ある組織をつくるには、どのような形態がのぞましいでしょうか。それは、企業のおかれている周囲の環境や、企業自身がおかれているライフサイクル（起業期なのか、成長期なのか、それとも安定期なのか）等によって、大きく異なります。

ピラミッド組織の限界

これまでのように、比較的安定した環境においては、トップを頂点にいくつもの管理階層が存在するピラミッド組織と呼ばれる構造が効率性を発揮しました。単一の製品を大量に作り出すには、トップを頂点とした一元的な指示・命令系統のもと、それを忠実に実行する構成員と、それを管理・監督する中間管理職と呼ばれる階層が、それぞれに機能していたのです。

しかし、社会環境の変化により、これまでのピラミッド組織がうまく機能しない局面が多くなってきています。企業間の競争は激しさを増し、顧客のニーズや社会環境も刻々と変化しているのです。

こうしたなかでは、従来のピラミッド組織では、情報伝達や意思決定にいくつもの階層が存在し、迅速な意思決定や、機動的な対応がのぞめません。このため、組織の階層をもっと緩やかなものにして、スピードを早める必要があるのです。

フラットな組織へ

今日の企業では肥大化・複雑化した階層をできるだけ削減し、末端に大幅な権限委譲を行なう、フラットな組織へ移行する動きが活発です。

組織がフラット化されれば、情報伝達もよりスムーズになります。また、各個人の自律的な意思決定に任される部分が増えるため、逐一、上司の指示を仰いでいたような従来型の組織に比べ、より機動的かつ柔軟な対応が期待できます。

フラットな組織では、各人の役割も大きく変化します。これまでのように単に上司の指示に従うだけでな

経営用語&ミニ知識

稟議（りんぎ）　稟議とは、組織の構成員が会社の諸事項について上層の構成員に裁可してもらうために、稟議書と呼ばれる書面を持ち回るしくみをいう。稟議で起案した事項は、決裁権限を持つ人間が裁可した段階で、会社としての決定事項になる。古いやり方といわれたりするが、多階層組織で意思決定を効率的に進めるための優れたシステムという側面もある。

◆ピラミッド組織とフラットな組織◆

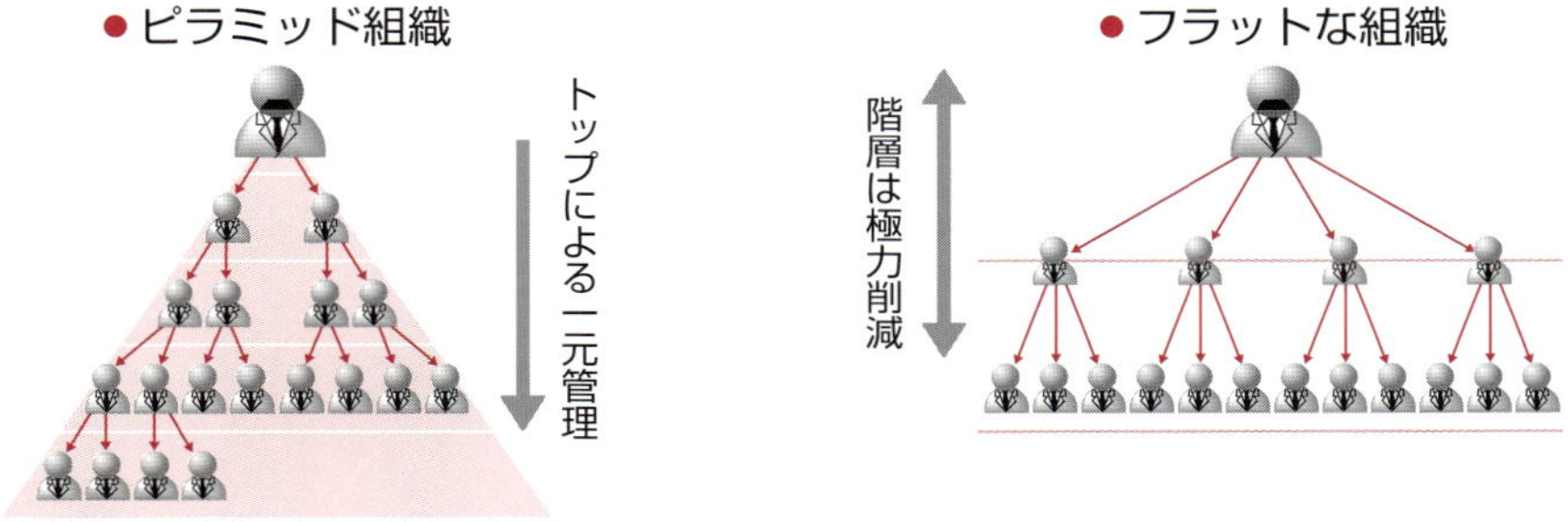

●複数の階層が存在	階　層	●階層は極力削減
●トップに集中	権　限	●末端まで大幅に権限を委譲 ●個人の自律性に任せる
●意思の統一が図りやすい	メリット	●環境の変化に強い ●情報伝達が容易
●情報伝達、意思決定に時間がかかる	デメリット	●各構成員に自律心がないと組織力が低下
●安定した業界 ●単一製品の大量生産をする企業 ●製造、事務等	適している業界、企業、部署	●環境変化の激しい業界 ●多品種少量生産をする企業 ●研究、企画、開発等

く、自分で問題を解決し、遂行していく主体的な姿勢が求められます。

企業のライフサイクルと組織

外的環境によって、効果を発揮する組織が異なるように、企業自身のライフサイクルによって、求められる組織形態も異なります。

設立して間もない起業期においては、起業家の強いリーダーシップのもとで経営が行なわれます。しかし、成長するにつれて、業務を効率的に運営するためには、ピラミッド組織が求められるかもしれません。さらに、安定期に入った場合は、行き過ぎたピラミッド組織を活性化するための何らかの対策が求められるでしょう。

このように組織を活性化するうえでのぞましい形態は、置かれている環境や状況において異なります。重要なことは、安易に周囲に流され、単なる他社の模倣に走ることなく、自社にとって望ましい組織形態は何かという観点から組織を組み立てることにあるといえます。

3

エンパワーメント

権限を委譲し、個人の自発性に任せることで、モチベーションを高める

「パワーを与える」意味

近年の急速なビジネス環境の変化は、従来のようなピラミッド組織と呼ばれる複数の階層構造（ヒエラルキー）を持った組織では、機動的かつ柔軟な対応ができないことから、組織自体のフラット化が進められてきました。

このフラットな組織を支えるうえで重要になってくるのが、エンパワーメントと呼ばれる考え方です。エンパワーメント（empowerment）とは、文字どおり、「パワー」（権限）を与える」という意味ですが、経営の視点では、個々人に権限を委譲するという側面と、権限委譲されることにより個人の自発性、主体性を尊重し、そのモチベーションを高めていく側面を含めます。

つまり、単にこれまで管理層に集中していた権限を委譲するのではなく、委譲された個人が個別の判断やコミットのなかで、自発的にその作業内容から、目標、行動までを決定していくことが、エンパワーメントの真の到達すべき姿ととらえます。

注目される背景

エンパワーメントが注目される背景には、これまでのように権限が上層部に集中したピラミッド構造では、迅速な対応ができないため、刻一刻と変化する今日のビジネス環境にうまく適応することができないところにあります。変化の激しいビジネス環境下では、逐一、上司に判断を仰ぐ人材よりも、自発的に目標を設定し、物事に対処していく人材が求められるわけです。

また、一般的に人は、ほかから強制され、かつ、権限も限定された組織の下においては、創造的な能力を発揮しづらいという側面があります。こういった物理的、心理的拘束から「解放」し、自らの自由意思で物事を決定させ、モチベーションを高めていくことで、組織を活性化させようとすることも、エンパワーメントの大きな狙いの1つであり、注目される理由の1つです。

エンパワーメントの問題点

エンパワーメントをどの程度まで行なうことがのぞましいかについては、まだ模索中であるというのが現状です。常に外部からのプレッシャ

経営用語&ミニ知識

価値観・ビジョンの共有が前提　エンパワーメントは、組織の各構成員が本来持っている能力を最大限に引き出すことを企図しているが、彼らに無秩序に権限だけ与えても、方向がわからず、混乱を招くだけである。会社の価値観やビジョンを示し、構成員に広めていく活動は常に必要であり、それは引き続き経営者の役割である。

◆エンパワーメントの2つの側面◆

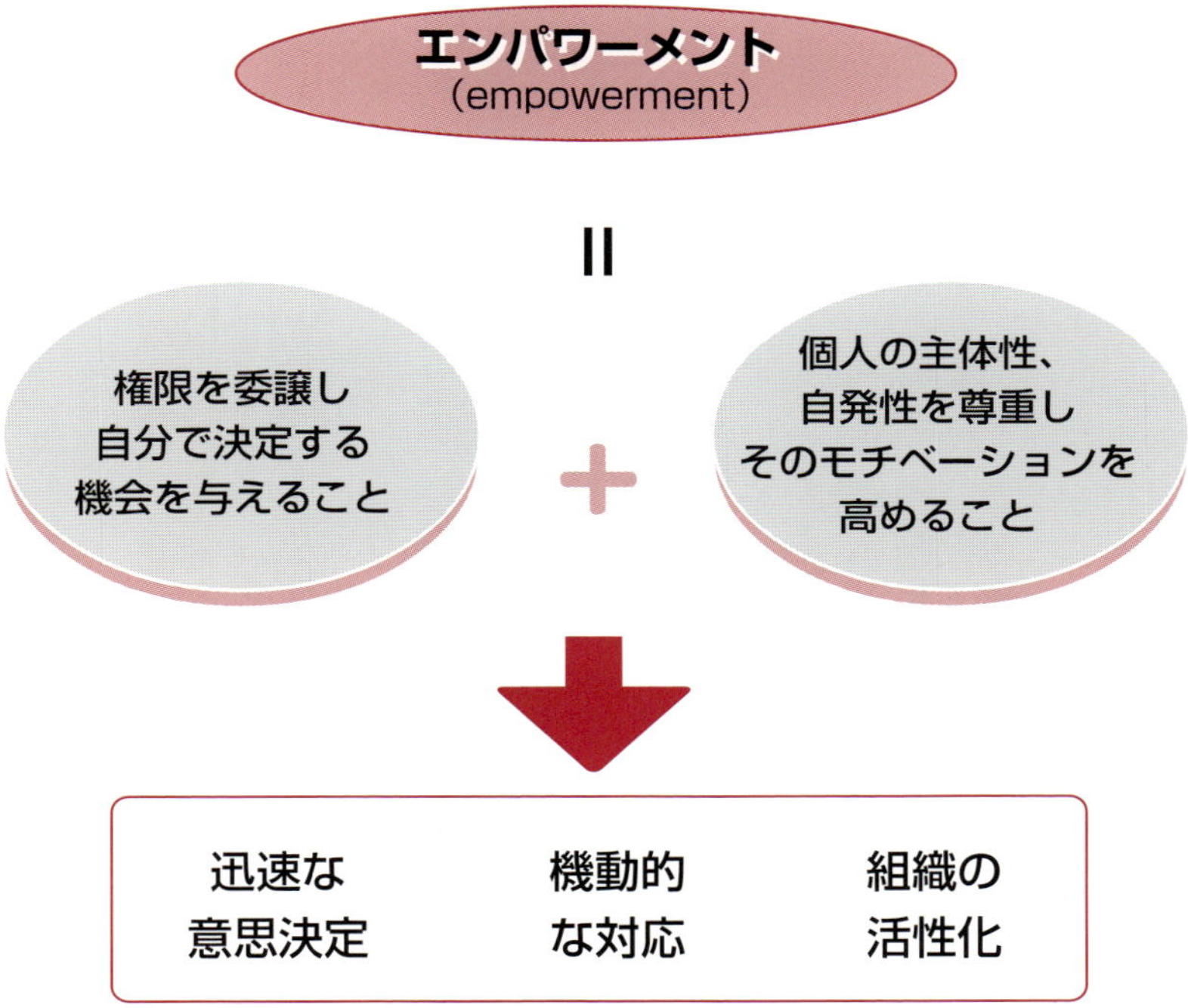

エンパワーメント
(empowerment)
＝
権限を委譲し自分で決定する機会を与えること
＋
個人の主体性、自発性を尊重しそのモチベーションを高めること
迅速な意思決定
機動的な対応
組織の活性化

ーにさらされている企業において、企業としての行動が、完全に個人の自主性に任せられるという状況はあり得ないからです。

　また、社員のなかには、与えられたことのみを忠実にこなすことを得意とし、自発的に何かを生み出すという行為には苦痛を感じる者も少なからず存在するのが常であり、彼らにとってエンパワーメントは、むしろモチベーションの低下につながりかねません。整然と統制された作業が求められる製造、事務等の現場では、権限が与えられた自由な組織は、むしろ弊害にもなり得ます。

　中途半端で目的もはっきりしないエンパワーメントは混乱を招くだけであり、信頼関係すら損ないかねません。このため、個人の自主性に任せる前に、まずは、組織として将来のビジョンを明確にしたうえで、会社全体で奨励される行動規範を確立し共有することが、前提として必要になります。

4

IT化がもたらすネットワーク型組織

情報伝達コストの低下がネットワーク型組織を誕生させた

20世紀と階層組織

20世紀は、トップマネジメントという言葉に代表される、一部の経営陣のみに権限を集中させた、大規模な階層組織が、高度に発達した時代ということがいえます。人々は個人のレベルでビジネスを行なうよりも、より大規模に、かつ、より効率的に仕事をこなすことができるようになりました。

20世紀の初頭、ヘンリー・フォードが、大量生産システムを導入し、大衆でも購入できる自動車を製造できるようになった背景には、この高度に集中した階層組織があります。自動車製造に限らず20世紀に誕生した多くの大企業が、この組織のもとで、かつてないほどの発展を遂げた世紀が20世紀であるともいえます。

情報伝達コストの低下が背景

マサチューセッツ工科大学大学院教授のトマス・W・マローンは、著書『The Future of Work』（邦題『フューチャー・オブ・ワーク』）で、情報伝達コストの低下の観点から独自の興味深い組織論を展開しています。

階層化した組織は、権限が一部のみに集中しているため、組織内での利害調整や情報交換といったようなコミュニケーションを比較的少なく抑えながら、迅速に意思決定ができます。20世紀における電信・電話や郵便といった手段の発達による情報伝達コストの低下が、こういった階層化した組織が発達した背景にあると述べています。

そして、21世紀に入ると、電子メールやインターネットに代表されるような、利害調整や情報交換といったコミュニケーションを容易にする手段が一層発達したことで、組織構造に新たな潮流が現われてきていることも指摘しています。それが分散化したネットワーク型組織と呼ばれるものです。

組織分散化の流れ

分散化した組織では、経営陣だけでなく、従業員も含めた参加者全員がグループの意思決定に参加することができるなど、これまでの集中化された階層組織ではなかった自由や権限が与えられることになります。

そして、一般的にこういった環境下

経営用語&ミニ知識

ウィキペディア　ネットワーク型組織を語るうえで、よい事例となるのが、ネット上の百科事典“ウィキペディア”だ。ウィキペディアでは誰でもオープンに記事の追加、編集ができる。執筆にあたり金銭等の報酬がないにもかかわらず、記事の数は日本語版でも数十万を超す。ネットワーク型社会がもたらした新しい形の知識の集合といえる。

◆ネットワーク型組織◆

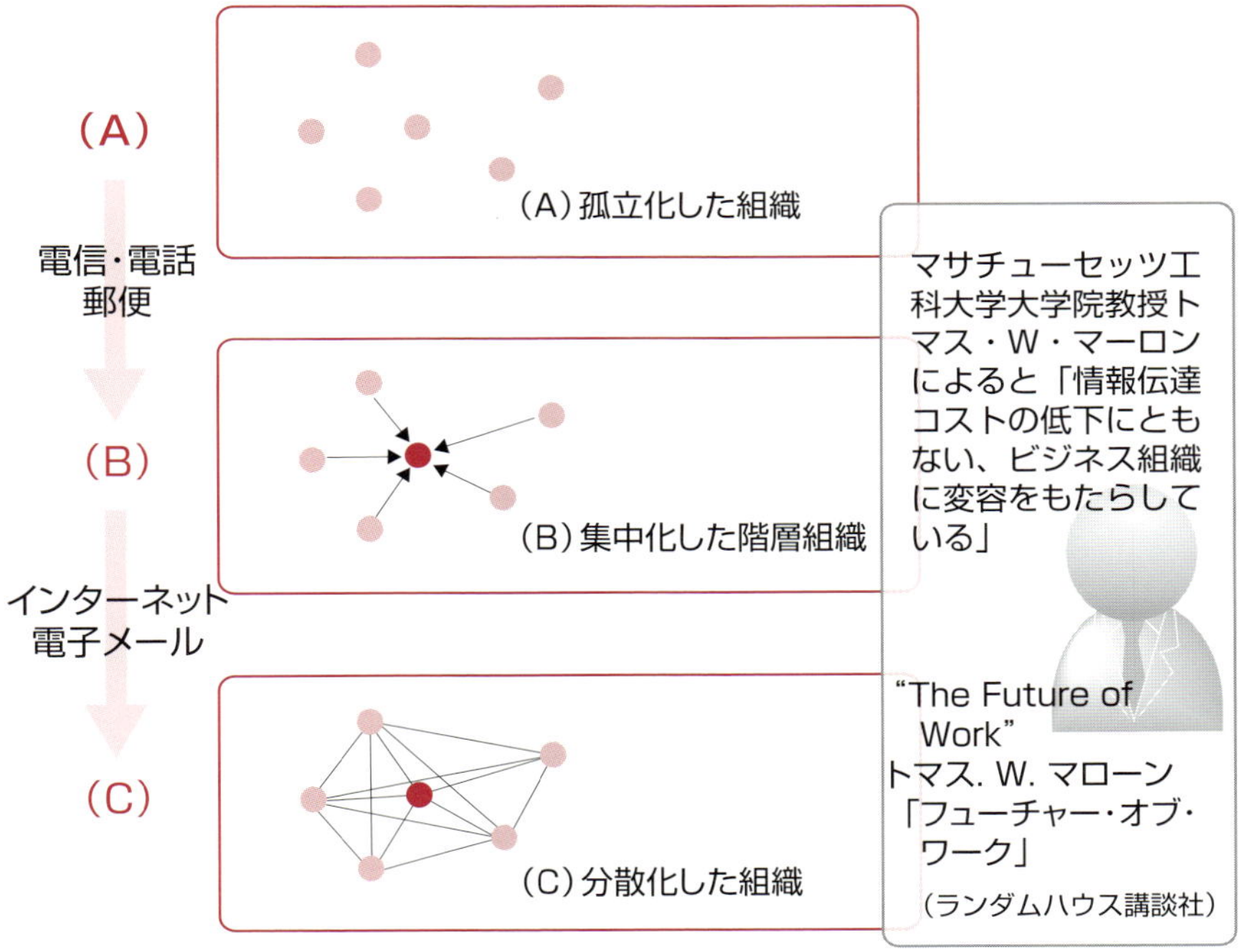

では、参加者のモチベーションや創造性、そして柔軟性が喚起されることから、ＩＴの発展と呼応する形で、これらの要素が組織の生産性に大きな影響を及ぼす、コンサルティング会社、研究施設やソフトウェア開発会社といった分野において、分散化された組織が増加してきています。

集中化か分散化か?

むろん、集中化された組織にも分散化された組織にもそれぞれメリット、デメリットがあります。

参加者の創造性よりも迅速な意思決定やスケールメリットの活用が重視される分野では、集中化された階層型の組織のほうが、明らかに優れているといえます。また、参加者の技術や知識を結集して何かを作り出す作業には、分散化されたネットワーク型の組織が向いている場合もあります。重要なことは、組織がめざす方向性や参加者のあり方を考えたうえで、のぞましい組織を選択することです。

5 プロジェクト組織の役割

ある共通の目的のもとに部門横断的に一時的につくられる組織

国家レベルでの採用が端緒

プロジェクト組織とは、共通の目的を達成するために、複数部門から選抜された、目的を達成するのに必要な能力を持った人材が集まり、構成される一時的な組織のことをいいます。「○○プロジェクト」のような形で部門横断的に結成される組織がそれです。

プロジェクト組織は、元々は米国の第二次大戦中の原爆製造計画である「マンハッタンプロジェクト」や戦後の宇宙計画である「アポロプロジェクト」等、国家レベルでの計画に多く採用されてきました。

今日では、企業内においても、いくつものプロジェクト組織が並立していることは、決してめずらしいことではありません。

プロジェクト組織の特徴

プロジェクト組織には、いくつかの特徴があげられます。

まず、組織はある共通の目的のもと、一時的に存在するものであるため、目的が達成されたら組織は消滅します。ルーティン作業を遂行する機能はプロジェクト組織にはありません。

次に、各部門から代表者を集めているため、コミュニケーションが容易であり、迅速な情報伝達ができます。

また、プロジェクトマネージャーと呼ばれる責任者がプロジェクトを統率するのも大きな特徴です。

このような特徴からプロジェクト組織は、部門横断的でかつ一時的な問題を解決するには、効果的な組織であるということがいえます。

プロジェクト組織の事例

今日の企業においては、プロジェクト組織は頻繁に結成されています。代表的な事例としては、次のものがあげられます。

①新製品の開発

新製品の開発には、開発部門以外にも製造、購買、マーケティング、財務等多くの部門間の連携、調整が欠かせないため、プロジェクト組織が有効です。

②社内情報システムの構築

社内情報システムの構築には、情報システム部門はもちろん、総務、営業、経理等関連各部門との関係が

経営用語&ミニ知識

目的のための組織　プロジェクト組織は「目的のため」の組織と言い換えられる。プロジェクトはある目的のために成立しており、目的を達成し、または目的が会社の方針とそぐわなくなったときには、プロジェクトは存在意義を失う。プロジェクトのリーダーと構成員は常に「プロジェクトの目的は何か」ということを念頭におく必要がある。

◆プロジェクト組織の構造◆

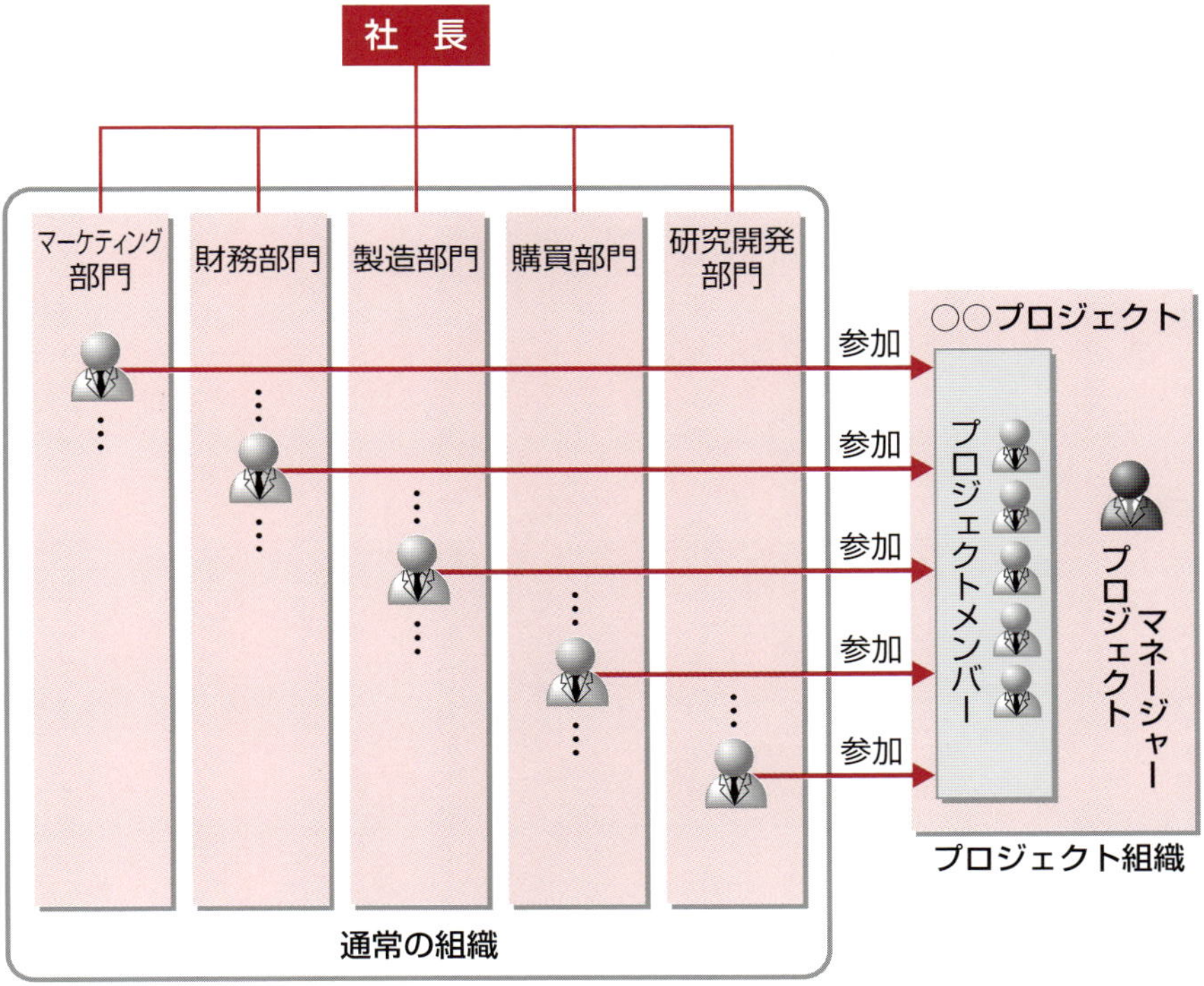

重要です。

③全社的な人事プランの制定

人事プランの制定にも人事部門以外の多くの部門の協力が必要です。

プロジェクトマネージャーの役割

プロジェクトを統括するプロジェクトマネージャーは、強いリーダーシップのもと、目的に向かって組織を牽引していくこと、他部門からの参加者を束ね、最大限その能力を引き出すこと、そして、部門間に生じる利害対立を調整すること等の役割が求められます。

一方、通常、プロジェクトマネージャーには、雇用や解雇、給与といった人事面での権限を持たせないことが多く、この観点から見れば、プロジェクトマネージャーの権限は、他の組織のリーダーと比べ、小さいものであるということができます。

反面、プロジェクトの達成責任は1人で負うことになるため、他の組織より責任が重いということもいえます。

6 成果主義とその問題点

導入は急速に進んでいるが、評価制度や方法には改善の余地も多い

バブル崩壊後、多くの企業では、業績が向上しない一方で、従来の年功制度により人件費だけは一貫して上昇を続けて経営を圧迫しました。さらに、国際的な競争の激化は、年功制度の存続自体をむずかしくしました。

このような事情を背景に、日本企業は急速に能力主義・成果主義の度合いを強めており、各社ともこの動きに合わせる形で、報酬制度、体系の見直しも進めています。

職能給・職務給・成果給

報酬体系には、職能給、職務給、そして成果給の3つがあります。

職能給とは、各人の知識や経験に応じて支払われる報酬です。長年にわたり日本企業の年功制度を支えてきた制度であり、一般的に加齢に従い報酬も上昇する形をとっています。職能給は、役職に関係なく支給されるので、ポストが少ない場合の個人の動機づけには効果を発揮します。また、この体系下であれば、配置転換、職種転換が比較的容易にできます。一方で、年々人件費が高騰する傾向がある、報酬に差がつきにくいといった欠点があげられます。

職務給とは、ポストによって給与を決定する体系です。欧米では標準的に見られる制度で、人件費の高騰を防げる利点がある一方で、配置転換や職種転換に難があるという欠点があるのは、職能給と正反対です。

成果給とは、個人または会社があげた成果に対して支払われる報酬体系をいいます。

日本においては、急速に職能給から職務給、成果給へと報酬体系を移行する企業が増加していますが、それぞれに利点、欠点があるため、各社ともこれらを組み合わせた形での運用がなされています。また、年俸制に代表されるような実績ベースの単年度更改による報酬制度の導入も多くの企業で進んでいます。

成果主義の問題点

成果主義へのシフトが進む一方で、数多くの問題も生じています。

成果主義下では、とにかく達成した「結果」のみが評価され、結果に至るまでのプロセスが軽視されがちです。このため、結果のみに重点がおかれ、プロセスの改善が進まない

経営用語&ミニ知識

360度評価　これまでの評価制度では、上司からの一方的なものになり、当然、上司によって評価が偏る傾向があった。この弊害をなくすために広まりつつあるのが、上司のみならず同僚、部下からと、あらゆる方向から多面的に評価を受ける360度評価である。

といった問題が生じ、反対に、プロセスを重視してしまうと、結果と連動しない評価になってしまいます。

　また、多くの企業で、あいまいな評価制度のまま、評価者の基準も違うなかで導入が進んだ結果、従業員の正しく評価されていないことへの不満や不公平感が増す結果となっていることが多く見受けられます。極端な場合には、成果主義の導入は人件費削減の口実であると不信感を生んだケースもあります。

　企業が成果主義を導入するに当たっては、プロセスと結果の評価のバランスを保つこと、評価基準を明確にすること、さらには、評価自体も上司から部下だけでなくあらゆる方向から評価する360度評価を導入するなど、客観性を保つ施策が併せて必要となるでしょう。

　しかし、何より大事なのは、従業員との対話を通じて報酬についての合意を形成していくような、納得感を与える決定プロセスです。

◆職能給、職務給、成果給◆

● 職能給

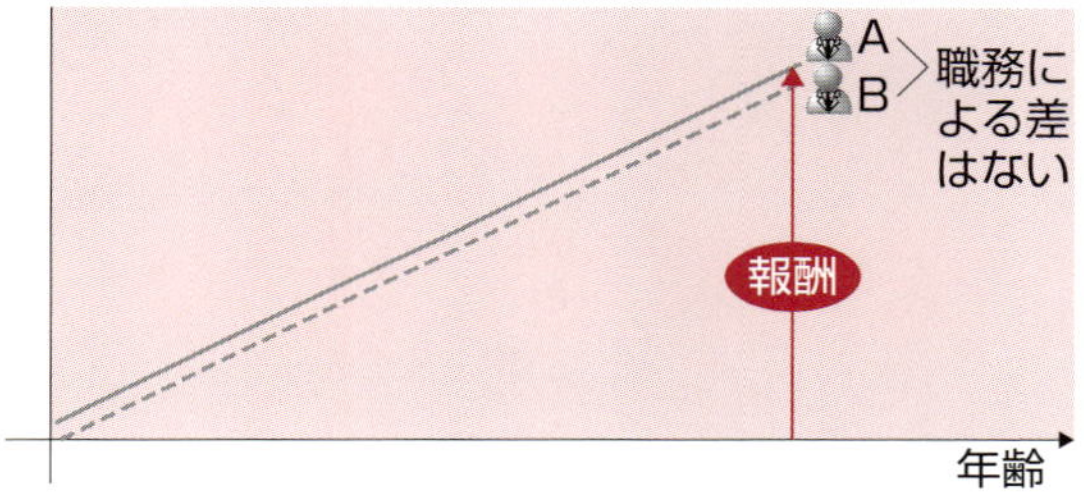

経験、知識により決定
日本では一般的に年功的になりやすい

● 職務給

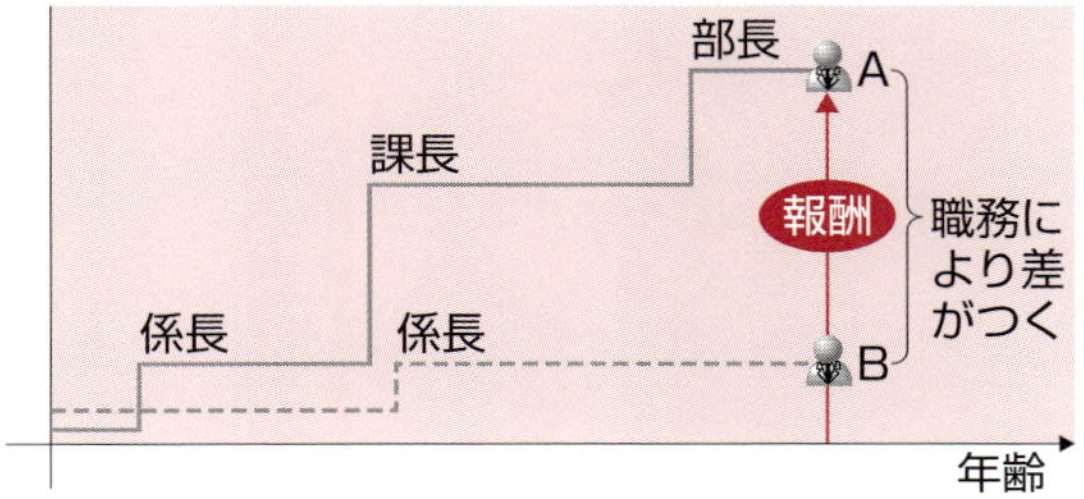

職務により決定
欧米では標準的

● 成果給

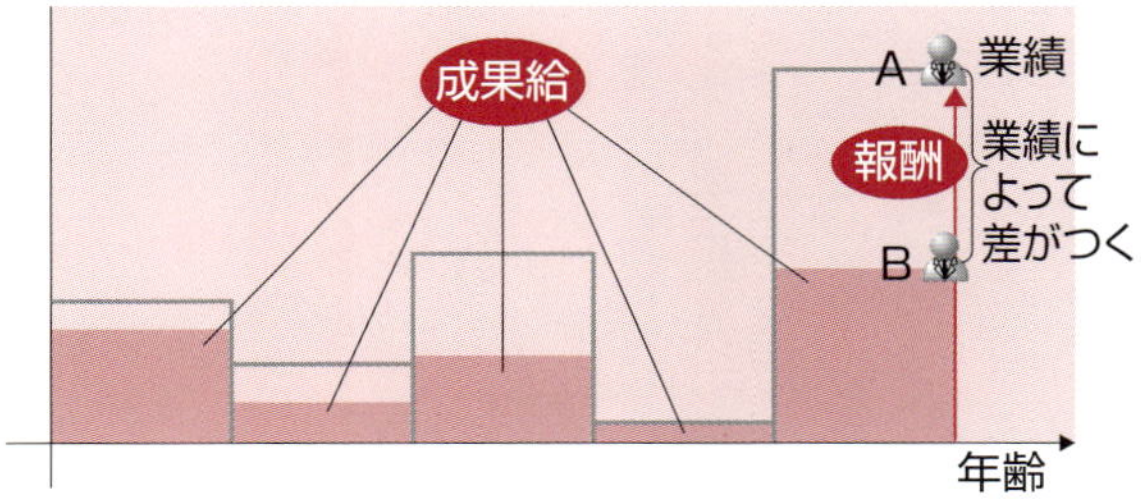

個人や組織の成果に加えて、会社の業績により決定

7 モチベーションとインセンティブの制度

動機づけの要因は、金銭や地位に限らず、人によってそれぞれ異なる

モチベーションとは、「動機づけ」、「やる気」と訳されます。業績を向上させるため、動機づけを行なうことは、リーダーとしての重要なスキルの１つであるといえます。

人は何に動機づけられるのか

企業においても、人はさまざまな要因に動機づけられます。給料や処遇による場合もありますが、動機づけは何もそういった金銭や地位だけによるとは限りません。

ある人は、自分の行なう仕事の社会的意義であるかもしれませんし、またある人は、職場の働きがいや将来性であるかもしれません。会社のリーダーの人間的魅力がモチベーションになっている場合もあります。

このように、人がモチベーションを感じる理由は人それぞれです。そして、成果主義の導入以来、とかく報酬や地位により処遇される昨今においては、見過ごしてはならない重要なポイントであるともいえます。

動機づけ・衛生理論

１９６８年にアメリカのF・ハーズバーグが提唱した「動機づけ・衛生理論」は、現在でも有益な示唆を与えてくれます。

この理論によると、調査の結果、仕事上の満足を得る要因（動機づけ要因）は、「達成感、承認、仕事そのもの、責任、昇進、成長」等から生じ、逆に不満足を得る要因（衛生要因）は、「会社の方針、監督、監督者との関係」等といったものから生じているというものでした。

そして、動機づけ要因は、満たされれば満足をもたらすものである一方、衛生要因は備わっていて当然であり、逆に満たされないと不満足であることがわかってきたのです。従業員は、心の満足を求めていることがここでもわかります。

インセンティブ制度

インセンティブとは、一般的には従業員のモチベーションを引き出すための、通常給与、賞与以外に支給される金銭的報酬、報奨を意味します。インセンティブも個人のモチベーションを最大限に引き出すために動機づけの要因を十分に検討したうえで、設計することが求められます。

短期的なインセンティブとしては、営業の売上インセンティブ、目

経営用語&ミニ知識

金銭的報酬の弊害　金銭的報酬はモチベーションを高めるのにもっとも手っ取り早い方法だが、これが逆に害になる場合もある。たとえば、目標達成ボーナスを得るため、不正な営業をしたり、会社が上場したらストックオプションを行使して、すぐに退職してしまうケースだ。金銭的報酬の弊害を熟知したうえでの制度設計がのぞまれる。

◆ストックオプションのしくみ◆

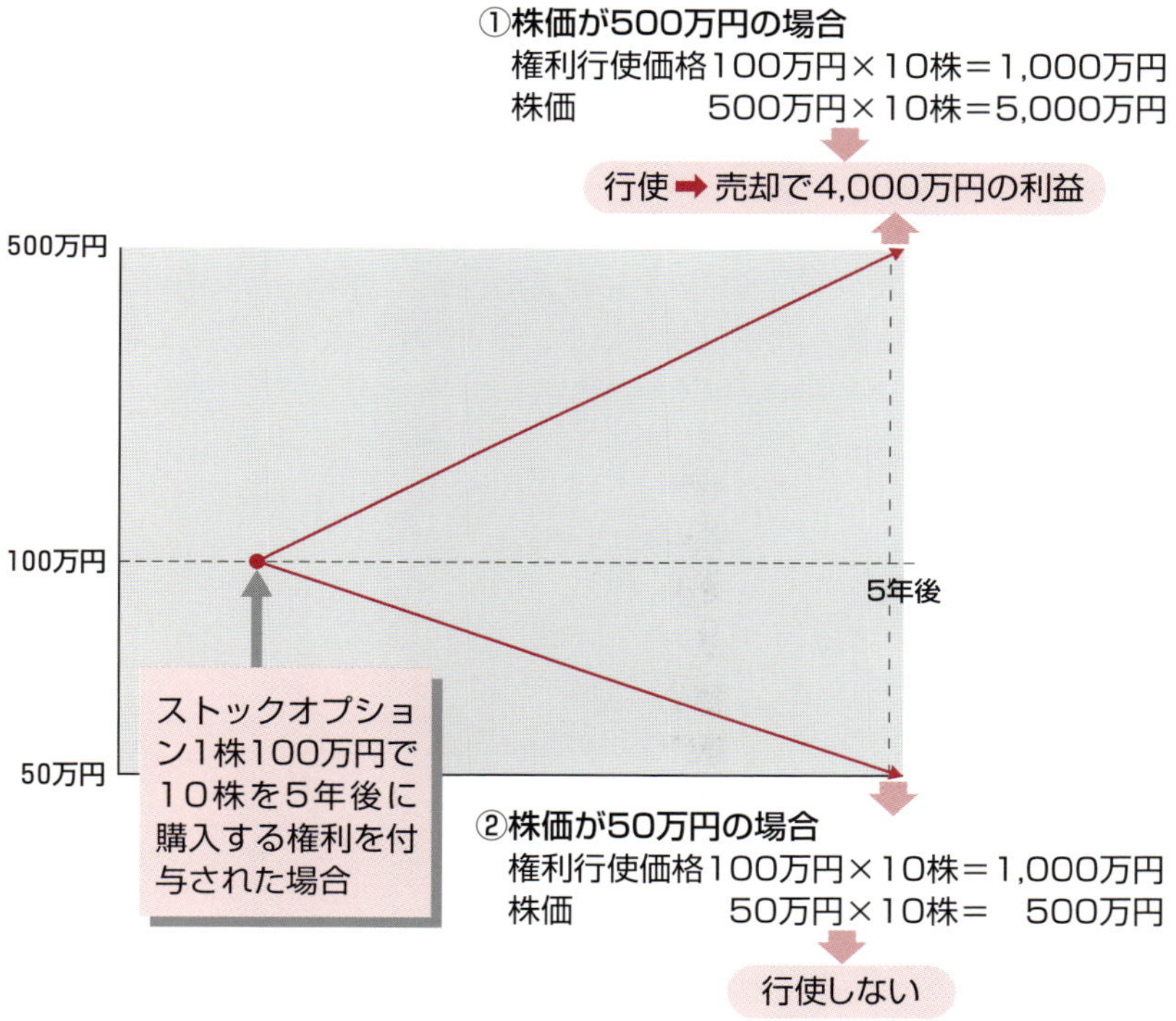

標達成ボーナスや従業員への特別賞与といったものがあります。これらは、キャンペーンや単年度の業績といった比較的短い期間での効果を期待して、付与されます。

●ストックオプション

一方、中長期的なインセンティブとして代表的なものにストックオプションがあります。ストックオプションとは、自社の株式をあらかじめ決められた価格（権利行使価格）で、一定期間内に購入できる権利です。

権利を行使する時点で、株価が権利行使価格を上回っていれば、権利行使により安い価格で株を手に入れることができ、売却した場合は、売却時の株価との差額がそのまま利益になります。逆に権利行使価格が株価より高い場合は、権利行使をしないこともできます。

株価は業績に関係なく変動するため、直接的なモチベーションにつながりにくい一方で、優秀な人材の確保と長期的なつなぎとめには有効な施策であるといえます。

8 コーチングによる人材育成

部下との対話を通じて、自発的に問題に気づかせ、解決させるスキル

コーチングが注目される背景

コーチング（Coaching）も、近年注目を集めるコミュニケーション・スキルの1つです。これは、人を主体的かつ自発的に動かすための技法で、もともとは、スポーツ界における指導者（コーチ）と選手とのコミュニケーションに用いられてきたものです。

これまでのような上意下達的な、一方的な指示・命令ではなく、部下と上司の対話のなかから、部下自らの主体的な行動をうながすことを特徴としています。

コーチングの重要性が叫ばれるようになった背景にも、組織のフラット化が大きくかかわっているといえます。

フラットな組織では、管理職はこれまで以上に多くの部下を抱え、よりスピードを増している社会変化のなかで対応していかなければなりません。このためには、部下の能力を十分に引き出し、部下自身が個人の努力で能力を高めていくような動機づけが必要になってきているからです。

コーチングの特徴

コーチングの根底に流れているのは、「物事を遂行し、解決していくための答えは、その人自身が持っている」という考え方です。

したがって、コーチングでは指示・命令といった形ではなく、コーチ（上司）からクライアント（部下）への質問を主体としたスタイルがとられます。

そして、カウンセリングと違って、どうしてそうなったかという過去の物事を判断するのでなく、未来についてどのようにあるべきかについて、焦点があてられます。

コーチングの方法

コーチングにおいては、テーマを設定した後は、クライアントへの質問から入ります。

「○○なのはどうしてだと思う?」というような形で、決してコーチの考えを押し付けるのではなく、クライアントのなかから答えを気づかせるように努めます。また、必要に応じて「○○はどうだろう?」といった提案や、「○○するといいのではないだろうか?」といったアドバイ

経営用語&ミニ知識

メンター　コーチングを語るうえで、欠かせない人物として「メンター（Mentor）」がある。メンターは「助言者、相談相手」と訳されることが多く、コーチが指導者的な役割を果たすのに対して、メンターは公私両面での相談相手、アドバイザー的な役割を期待されている。メンターは、会社の尊敬できる先輩が役割を担うケースが多い。

◆コーチングによるコミュニケーション◆

これまでのやり方の例

上司「○○の問題は△△に原因があると思う。」

部下「はい。」

上司「△△の解決のため、××の対策をとるように！」

部下「わかりました。さっそく実行します。」

↓

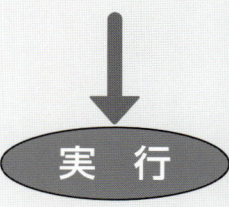

実　行

コーチングによるやり方の例

上司「○○の問題はなぜ起きたのだろう？」

部下「△△が原因と考えます。」

上司「では、今後の解決にはどのような対策が考えられるだろう？」

部下「…」

上司「××などをしてみてはどうだろう？」

部下「なるほど、たしかにそう思います。さっそく実行します。」

↓

実　行

スの形をとることで、最終的にクライアントが自発的に行動を起こすようにうながします。

上下関係ではない

このようにコーチングを行なう局面においては、上司と部下というような上下関係ではなく、お互いに学び続ける者同士が、相互の信頼関係をベースに、コミュニケーションのなかで、問題を発見し、解決していくという考え方が基本にあります。つまり「統率者」「指示者」といった言葉で言い換えられたこれまでの管理職の役割に、新たに「支援者」としての役割が必要となっているわけです。

コーチングはいまや、管理職に必須のスキルとなってきている一方で、会得には十分な勉強と経験が必要です。部下だけでなく、管理職自身が一方的ではなく、部下の自発性を引き出すことが必要だと意識改革し、自己研鑽《けんさん》することが求められます。

9 コンピテンシーによる人材管理

高業績の人材に共通して見られる行動特性に焦点を当てる

コンピテンシーとは

人材を評価する方法として、これまでの実績や知能、技能といったものによることが多く見られますが、コンピテンシーによる人材管理も活用されてきています。

コンピテンシーとは、「高い業績を生む行動特性」と訳されます。1970年代に心理学者のD・C・マクレランド教授らの研究により、高い業績を生むことができる人は、知能とか技能という面よりも、むしろ性格等の内面的要素が関連していることがわかってきたのです。

コンピテンシーの特徴

コンピテンシーの大きな特徴として、次の3つがあげられます。

1つ目は、個人が達成した業績といったような指標と異なり、行動特性という、客観的かつ将来に向かって評価することができる点です。業績というのは、景気等の外的要因にも大きく左右されますし、過去の結果でもある業績を持ってして、将来を推し量ることは不可能です。一方、コンピテンシーであれば、こういった要素に左右されずにすみます。

2つ目は、コンピテンシーは目に見える評価指標である点です。目に見えることで、役職に必要とされるコンピテンシーのレベルを設定できるほか、能力開発をすることも可能になります。

3つ目として、コンピテンシーは、部署ごと、企業ごとに要求されるコンピテンシーが異なる点です。たとえば、営業部門では、「チームワーク」といったコンピテンシーが重要視されるかもしれませんし、研究開発部門では、「創造的思考」が大切になるかもしれません。

コア・コンピタンスとの関係

企業レベルでは、その企業固有の他社には真似のできない能力である「コア・コンピタンス」があり、これこそが企業の競争力の源泉になっています。

このコア・コンピタンスを維持・強化したい場合、これを支えるのは、個々の人材のコンピテンシーであることから、当然のことながら両者は密接に関連してくるといえます。このため、多くの企業において、コンピテンシーを、採用、能力開発から

経営用語&ミニ知識

コア・コンピタンス　コア・コンピタンスとはG・ハメルとC・K・プレハラードが提唱した概念で「企業が高い競争力を維持するうえで、蓄積される模倣の難しい技術・能力」をいう。彼らによれば、たとえば、ホンダのコア・コンピタンスは「エンジン」であり、それをコアとしてバイクや自動車以外の分野も幅広く手がけている。

◆コンピテンシーによる人材管理◆

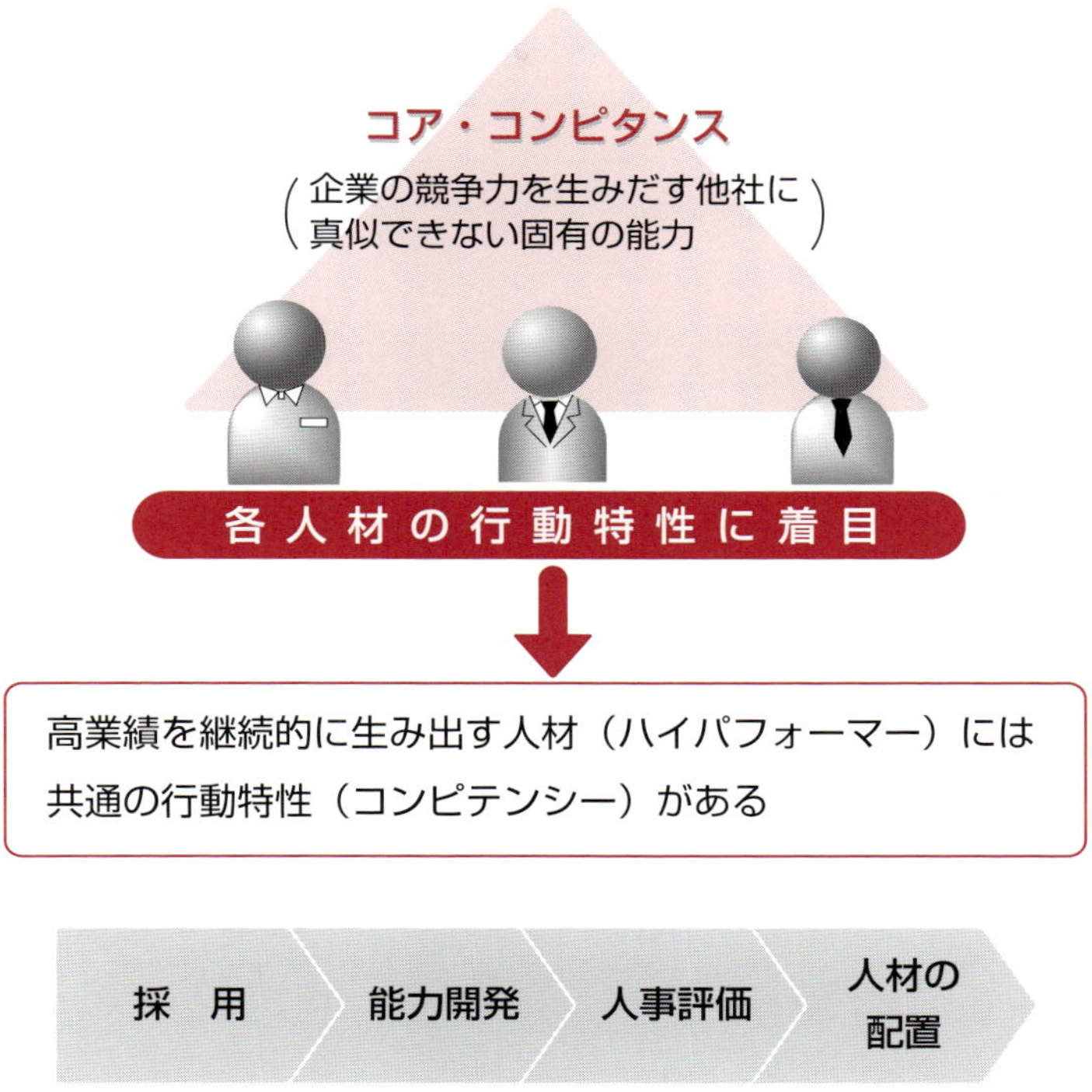

コア・コンピタンス
（企業の競争力を生みだす他社に真似できない固有の能力）
各人材の行動特性に着目
高業績を継続的に生み出す人材（ハイパフォーマー）には
共通の行動特性（コンピテンシー）がある
採　用
能力開発
人事評価
人材の配置

人事評価や人材の配置等の人材管理に関する多くの局面で、重要視するようになってきています。

コンピテンシーを探る

自社やその組織で要求されるコンピテンシーを探るには、まずは、社内において、継続的に高業績をあげる人材（ハイパフォーマー）へのインタビューからスタートします。そして、高業績の背景となっている個人の行動特性を抽出します。

この過程では、管理層へのインタビューを通じて、何をもって高業績とするかについて定義することも重要です。抽出されたコンピテンシーをもとに、その組織において要求されるコンピテンシーとそのレベルを、職務別や役職別等の区分けによりモデル化したもの（コンピテンシー・モデル）を作成します。

こうして作成されたコンピテンシー・モデルは、人材評価指標や、達成度に応じた能力開発の測定指標として活用されていきます。

10

ナレッジマネジメントの狙い

競争力強化の源泉となる経験やノウハウを組織全体で蓄積・共有する

知的財産の創造、共有の重要性

今日の企業間の激しい競争を勝ち抜くためには、企業活動の過程で生み出される、ノウハウや経験といった知的財産がより一層重要な要素になってきています。

たとえば、顧客がどういったプロセスや要因を経て、商品やサービスの購買を決定するのかを知ったり、営業マンのどういった活動が、最終的に販売につながるのかを知ることは、他社との競争を有利に進めるうえで、重要なノウハウであるといえます。前者はＣＲＭ（Customer Relationship Management）、後者はＳＦＡ（Sales Force Automation）と呼ばれる情報システムによってその蓄積、共有が図られています。

つまり、とかく個々の人々の頭のなかに蓄積されがちな経験やノウハウを、会社全体の共通の知的財産として、蓄積・活用していこうという取組みがナレッジマネジメントと呼ばれるものです。そして、ナレッジマネジメントは顧客や販売に限らず、商品開発や技術の継承にも幅広く用いられています。

暗黙知と形式知

知識や知恵は、暗黙知と呼ばれるものと、形式知と呼ばれるものの2つに大別されます。

暗黙知とは、言葉や数字等ではっきりと表現することができない技能やノウハウのことを指します。ちょうど機械工や料理のシェフ等が長年の熟練により「体で覚えた」経験等がこれらの部類に属します。

一方、形式知とは、暗黙知とは逆に、明確に言葉や数字で表現できる技能やノウハウを指します。業務マニュアルや社内研修用のテキスト等がこれらの部類に属します。

暗黙知から形式知への転換

さて、いうまでもなくノウハウや経験が、会社内で共有されるためには、暗黙知を形式知に転換する必要が出てきます。

野中郁次郎教授と竹内弘高教授は、著書『知識創造企業』のなかで、暗黙知を形式知に転換する過程に、「共同化」→「表出化」→「連結化」→「内面化」の4つのサイクルが繰り返されると述べています。

経営用語&ミニ知識

SFA　SFAは、営業分野におけるナレッジマネジメントツールだ。従来の顧客情報や商談の進捗、過去の顧客との対応履歴などを営業マン同士が共有することで、商談プロセスや顧客先の情報といった「どうすれば販売向上につなげられるか」という販売ノウハウを相互に活用し、営業効率の向上を図ることを目的としている。

◆ナレッジマネジメントのしくみ◆

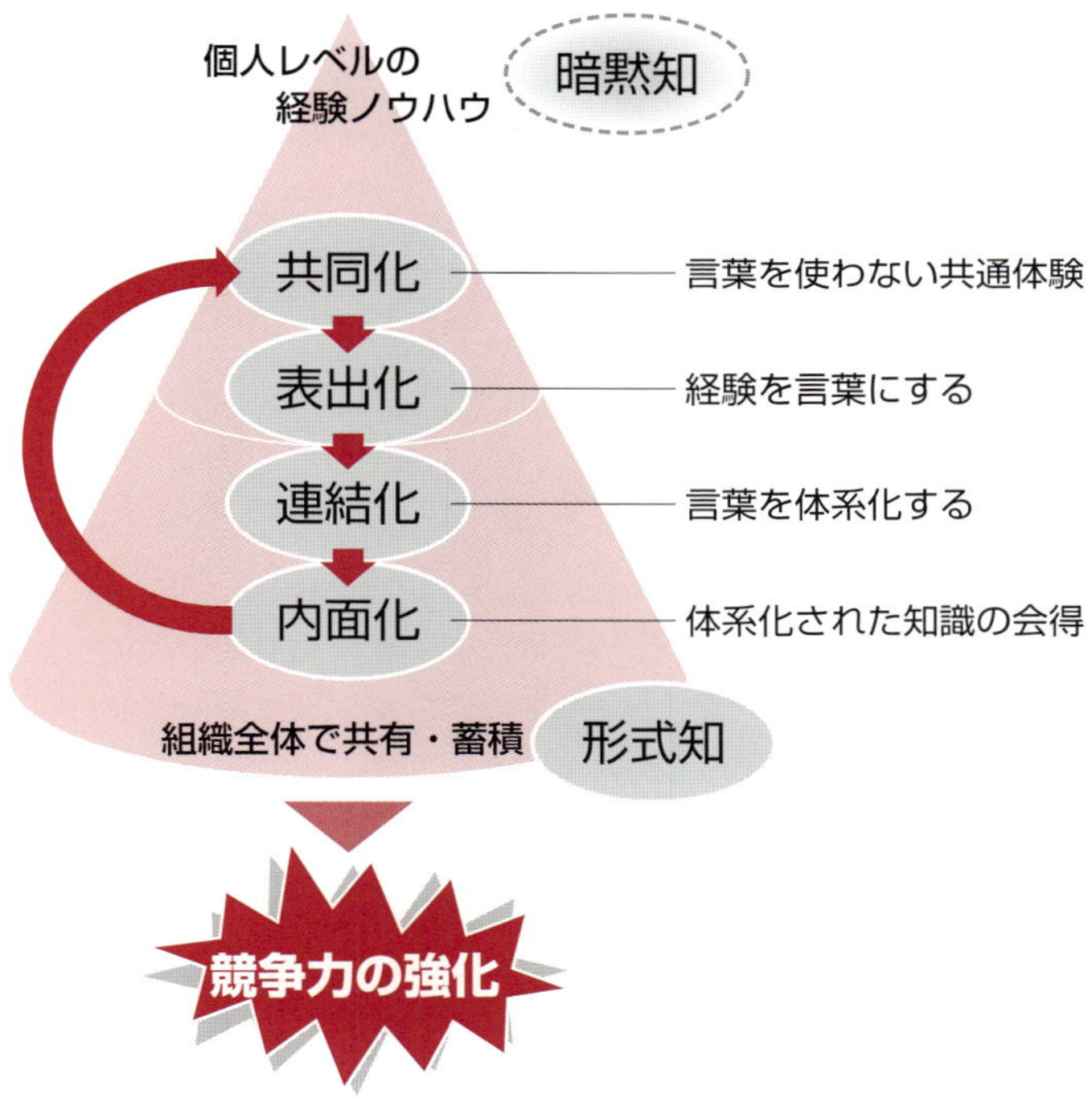

野中郁次郎、竹内弘高著『知識創造企業』をもとに作成

「共同化」とは、暗黙知を共同体のなかで言葉を使わず学ぶプロセスをいい、ちょうど弟子が師匠から技術を学ぶのに似ています。次の、「表出化」は、あいまいな暗黙知が言葉等に置き換えられるプロセスです。そして、「連結化」は、言葉に置き換えられた知識を体系立てるプロセスをいい、マニュアルの作成等がこの過程になります。最後に、「内面化」によって知識は人々の体験として会得されます。

こうして、ある人のノウハウや経験が他の人にも共有されることになるのです。

ナレッジマネジメントの課題

個人の経験やノウハウが、他の人々と共有されるのを促進するためには、企業としてどのような知識の共有・蓄積を奨励するのか、その方向性を示すことや、知識や知恵の共有を促進する風土作りやシステム構築が欠かせません。

また、ノウハウを提供する個人に対してどのようなインセンティブで報いるのかという観点や、創造力を喚起するため自由闊達《かったつ》な議論を認める等の取組みも重要となります。

11

企業年金と退職金制度はどうなる

急速な高齢化の進行と、大量退職時代の到来にどう対応するか

高齢化の進行、大量退職時代の到来は、これまでの企業年金制度や退職金制度を根底から揺るがす状況となってきており、多くの企業において、制度の見直しが図られています。

確定給付型年金とその問題

これまでの多くの企業年金は、確定給付型年金と呼ばれる制度を採用していました。

確定給付型年金とは、退職時の年齢、勤続年数、職位等により、あらかじめ給付額が確定している制度です。この制度のもと、加入者は老後には決まった額を受け取ることが保障されてきたのです。企業においては、厚生年金基金と呼ばれるものが代表的なものです。

しかし、高齢化の進行にともない受給資格者が増加する一方、掛金を払う加入者は減少し、加えて低金利時代を迎えて基金の運用成績も伸び悩んだことから、企業における積立金不足が深刻になってきました。

さらに、会計基準が変更され、企業が今後負担する年金や退職金といった退職給付債務を明確に計上することが必要になりました。

こういった状況のなか、企業においても、掛金の引上げ、国に代わって給付していた老齢厚生年金の一部について、給付を取り止める「代行返上」等の取組みがなされてきましたが、事態はもっと抜本的な、制度そのものを見直す必要性に迫られています。

確定拠出型年金

企業年金制度改革のなかで主流になりつつあるのが、米国で確定拠出型年金と呼ばれるものです。これは、積み立てる金額だけが決定し、老後に給付される額は、運用成績によって決定されるという制度です。これにより、企業は掛金の追加負担を将来迫られることもなく、将来の掛金を予測することができるというメリットがあります。

一方で、従業員は自らの判断で、資金を運用し、その運用成績により今後の給付額が確定される、すなわち運用リスクを負うことから、投資に関する十分な知識が必要になってきます。

法制度の整備も進み、2001年

経営用語&ミニ知識

退職給付会計　これまで、企業が従業員に対して支払う退職金については、今後必然的に発生する費用にもかかわらず、決算書には明記されておらず、投資家にとっての目に見えないリスクの１つになっていた。こうした問題を是正するため、将来支払われる債務を貸借対照表に計上する退職給付会計が2001年3月期より義務づけられている。

◆確定給付型年金と確定拠出型年金◆

確定給付型年金		確定拠出型年金
●老後の給付額が保障される	特　徴	●拠出される掛金が保障される
●一定	老後の給付額	●運用成績による
●不足分は必要	企業による掛金の追加負担	●不要
●一定額は保障	従業員のメリット	●運用次第で年金額が増える
●老後の生活設計を保障できる	企業のメリット	●不足分を追加負担しなくてよい ●運用リスクを負担しなくてよい ●将来の掛金負担予測が容易 ●退職給付債務がなくなる

には確定拠出年金法が成立しました。

退職金制度も見直し

日本の退職金制度は、いわゆる年功序列を前提にしたものであり、大量の退職者を出す時代を迎え、企業の負担は増加する一方となりました。企業年金制度と同様に見直しを迫られています。

退職金が支払われる基準や金額の算定方法自体を見直したり、勤続年数だけでなく、資格や役割、考課等をポイントで評価し、加算されたポイントにより退職金が支払われるポイント制退職金制度を導入したりする企業が増えています。

また、企業が将来支払う金額の不確実性をなくすため、退職金も確定拠出型に変更し、あらかじめ支払う額を決定してしまう企業や、退職金を前払い制度として、現行の給与や賞与に上乗せして支払い、退職時には改めて支払わなくてもよいように、制度を設計する企業も現われてきています。

12

CEO、COOに求められる役割

会社の所有と経営を分離し、責任を明確にすることが求められている

米国式の経営スタイルの一側面

CEO、COOといわれる言葉は、日本でも90年代後半から頻繁に使用されるようになり、現在ではすっかり定着した感があります。これもグローバル・スタンダード化の流れのなかで、米国式の経営スタイルが取り入れられた結果の1つであるといえます。

CEO、COOの役割

米国では、企業の経営と所有が分離されており、経営についてはCEOを頂点とする事業執行者が責任を負い、所有については株主を代理する立場にある取締役会がCEOを監督するという形態により、企業経営が行なわれています。

CEOは、Chief Executive Officerの略で、日本では、「最高経営責任者」と訳されています。CEOは、経営に関する実務の最高責任者であり、全社的な方針や戦略に基づき、企業を経営していく全責任を負っている役職です。

それに対して、COOは、Chief Operating Officerの略で、日本では、「最高執行責任者」とか「業務最高責任者」と訳されます。COOは、CEOが定めた方針や戦略に基づき、日常の業務を執行する最高責任者のことです。

CEO、COO以外の役職

CEOやCOO以外の役職として、次のようなものがあります。

CFO(Chief Financial Officer)は「最高財務責任者」等と訳されます。ファイナンス戦略に関する立案、執行に関して責任を負う役職で、日本の経理部長の役割とは異なります。

CIO（Chief Information Officer）は「最高情報責任者」等と訳されます。会社全体の情報戦略や情報システムに関して責任を負う役職です。

このほかにも、CTO（Chief Technical Officer=最高技術責任者）やCSO（Chief Strategic Officer=最高戦略〈企画〉責任者）、CMO（Chief Marketing Officer=最高マーケティング責任者）等の役職が置かれることもあります。

CEO制度の現状

CEO制度が急速に普及した背景

経営用語&ミニ知識

米国の取締役会　米国における取締役会は、日本とは微妙に位置づけが異なっている。米国では、取締役は株主の立場を代表する側として、経営の執行状況の監視に当たる役割であり、ここで紹介した各Officerも業務の執行の責任者として、取締役会にて選任される。

◆CEO・COOの役割◆

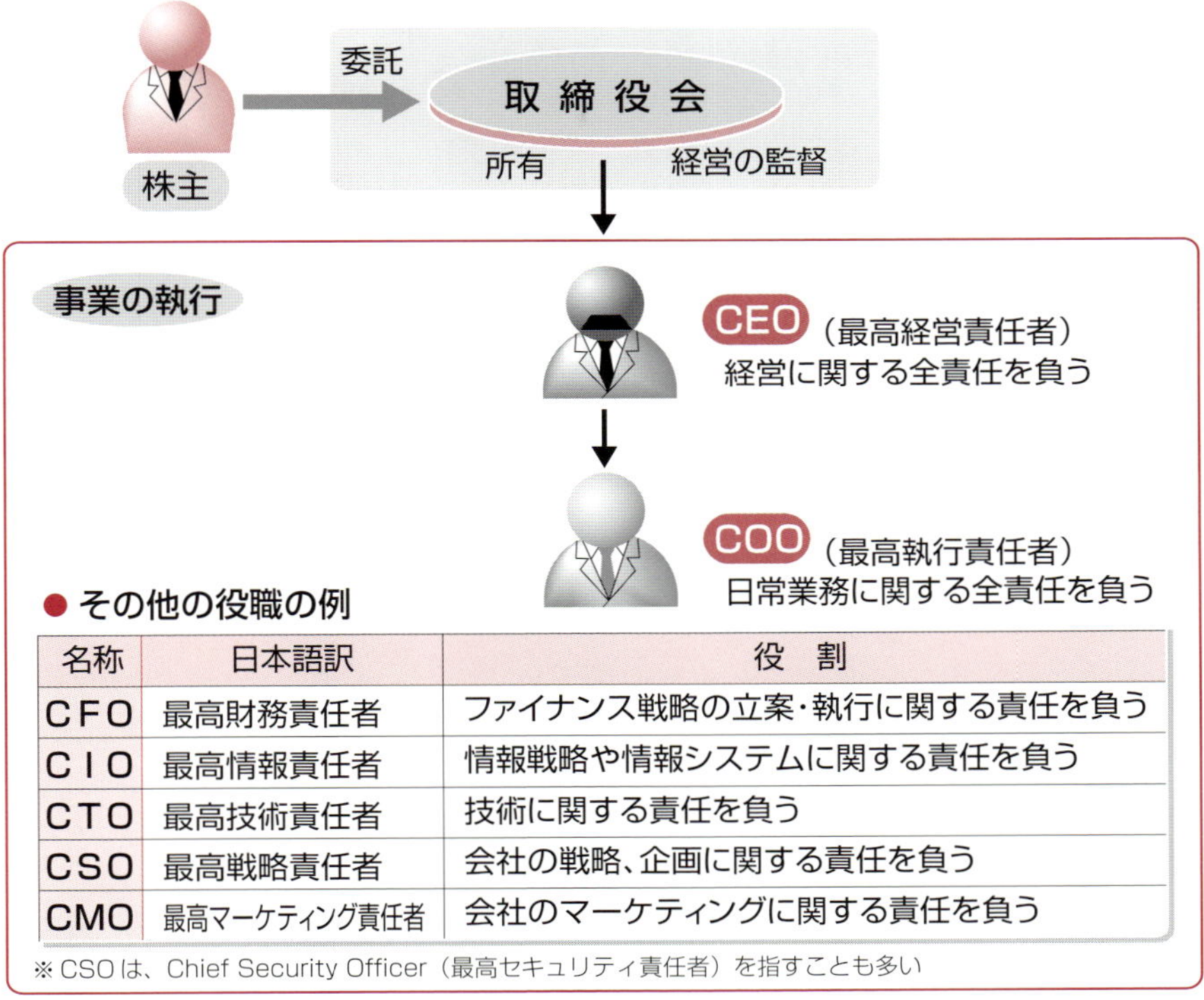

● その他の役職の例

名称	日本語訳	役割
CFO	最高財務責任者	ファイナンス戦略の立案・執行に関する責任を負う
CIO	最高情報責任者	情報戦略や情報システムに関する責任を負う
CTO	最高技術責任者	技術に関する責任を負う
CSO	最高戦略責任者	会社の戦略、企画に関する責任を負う
CMO	最高マーケティング責任者	会社のマーケティングに関する責任を負う

※CSOは、Chief Security Officer（最高セキュリティ責任者）を指すことも多い

として、グローバル・スタンダード化により、米国と同様に、日本企業も、株主に対しての経営責任と執行責任を明確にする考えが浸透してきたことがあげられます。

一方で米国では、これらは1人が兼務することが多く、この場合、「会長（Chairman）兼CEO」、「社長（President）兼CEO」といった肩書きになります。両者の兼務は経営の客観性、透明性の観点から問題となるケースもあるものの、迅速な意思決定、権限の一元化等の理由から、むしろ主流となっています。

すなわち、グローバル・スタンダードを標榜する米国においても、どちらがよいか一定していないことがわかります。大事なことは、制度ではなく、「企業は誰のものか」というコーポレートガバナンス（企業統治）の観点にたって、自社にとってのぞましい制度を構築していくことにあるといえます。

13

執行役員と執行役制度

執行役員は任意の制度。執行役は委員会設置会社では必須

経営と執行を分離する流れの一環

企業における経営と執行を分離させることも、米国流のコーポレートガバナンスの考え方の一環として、近年、広くわが国に浸透してきた考え方です。

米国では、取締役会の過半は社外取締役によって占められ、株主の委任を受けて経営上の意思決定や業務執行状況の監督を行なっています。一方、日本においては、取締役の大半は社内取締役であり、経営上の意思決定と業務執行を兼務しているケースがほとんどです。

経営責任と業務執行責任の分離が不十分であるという認識が高まったことから、これらを改善するための各企業の任意の取組みとして、または商法改正とその後の会社法制定といった制度上の取組みとして、「執行役員」や「執行役」と呼ばれる制度が注目されてきました。

「執行役員」は任意の制度

執行役員制度は、各企業が定める任意の制度であり、会社法上の規定はありません。したがって、執行役員は取締役会等から委任された使用人という位置づけになります。位置づけは不明確であるものの、急速に執行役員制度を導入する企業が増加しています。

しかし、多くの企業において、実態は、経営と執行の分離という観点からは大きくかけ離れた運用がなされているようです。たとえば、執行役員が取締役を兼務する状況も依然多く見られます。

また、取締役の員数を適正規模にする目的や、取締役の選にもれた人を執行役員に就任させるなど、「部長でもない取締役でもない使用人」という処遇上の位置づけに留まっている企業も少なくありません。

つまり、当初の目的である経営と執行を分離するという観点よりも、ポスト作りのために用いられているケースが少なくないのが現状です。

「執行役」制度の登場

執行役制度は２００２年の商法改正で登場し、現行の会社法でも受け継がれています。会社法では、それまでの監査役を置く機関設計に代えて、監査委員会、報酬委員会、指名委員会からなる「委員会設置会社」

経営用語&ミニ知識

取締役会　取締役会は、会社法に定められた機関で、会社の業務執行の決定、取締役の職務の執行の監督、代表取締役の選任・解任が役割となる。取締役の設置は任意だが、前述の委員会設置会社のほか、公開会社、監査役会設置会社は取締役会の設置が義務づけられている。

◆「執行役員」と「執行役」の違い◆

	執行役員	執行役
法的根拠	なし 任意の役職	会社法に規定された役職
位置づけ	あいまい ポスト作りの一環となることが多い	委員会設置会社における役職
権限・義務	不明確 各社により異なる	取締役と同一もしくはそれに準じた権限・義務が法律で規定されている
選任・解任	明確な規定なし	取締役会
登記	不要	必要
株主代表訴訟	対象とならない	対象となる

という形態を選択することが可能になりました。

そして、この委員会設置会社においては、1人以上の執行役を置くことが必要とされます。執行役は、通常の会社では取締役が行なう業務執行を担い、取締役はここでは執行役の職務遂行の監督をします。つまり、執行役は、会社法に規定された役職であることから、取締役と同様もしくはそれに準じた義務を負うことになるほか、株主代表訴訟の対象にもなります。

こうしてスタートした執行役制度ですが、取締役と兼任することもできることから、制度的には、経営の監督責任と執行責任を分離するという観点からはまだ大きな課題を抱えているということがいえます。企業としては、経営と執行の分離の観点については、制度の導入だけではなく、自らにおける取組みが求められることになっています。

14 持株会社制度の活用方法

機動的に企業再編を行なえるように、持株会社の設立が認められた

持株会社の増加

最近、「○○ホールディングス」といった名称の会社が増加していることからもわかるように、持株会社化を進める動きが加速しています。そもそも、この持株会社とはどのような会社を指すのでしょうか。

持株会社とは、私的独占の禁止及び公正取引の確保に関する法律（いわゆる独占禁止法）において規定されている「持株会社」を指します。持株会社は同法で、「子会社の取得株式の合計が、会社の総資産の50％以上になる会社」と定義されています。

持株会社（とりわけ自らは事業を行なわず、他社の株式のみを保有する純粋持株会社）は、戦前から財閥に代表される独占金融資本が、傘下の産業を支配する目的で存在していましたが、過度な経済集中を排除する目的から、財閥解体が行なわれると、事業を行なわない純粋持株会社も長く禁止されてきました。

しかし、国際競争の激化による企業再編の加速の必要性から、1997年に独占禁止法が部分的に改正されると、持株会社設立の動きも加速されたのです。

持株会社のメリット

こうした背景には、持株会社の持つ多くのメリットがあげられます。まず、複数の事業体で重複していた事業を共同の持株会社のもとに統合、再編することで、事業ごとの経営の状況、ひいては経営責任を明確にすることができます。

また、持株会社のもとでこういった一連の統合や再編のプロセスならびに他社とのM＆Aを容易に行なうことができるため、企業の再構築に有効な手法ということもいえます。

しかし、持株会社を選択する目的は、これらのメリットによるものだけとは限りません。前述以外の代表的なメリットには、企業統合の段階的手段、また敵対的買収の防衛手段としての利用があります。

企業統合の段階的手段として

持株会社を業界における企業同士の統合に向けた、段階的な手段として利用するケースがあります。業界再編の一環として、経営や会社戦略レベルでの統合を急ぐ必要性が出て

経営用語&ミニ知識

敵対的買収　買収される企業の経営陣等の事前の同意が得られていない買収を敵対的買収という。反対にこれらの事前の同意を経て進められる買収は友好的買収だ。なお、買収対象企業が上場企業であれば、相手の同意がなくても、市場において公開買付け（ＴＯＢ）と呼ばれる手法により、株式を買い集めることができる。

◆持株会社の代表例◆

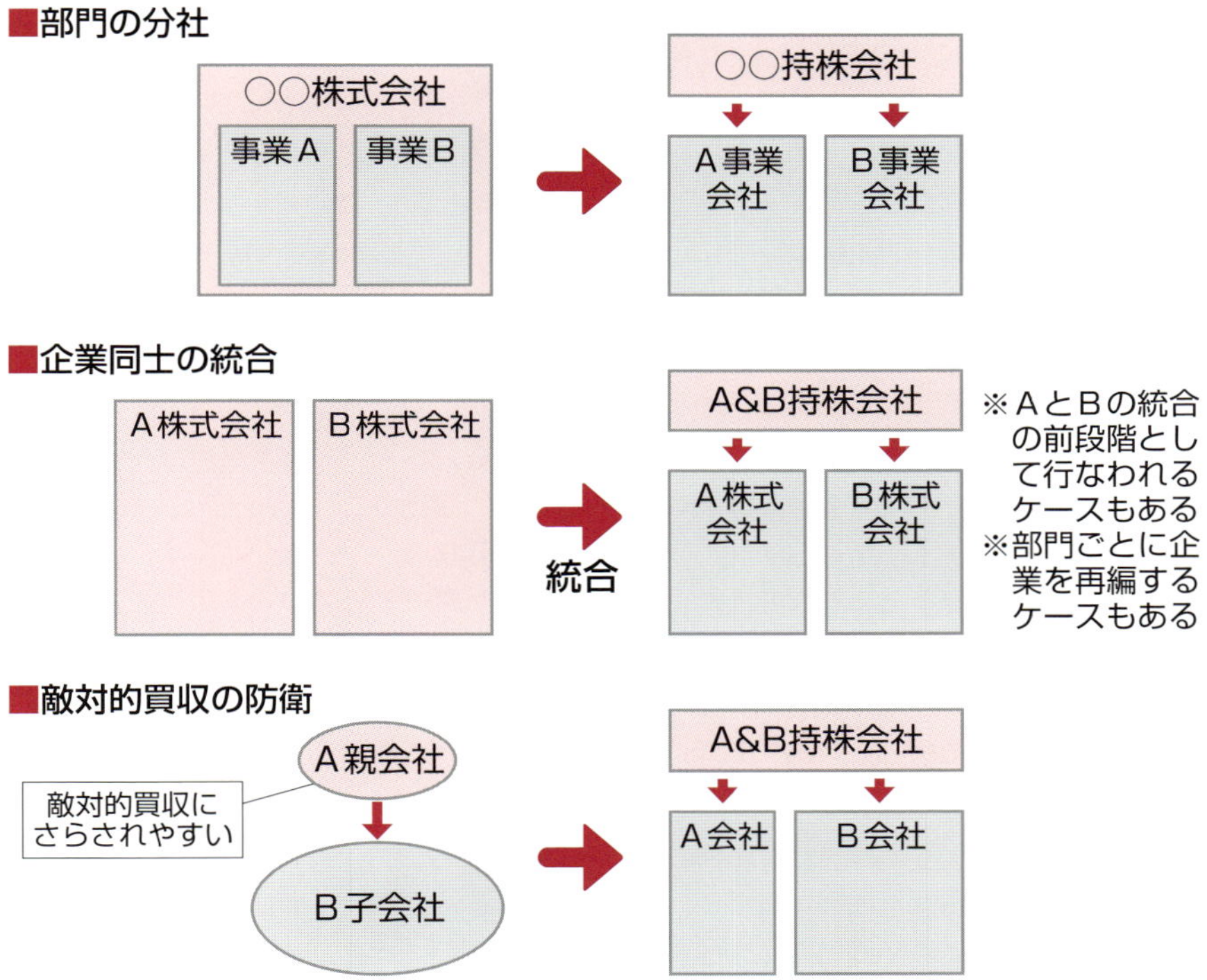

くる一方で、現場レベルにおける統合は、お互いの企業文化や人事面での制度の違い等が障害になり、なかなか進まないのが常です。

この場合、統合を希望する企業同士が、いきなり合併等を行なうのではなく、経過措置として、まず共同持株会社を設立し、双方ともその持株会社の傘下に入るという手段が、まずとられるケースです。

敵対的買収の防衛手段として

会社設立の経緯や発展過程の違い等から、子会社の時価総額が親会社を上回るケースが見られます。

これが上場企業の場合だと、親会社は敵対的買収の脅威にさらされることになるので、親会社、子会社で共同持株会社を設立し、この傘下に入ることで、防衛を試みる企業も現われてきています。

持株会社制度の復活以来、数多くの企業の統合・再編が加速しました。企業の再編の観点からも、この制度が有効に機能していることがわかります。

経営者列伝

5 ビッグブルーを手中に収めた新世代の中国を代表する企業

柳傳志（聯想集団有限公司）

◆中国最大のPCメーカー

聯想集団有限公司（Lenovo Group＝レノボ・グループ）は中国最大にして世界有数のPCメーカーである。また、その業務範囲はPCにとどまらず、携帯電話やプリンタ等のデジタル機器まで幅広く手がけている。

聯想集団を世界的に有名にした出来事に、2004年のIBM（ビッグブルーという愛称で呼ばれる）のPC部門の買収がある。中国企業が知らず知らずのうちに世界の著名企業を買収するほどの実力をつけてきたと、世界中に大きな衝撃を与えた。

◆改革開放後に起業

創業者の柳傳志（Liu ChuangZhi）も、もともとは中国科学院計算機研究所の研究員であり、「中国ITの父」と呼ばれることもある。中国の改革開放後の1984年に研究員11人と20万元（現在のレートで約300万円）で「中国科学院計算技術研究所新技術発展公司」を設立した。

◆「貿・工・技」の戦略

会社としての力はおろか、取り立てて技術もない中で、最初に取り組んだ事業は海外製品の輸入だった。これは柳傳志の「貿・工・技」という考え方が色濃く出ている。

すなわち、中国は技術がないので、まずは製品の貿易から始めて力を蓄える。やがて、工業品の製造を手がけ、技術力の蓄積に努めるという順番をとるという、きわめて現実的な戦略なのだ。

柳の思惑通り、PC製品の貿易は長年にわたって聯想に多額の利益をもたらした。貿易の利益は、工業品の開発につぎ込まれ、会社名の由来にもなる「聯想式漢字カード」（PCに接続する単語変換機）等の製造も手がけ、ついには、独自ブランドでPCを製造するまでに技術力を向上させたのである。

◆新時代の民族の誇りの象徴

他の有力企業や起業家が経済犯罪等で投獄されたり、失脚したりすることも少なくない中、聯想は何度となく危機を乗り越えてきた。

今や、聯想は政府の強力なバックアップのもと、民族の誇りの象徴にまで押し上げられた感すらある。

◆世界ブランド足りえるか

中国を代表するブランドである聯想は、世界を代表するブランドLenovoとして挑戦を続けている。世界レベルの競争で、同社が並みいる巨人と渡り合っていけるのかは、中国の明日を占う上でも目が離せない。

6章

経営と財務・会計・税務の関係

- 国際会計基準（IAS）の意義
- キャッシュフロー経営とは
- キャッシュフロー計算書の内容
- 価値創造経営（VBM）をめざす
- 連結決算の必要性とすすめ方
- 連結貸借対照表の読み方
- 連結損益計算書の読み方
- 時価会計、減損会計適用の影響
- ROI（投下資本利益率）とROE（株主資本利益率）
- 損益分岐点の活用のしかた
- 法人税と税効果会計

1 国際会計基準（IAS）の意義

財務諸表の適正な表示を行なうため、国際会計基準に基づいた会計処理が必要

企業会計と国際会計基準

金融・経済のグローバル化にともない、企業会計も国際会計基準（IAS）が世界共通の会計ルールに変わりつつあります。

国際会計基準は、1973年に国際会計基準委員会が設立され、世界各国の職業会計人の団体がメンバーとして参加し、「世界共通の会計基準」としてまとめられたものです。

この国際会計基準委員会は、もともと民間団体による設立で、強制力はありませんが、2000年5月に証券監督者国際機構により承認されました。世界の証券市場を監督している国際機関であり、日本では、金融庁がこの証券監督者国際機構のメンバーです。

国際会計基準委員会に加盟している国は、自国の会計基準を国際会計基準に合わせていく必要があります。

会計のグローバル化

金融機関の相次ぐ不祥事や粉飾決算など、バブル崩壊後の後遺症がいつまでも続き、日本の企業の情報開示が不十分なため多くの問題が発生することになり、〝会計ビッグバン〟としてIASが導入されました。

IASでは、不祥事などが起きないように、企業の業績や財政状態を公正に計算し、利害関係者に必要な情報を適正に開示するよう求めています。

IASの基本的な考え方は、企業の実態を、特に投資家に対して適正に表示することです。

財務諸表のすべてが、IASの基準に準拠していることが「適正表示」の必要条件となります。

IASのルール

IASのルールで大きな特徴は、「時価会計」の導入です。

従来の日本の企業会計のルールでは、土地や株式などは、取得したときの価額で財務諸表を作成する「原価主義」によって処理されていました。

たとえば、土地や株式などが値下がり、あるいは値上がりをしても、簿価（帳簿価額）で評価されていましたから、その土地や株式の含み損や含み益は、貸借対照表を見ても読み取ることができず、正確な財産の

経営用語&ミニ知識

国際会計基準　英語で表記すると、International Accounting Standardsで、略して「ＩＡＳ」。世界中の企業が準拠すべき会計基準のグローバルスタンダードを指す。ERP（統合業務）パッケージを導入することにより、簡単にIASに対応できることから、日本においてのERPパッケージの普及が進んだ。

◆IASによる適正表示◆

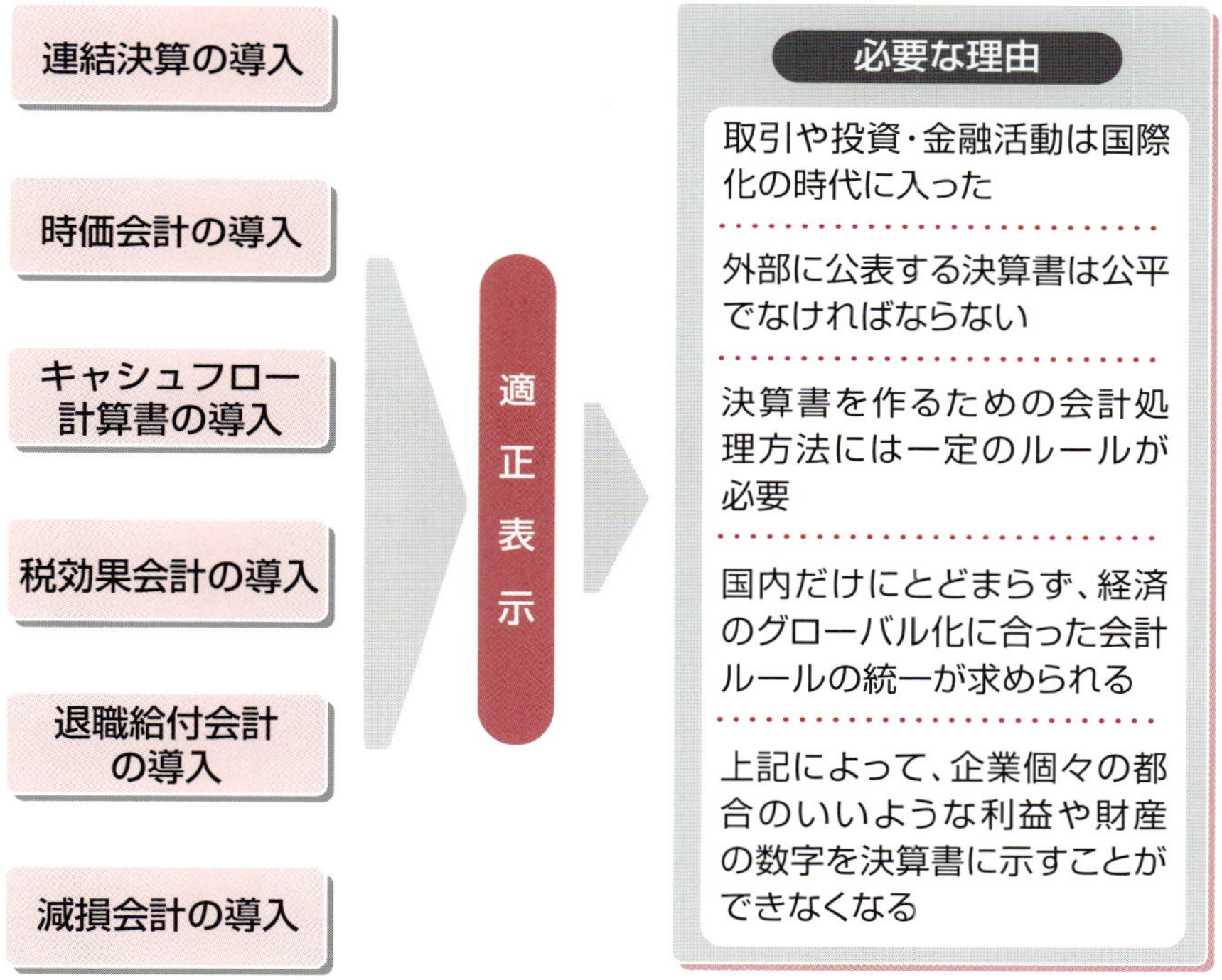

連結決算の導入
時価会計の導入
キャッシュフロー計算書の導入
税効果会計の導入
退職給付会計の導入
減損会計の導入
適正表示
必要な理由
取引や投資・金融活動は国際化の時代に入った
外部に公表する決算書は公平でなければならない
決算書を作るための会計処理方法には一定のルールが必要
国内だけにとどまらず、経済のグローバル化に合った会計ルールの統一が求められる
上記によって、企業個々の都合のいいような利益や財産の数字を決算書に示すことができなくなる

価値をつかむことができませんでした。

一方、時価会計は、土地や株式などの評価をその時点の実勢価格で計上しますから、適正な財務諸表を公開することができます。

日本では、国際会計基準によって、連結決算の導入、キャッシュフロー計算書の作成、税効果会計の導入、退職給付会計の導入、さらに減損会計がすでに導入されています。

１９７３年から準備されてきたＩＡＳですが、日本でも２０００年から導入することになりました。対象となるのは国際企業だけでなく、中小企業にもＩＡＳによって企業会計を実施し、信頼できる財務諸表の適正表示が求められています。

2 キャッシュフロー経営とは

利益は会計の計算上のもので、実際に現金等が手元にあるわけではない

キャッシュフローとは

キャッシュフローとは、現金や現金と同等のものの出入りをいいます。キャッシュフローは利益と異なり、操作の余地が少ないため、適正な経営にはきわめて有効な指標となります。

キャッシュフローを正確に把握することにより、「勘定合って銭足らず」や「黒字倒産」など、経営の不透明性が解消されます。

利益とどこが違うか

利益はオピニオンであり、キャッシュは事実であるといわれています。利益は、会計基準に従って計算すればこうなる、というものですが、一方、キャッシュフローは、実際の現金の流れを意味しているため、「嘘のつきようがない」というわけです。

利益の計算は、発生主義という会計処理によりますから、たとえば請求書を発行した時点で売上が確定する売掛金など、会計上は利益に上がっても現金が入ってこないものがあります。また、減価償却費や各種の引当金の繰入額のように、費用には計上しても、現金の支出が発生しないノンキャッシュ費用があります。このため、キャッシュフローと利益は一致しません。

利益は計算期間を区切って測定しますから、会計上の利益で経営の意思決定を行なうと判断を誤ってしまう可能性があります。経営の意思決定は中・長期的な観点から行ないますから、会計上の利益よりキャッシュフローをもとに判断するほうが適しているわけです。

キャッシュフローの重視

キャッシュフローを重視する経営のほうが適正である理由としては、次のものがあげられます。

①利益は資産の評価や取引の売買方法によって、ある程度操作できるが、キャッシュは操作しにくい。

②利益の計算期間は1年単位であるが、キャッシュは中・長期の計算期間になる。

③土地や株式などの含み益や含み損で利益は増減するが、キャッシュは実際に手元にあるかどうかで判断できる。

④キャッシュを増やすには、効果的

経営用語＆ミニ知識

黒字倒産　いくら多くの売上があっても、それが未収金なら、集金しなければ仕入先への支払いも滞る。また、手形を切っている場合には、不渡りになって倒産してしまう。そういったことから、資金繰りは利益を上げることと同じくらい重要といえる。

◆キャッシュフロー重視の経営のメリット◆

信頼性	利益は操作できるが、キャッシュは操作できない
効率性	早期回収や回転率を意識するようになる
必要性	間接金融から直接金融への切り換えにともない、現金を自ら確保する必要がある
市場の目	株式市場がキャッシュフローの重要性に注目した
短期化	商品寿命の短期化により、資金回収も短期化せざるを得なくなり、キャッシュフローがますます重要になった
実力重視	経営者や企業の本当の実力で競争できる

な投資が不可欠であり、そのために売掛金の早期回収や在庫の削減など、経営の効率化につながる。

⑤キャッシュフロー経営によって、経営者の本当の実力が問われる。

健全な資金繰りのポイント

キャッシュフローとは、現金の出し入れを表わしたものですから、上手なキャッシュフロー経営とは「健全な資金繰り」が基本です。

そのためには、次の4点をしっかり押さえておく必要があります。

- 入るを量って出ずるを制す
- 勘定あって銭足らずのカラクリをつかむ
- 資金調達と運用のしくみの確立
- 運転（短期）資金と固定（長期）資金を区分

3 キャッシュフロー計算書の内容

キャッシュフローは、営業・投資・財務キャッシュフローの3つに分かれる

キャッシュフローにも3種類ある

国際会計基準では、キャッシュフロー計算書（C／F）を、貸借対照表や損益計算書と同等の基本財務諸表の1つとして重要視し、開示するように求めています。そして、その流れに合わせ、日本でも、大会社などは1999年4月以降に始まる会計年度より、キャッシュフロー計算書を開示することが義務づけられました。

貸借対照表からは、ある時点の会社の財産の額、損益計算書からは、一定期間の損益の額がわかります。一方、キャッシュフロー計算書からは、一定期間のお金の出入り（キャッシュフロー）が導き出せます。キャッシュフローがわかれば、企業の活動内容や財務内容をよりくわしく知ることができるわけです。

実務的には、キャッシュフローは次の3つに区分して把握することになります。

①営業キャッシュフロー
②投資キャッシュフロー
③財務キャッシュフロー

営業キャッシュフローとは

本来の営業活動から得られるキャッシュフローのことを、営業キャッシュフローといいます。営業キャッシュフローの増減がマイナスなら、会社の財産などを取り崩して補てんしなければなりません。しかし、短期間ならそれで間に合っても、いずれ財産がなくなった時点で会社はつぶれてしまいます。

したがって企業経営は、まず、本来の営業活動でキャッシュフローをプラスにすることが大前提となるわけです。

投資キャッシュフローとは

現在の事業を維持するために設備投資や新規事業に投資したり、株式などに投資したりと、企業はいろいろな投資活動を繰り返しています。

投資キャッシュフローとは、この資金の流入のことを指します。

健全な経営の理想は、営業活動で獲得した営業キャッシュフローを現在の事業を維持するために投資し、残ったキャッシュ（フリー・キャッシュフロー）を、将来の発展のために投資するという姿です。さらに、財務内容の改善や株主還元のために

経営用語&ミニ知識

貸借対照表・損益計算書　企業・事業体などのある時点における財務諸表を貸借対照表という。また、企業・事業体などのある一定期間の純利益（純損失）を算出した計算書を損益計算書という。詳細は156、158ページを参照。

◆キャッシュフロー計算書の中身◆

1　営業キャッシュフロー

本来の営業活動から生じるキャッシュフローの増減

- 税引前利益
- 減価償却費
- 貸倒引当金増加額
- 売上債権の増加額
- 棚卸資産減少額
- 仕入れ債務減少額
- 利息・配当受取額
- 利息支払額
- 法人税等の支払額
- etc.

＋

2　投資キャッシュフロー

投資活動から生じるキャッシュフローの増減

- 有価証券の取得による支出
- 有価証券の売却による収入
- 有形固定資産の取得による支出
- 有形固定資産の売却による収入
- 投資有価証券の取得による支出
- 投資有価証券の売却による収入
- 貸付けによる支出
- 貸付金の回収による収入　etc.

＋

3　財務キャッシュフロー

財務活動から生じるキャッシュフローの増減

- 短期借入れによる収入
- 短期借入金の返済による支出
- 長期借入れによる収入
- 長期借入金の返済による支出
- 社債の発行による収入
- 社債の償還による支出　etc.

＝

会社のキャッシュフローの増減

キャッシュを使えればなおよいでしょう。

●財務キャッシュフローとは

財務キャッシュフローは、財務活動のキャッシュの出入りを示しています。ここをみれば、財務体質や株主への会社の姿勢などがわかります。

営業キャッシュフローより投資キャッシュフローが大きいと、会社の資産を取り崩したり、新たに借金や増資などの財務活動をしなければなりません。逆に、営業キャッシュフローが投資キャッシュフローより大きいと、資金的に余裕があり、財務体質を強くすることができます。

4 価値創造経営（ＶＢＭ）をめざす

企業価値を測定する有効な経営指標には、ＥＶＡとＭＶＡがある

価値創造経営とは

ＶＢＭ（Value Based Management）は、価値創造経営という意味であり、企業の価値を高めていく経営をいいます。

一般的に企業の価値は、将来にその企業が獲得すると期待されるフリー・キャッシュフローの現在価値に求められます。この企業価値が投下資本を上回ることができれば、価値の創造、逆に下回ることになれば価値の破壊がなされたということになります。

企業価値を高めるためには、キャッシュフローを増やすための経営が必須条件となります。

価値創造経営では、企業価値シミュレーション・モデルを使って、戦略代替案が企業価値に与える影響を評価し、投下資本の意思決定に役立てます。

企業価値を測定する有効な経営指標にはＥＶＡとＭＶＡがあります。

ＥＶＡ（経済付加価値）とは

ＥＶＡ（Economic Value Added）は経済付加価値といわれ、米国のスターン・スチュワート社が開発したものです。税引後営業利益から資本コストを差し引いて計算します。

なお、企業価値はキャッシュフローベースで計算しますから、税引後営業利益に減価償却費を調整してキャッシュ利益を算定します。

一方、資本コストは、自己資本に対する期待収益率と、他人資本に対する借入金や社債利息となります。

しかし、自己資本コストをどのように決めるかということになると、実際のところ、なかなかむずかしい面があり、結局は経営者の判断によることになります。判断の基準としては現行の金利、予想収益率、リスクの程度などによって総合的に決めていくことになります。

ＭＶＡ（市場付加価値）とは

ＭＶＡ（Market Value Added）は市場付加価値といわれ、企業の株式の時価総額から総資本の金額を差し引いて計算します。

ＭＶＡは、市場が企業の資本に対して加えた企業価値、つまり、企業の収益力や財務力など、企業の総合力を市場がどれだけの企業価値で評

経営用語&ミニ知識

現在価値　たとえば、5年後に得られる資金が現時点において、いくらかということ。たとえば、金利が5%で、5年後に得られる資金が100とするならば、現在価値は78（現在価値＝100/（1+0.05）^{5}≒78）となる。

◆EVA（経済付加価値）の考え方◆

EVA ＝ 税引後の営業利益 － 資本コスト

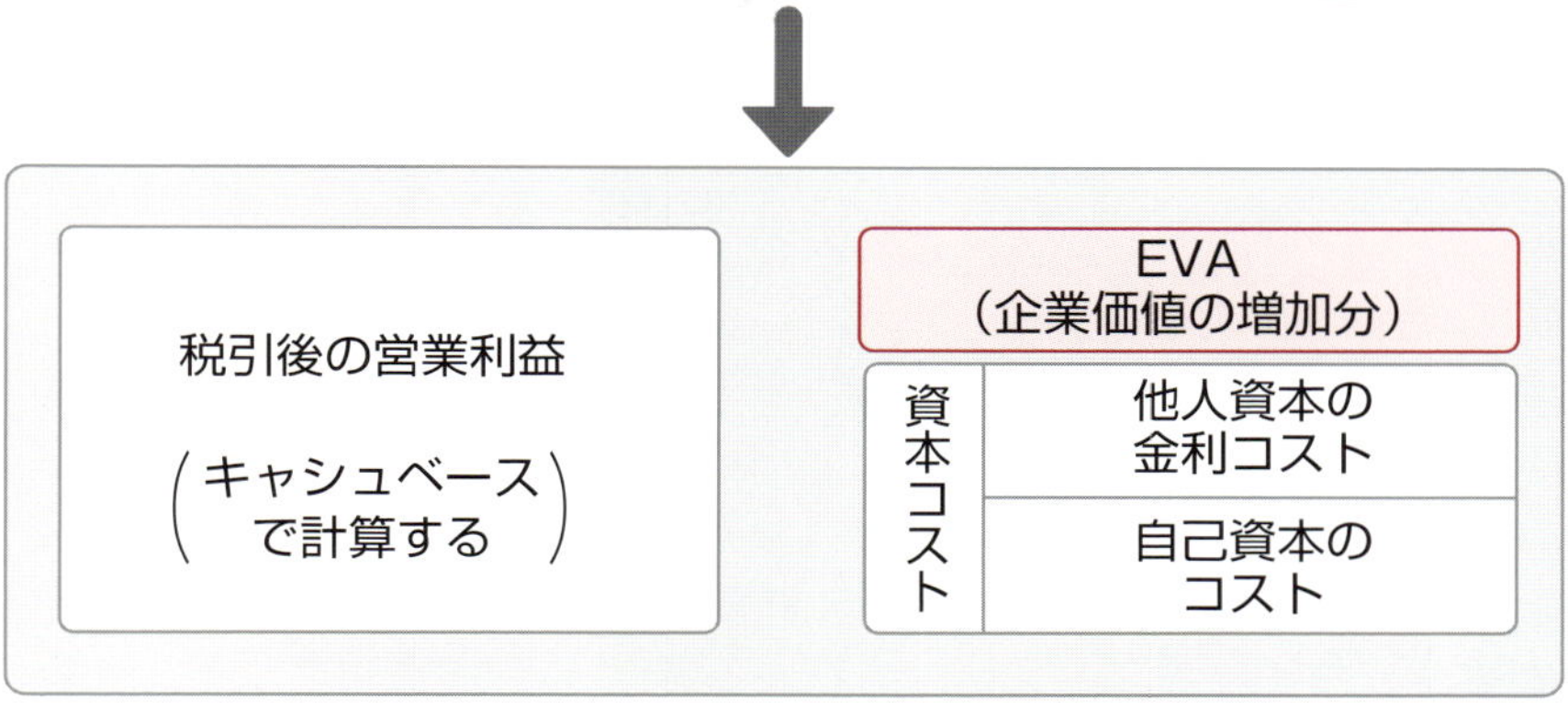

◆MVA（市場付加価値）の考え方◆

MVA ＝ 株式の時価総額 － 総資本額

株式の時価総額は、発行済み株式総数に現在の株価を掛け合わせたものです。ですから、現在の株価から将来のEVAを予想することもできるようになります。

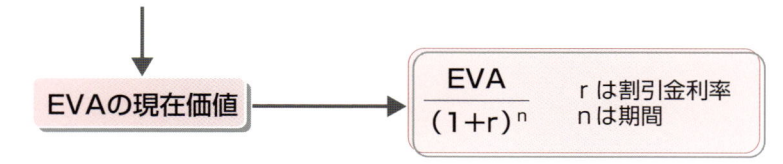

EVAの現在価値 → $\dfrac{EVA}{(1+r)^n}$　rは割引金利率　nは期間

価しているのかを示すものですから、実際には株価となります。

企業の総資本よりも、株価の時価総額が多いということは、投資家がその会社の将来に、それに見合うだけの収益性と成長力を期待しているということになりますから、理論的にはEVAの現在価値ということです。

5

連結決算の必要性とすすめ方

一定の子会社や関連会社とは連結決算を行ない、連結財務諸表を作成する

連結決算はなぜ必要か

企業が成長していくと、それにともなって子会社や関連会社が増えてきます。

そこで、子会社を含めた企業グループ全体としての経営状態を把握し、開示していくことが経営管理上、国際的にも求められています。

このように子会社を含めた、企業グループ全体の決算書をつくることを「連結決算」といいます。

連結財務諸表の種類

企業グループの中で、それぞれの会社の決算書を個別決算書、企業グループ全体の決算書を連結決算書といい、決算書は別名「財務諸表」と呼ばれます。

連結財務諸表には、主要なものとして連結貸借対照表、連結損益計算書、連結株主資本等変動計算書、連結キャッシュフロー計算書があります。

関連会社とは

連結決算の対象となる企業グループには、親会社、子会社、関連会社があり、これらをまとめて「関係会社」といいます。

連結の対象となる子会社は、50％を超える株式を所有している会社で、これには、親会社が直接に所有している子会社と、子会社が直接に所有している孫会社も含まれます。

また、50％以下の所有であっても、実質的な議決権を所有している場合も関係会社に含まれます。

一方、関連会社とは20％を超える株式を所有している会社のことをいい、直接的には連結の対象にはなりませんが、間接的には「持分法」という考え方によって関係会社の対象の範囲となります。

連結決算の処理事項

企業グループの連結財務諸表を作成するには、親会社と連結子会社および持分法による会社を「連結」することになります。

この場合、グループ内の会社同士の売買取引や貸し借りは、お互いに差し引いて（相殺）、消し合う（消却）手続きが必要になります。これらを「連結財務諸表作成のための基本となる事項」といい、9つの基本事項があります。

①**連結子会社の範囲**……連結の対象

経営用語&ミニ知識

資本の範囲　これまで株主資本・自己資本・純資産の範囲は同じだったが、会社法に基づき「資本の部」が廃止され、「純資産」の部が新設された。自己資本は純資本から新株予約権と少数株主持分を除いた全額を指し、従来の資本の部に近似している。

◆連結財務諸表作成のための基本となる事項◆

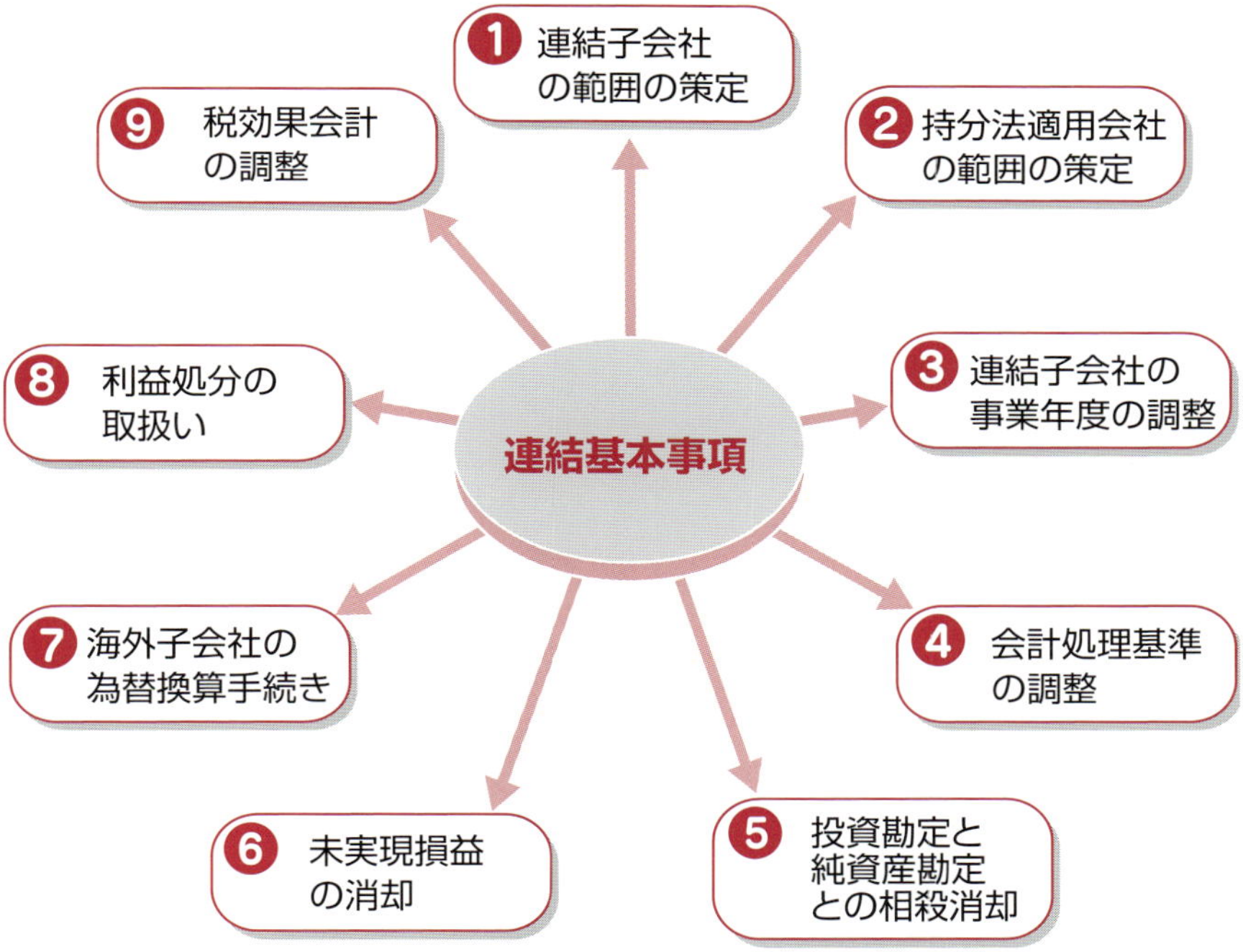

となる子会社と、対象にならない非連結子会社を判定します。

②**持分法適用会社の範囲**……関連会社については持分法を適用します。

③**連結子会社の事業年度**……子会社の決算日が親会社の決算日と違うときは、親会社の決算日で仮決算をします。

④**会計処理基準**……有価証券やたな卸資産などの評価法、有形固定資産の減価償却の方法などの会計処理を確認します。

⑤**投資勘定と純資産勘定との相殺消却**……親会社等の投資勘定と子会社の純資産勘定を相殺消却します。

⑥**未実現損益の消却**……グループ間の取引によって発生した内部損益は、未実現損益として消却します。

⑦**海外子会社の為替換算手続き**

⑧**配当金や役員賞与など利益処分の取扱い**

⑨**グループ内での税効果会計の調整**

6

連結貸借対照表の読み方

通常の貸借対照表としくみは同じだが、連結調整勘定や少数株主持分などの項目がある

貸借対照表とは

貸借対照表（バランス・シート）とは、ある時点における企業の財政状態を示す財務諸表をいいます。

貸借対照表は、資産・負債・純資産の3つの部分で構成されており、「資産＝負債＋純資産」の関係にあります。

資産・負債・純資産とは

資産とは、企業の営業活動に用いられる財貨や権利など、いっさいの財産をいいます。

また、資産はその財産が1年以内に現金に換わるかどうかで、流動資産と固定資産に区分します。

さらに、固定資産は、土地・建物・機械などの有形固定資産、特許権や営業権などの無形固定資産、投資有価証券や出資金などの投資等、社債発行費などの繰延資産に区分されます。

負債とは、企業が将来支払わなければならない債務をいい、支払期限が1年以内のものを流動負債、1年を超えるものを固定負債として区分します。

純資産とは、資産と負債の差額をいい、株主が払い込んだ資本金や、企業が稼ぎ出した利益の留保額などがあります。

連結バランス・シートの作成

連結貸借対照表は、まずは連結会社の個々の貸借対照表を科目別に単純に合計します。

次に、企業グループの中の内部取引である連結会社間の債権と債務、あるいは親会社の投資勘定と子会社の純資産勘定を消却していきます。

さらに、連結貸借対照表に発生する特殊なものとして「連結調整勘定」（図の※1）があります。たとえば、営業権の譲り受けや企業買収など、通常より高く買った場合の未償却残高で、投資償却差額を償却がすむまで処理する勘定です。

また、連結子会社の株式所有のうち、第三者による子会社の持分は「少数株主持分」（図の※2）となります。たとえば、子会社の株式の20％を第三者（親会社以外の会社）が持っているときに、子会社の純資産の部の20％は、少数株主持分として連結貸借対照表の負債の部の最後に表示します。

経営用語&ミニ知識

貸借対照表　英語で表記すると「Balance Sheet」（バランス・シート）で、略して「B/S」（ビーエス）ともいう。左側の資産と、右側の負債＋純資産の金額は必ず一致する。借方・貸方の両面から分析でき、企業の安全性や流動性を判断するために使われる。

◆連結貸借対照表のしくみ◆

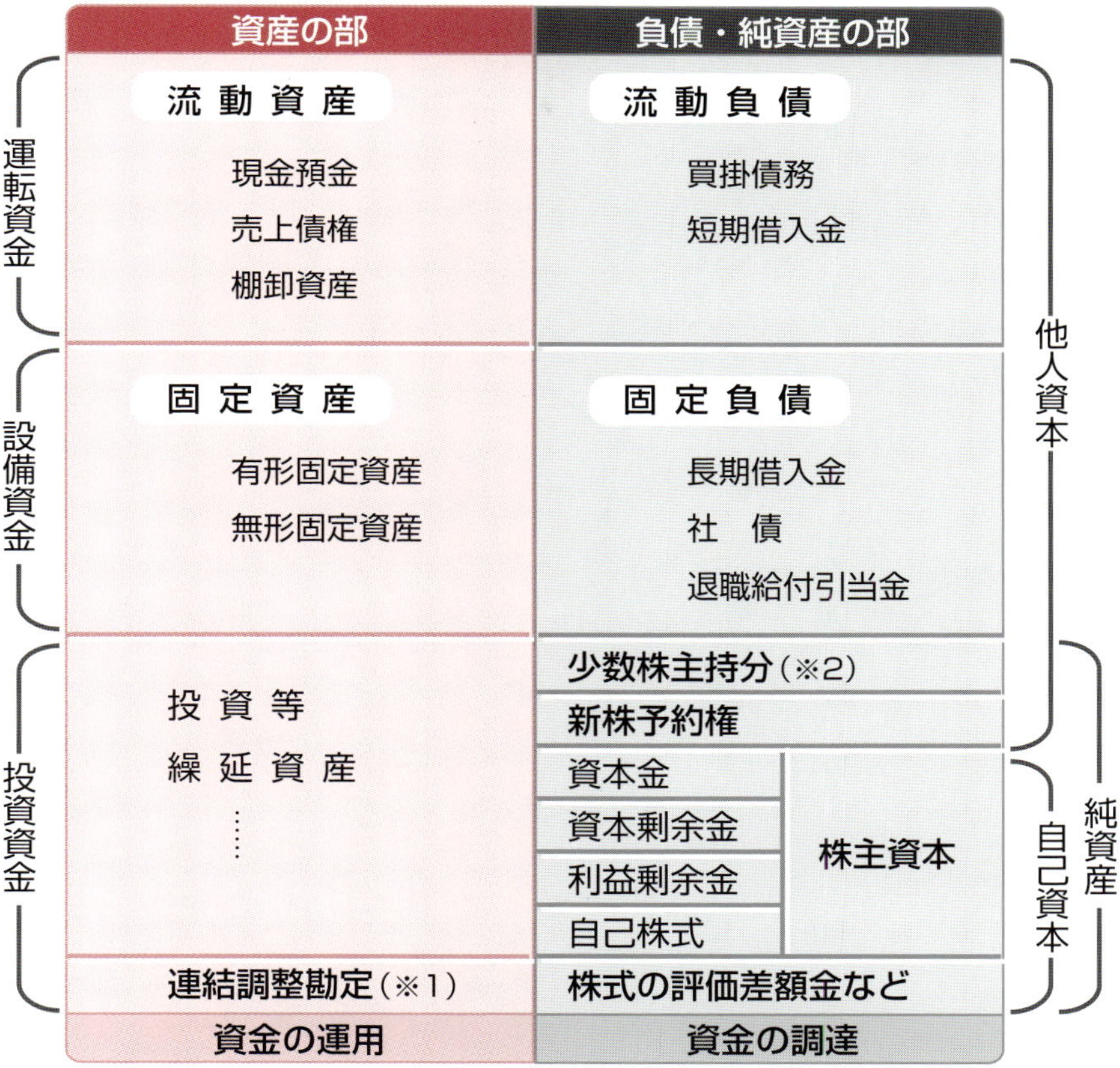

資金の調達と運用

貸借対照表は、企業の財産状態を示すと同時に資金の状態も示します。

貸借対照表の右側には、資金の調達状況が示されています。つまり、負債は他人からの資金調達、純資産は自前の資金によるもので返済する必要がない自己資本と一部の他人資本です。

一方、貸借対照表の左側は、資金の運用を表わしています。たとえば、流動資産は運転資金、固定資産は設備資金、投資等は投資資金に使われていることを示しています。

つまり、自己資本や他人資本を調達して、どのように資金を運用しているかという財務の状況を表わしているわけです。

7 連結損益計算書の読み方

通常の損益計算書としくみは同じだが、少数株主損益などの項目がある

●損益計算書とは

損益計算書とは、ある一定期間の企業の経営成績を示す財務諸表をいいます。そして、企業の経営成績は、3つの収益と4つの費用に区分して利益を計算します。

収益は、売上高・営業外収益・特別利益に3区分でき、費用は、売上原価・販売費及び一般管理費・営業外費用・特別損失に4区分します。

●5つの利益

損益計算書は、3つの収益と4つの費用をもとに、それぞれ5つの利益に区分します（図参照）。

①売上総利益

売上高から売上原価を差し引いたもので、商品が稼ぎ出した利益をいい、「粗利益」ともいいます。

②営業利益

売上総利益から販売費及び一般管理費を差し引いたもので、営業活動によって稼ぎ出した利益です。

③経常利益

営業利益に営業外損益（営業外収益と営業外費用）を加算・減算したもので、経営活動によって稼いだ利益です。

④税引前当期純利益

経常利益に特別損益(特別利益と特別損失)を加算・減算した利益です。

⑤当期純利益

税引前当期利益から税金を支払った残りの利益で、単に「純利益」ともいいます。

●連結損益計算書作成のステップ

連結損益計算書は、グループ全体の経営成績を示しています。この連結損益計算書を作成するステップは、次のとおりです。

①まず、親会社と連結子会社のそれぞれの損益計算書を単純に科目ごとに合計します。

②次に、連結会社間の売上や仕入などの内部取引を消却します。

③内部取引によって在庫や固定資産として残っている未実現利益を消却します。

④連結子会社の株式のうち、親会社の持分でない少数株主の損益については控除します。

⑤関連会社の持分法適用会社の当期純利益のうち、親会社の持分に相当する損益を加算します。

経営用語&ミニ知識

損益計算書　英語で表記すると「Profit & Loss Statement」で、略して「P/L」（ピーエル）ともいう。売上高から順に計算していくと利益を導き出せる。企業のその期の活動結果としてどれだけ収益があり、費用がどれだけかかって儲かったかが一覧できる。

◆連結損益計算書のしくみと作成手順◆

営業損益	売上高
	売上原価
	売上総利益
	販売費及び一般管理費
	営業利益
営業外損益	営業外収益
	営業外費用
	経常利益
特別損益	特別利益
	特別損失
税引前当期純利益	
法人税、住民税	
少数株主損益（※1）	
持分法による投資損益（※2）	
当期純利益	

作成のステップ

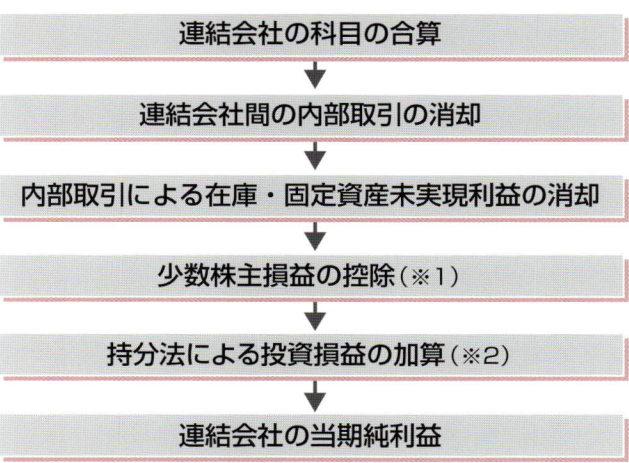

連結会社の科目の合算

↓

連結会社間の内部取引の消却

↓

内部取引による在庫・固定資産未実現利益の消却

↓

少数株主損益の控除（※1）

↓

持分法による投資損益の加算（※2）

↓

連結会社の当期純利益

※は項目の対応をさしています

8

時価会計、減損会計適用の影響

売買目的等の有価証券には金融商品会計、土地・建物等には減損会計が適用される

時価会計は国際的な流れ

日本的経営の特徴の1つである「含み益経営」の適正化や、国際的な会計基準の統一化の動きにより、会計ビックバンが進められました。企業のバランス・シートの資産評価にかかわる項目として、2001年より「時価会計」、2005年より「減損会計」が適用されることになったのです。

それまでは、資産を取得したときに支払った対価で評価する「取得原価主義」によって、貸借対照表を作成していましたが、時価によって評価することになりました。時価主義というのは、常に現在の価値を評価して、その額で計上するということです。

金融商品会計は時価による

企業のバランス・シートの流動資産には、現預金、有価証券、売掛債権、棚卸資産などがありますが、これらの資産のすべてに時価会計が適用されるということではありません。

基本的には、取得原価主義の枠組みのもとで、明確に時価といえる市場価格が存在する「有価証券」に的を絞って時価評価を行なうという、「金融商品会計」の導入という形で行なわれています。

実務的には、有価証券の評価ルールとして時価会計が導入されましたが、すべての有価証券が適用されるわけではありません。売買目的の有価証券と、いわゆる持ち合い株式が該当し、満期保有目的の債券やグループ会社の株式には適用されません。

つまり、有価証券の中でも市場価格が存在するものに限って、時価会計が適用されるということです。

減損会計の適用

減損会計とは、土地、建物、設備などの固定資産の収益性が低下し、その資産に減損の兆候が認識された場合、帳簿価額を回収可能価額まで減額するという会計ルールです。

なお、帳簿価額とは、固定資産のうち建物や設備などについて、取得価格から減価償却累計額を差し引いた価額をいいます。ただし、土地などの非償却資産は取得価格のままです。

経営用語&ミニ知識

含み益経営がもたらしたもの　「含み益経営」とは、土地や株式の含み益を担保として借金をして、事業拡大をする経営手法。西武鉄道グループやダイエーがバブル期にこの手法で事業を拡大したが、バブル崩壊によって地価が大幅に下落したことで経営が困窮した。

一方の帳簿価額、回収可能価額とは、正味売却価額と将来見込まれるキャッシュフロー現在価値の、いずれか高いほうの金額となっています。

減損会計が適用される固定資産の範囲は、土地、建物、機械設備などの有形固定資産と「のれん」などの無形固定資産および投資不動産です。

◆時価会計・減損会計の適用範囲◆

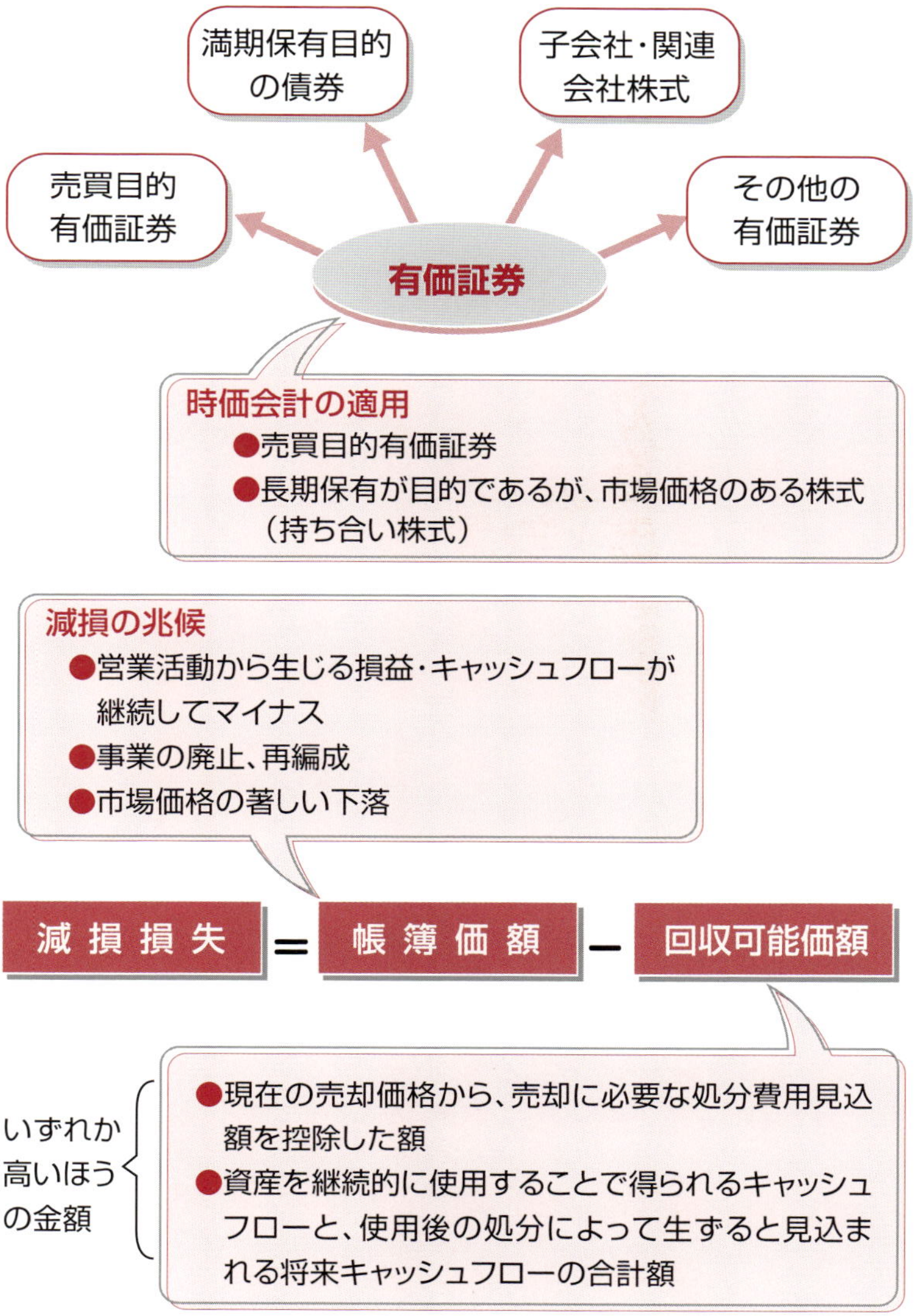

満期保有目的の債券
子会社・関連会社株式
売買目的有価証券
その他の有価証券
有価証券
時価会計の適用
●売買目的有価証券
●長期保有が目的であるが、市場価格のある株式（持ち合い株式）
減損の兆候
●営業活動から生じる損益・キャッシュフローが継続してマイナス
●事業の廃止、再編成
●市場価格の著しい下落
減損損失 ＝ 帳簿価額 － 回収可能価額
いずれか高いほうの金額
●現在の売却価格から、売却に必要な処分費用見込額を控除した額
●資産を継続的に使用することで得られるキャッシュフローと、使用後の処分によって生ずると見込まれる将来キャッシュフローの合計額

9

ROI（投下資本利益率）とROE（株主資本利益率）

投資に対する利益の比率の指標は経営効率や投資家の業績評価のモノサシとなる

ROI・ROEとは

ROI（Return on Investment＝投下資本利益率）とは、企業が保有している総資本でどれだけの利益を稼いでいるかをみるものです。

一方、ROE（Return on Equity＝株主資本利益率）とは、投資家からみた企業の業績評価のモノサシです。

いずれも、投資に対する利益の割合をみるもので、財務諸表分析の総合的な評価指標となります。

経営効率をみるROI

一般的にROIは「総資本に対する経常利益（経常利益÷総資本）」で求め、会社が所有している総資本でどれだけの利益を稼いでいるかを表わす、企業の総合的な収益性をつかむ重要な業績評価の指標です。

この比率が高ければ高いほど、投資効率がよいことを表わしています。

投下資本利益率（総資本経常利益率）は「売上高経常利益率」と「総資本回転率」に分解することができます。

売上高経常利益率は、売上高に対する利益の割合をみるもので、企業の収益性を表わします。一方の総資本回転率は、売上高を上げるために資本がどれだけ使われたかという、投下した資本の効率を示します。

①売上に対する利益を高める活動

企業の収益性を高め、効率のよい経営を行なうためには、まず、経常利益を増やさなければなりません。そのためには、売上総利益・営業利益・経常利益それぞれの利益をチェックする必要があります。

②資本の効率を高める活動

総資本回転率とは、企業に投下された資本が1年間の売上高として何回、回収されたかを示すもので、資本の回収速度および資本の利用効率を表わしています。総資本回転率は高ければ高いほどよいことになります。

投資家のためのROE

ROEは「株主資本に対する税引後利益（税引後利益÷株主資本）」で求め、株主の持分である株主資本でどれだけの税引後の純利益を稼いでいるかを示しています。株主や投資家にとって重要なモノサシです。

経営用語&ミニ知識

ＲＯＡ　企業が所有している総資産が、利益獲得のためにどれだけ有効活用されているかを示す財務指標としてＲＯＡ（Return on Assets＝総資産利益率）がある。企業の収益効率を判定する指標として、ＲＯＥとともによく利用されている。

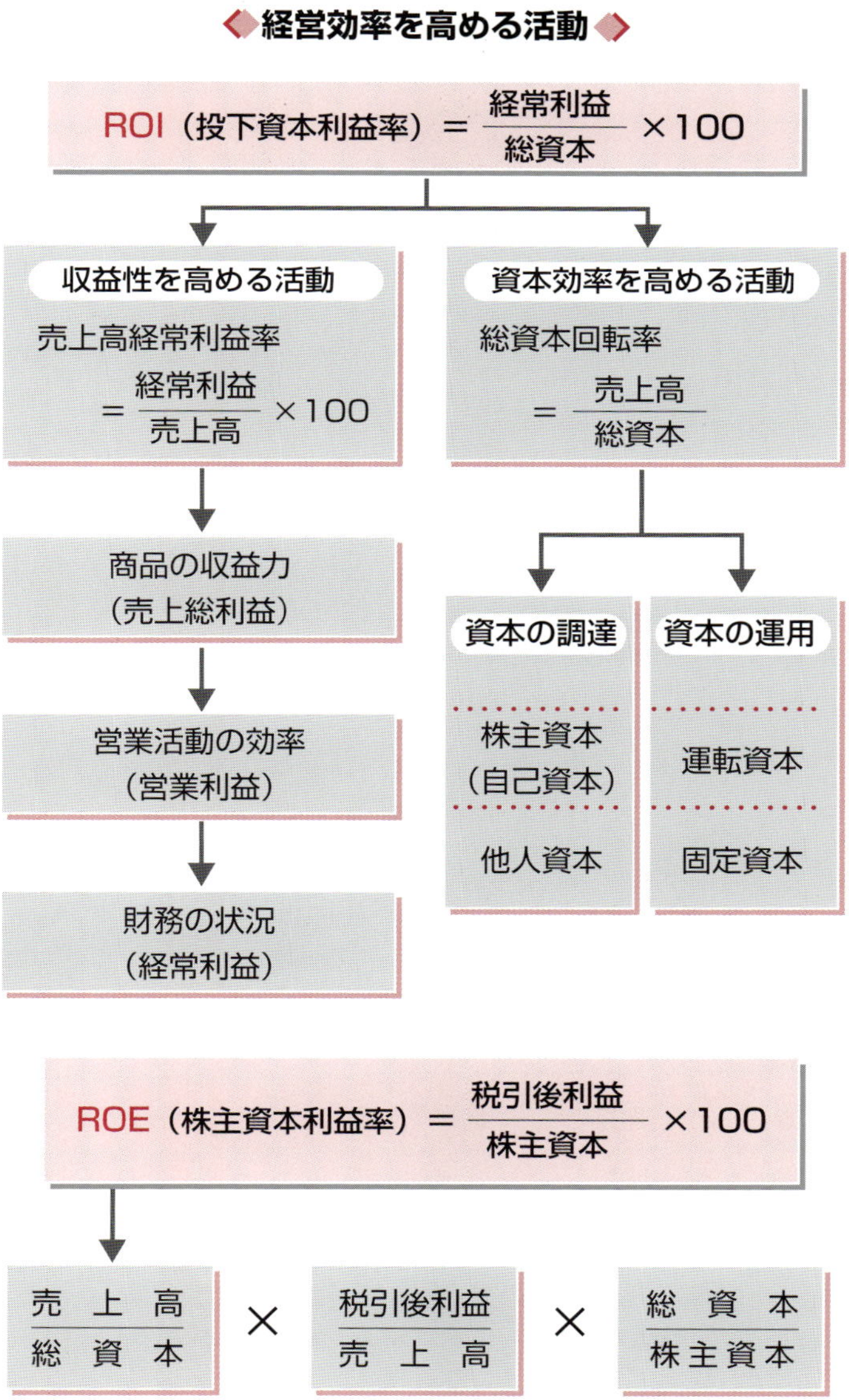

ＲＯＥは、株主資本が効率的に運用されているか否かを示す指標です。ＲＯＥの向上は、内部的には各事業の資本効率の向上にかかってきますから、企業はＲＯＥの向上に努めなければなりません。

つまり、より少ない株主資本でより多くの利益を生むことで、ＲＯＥは向上しますが、あまりにＲＯＥにこだわって、短期的にＲＯＥを向上させたとしても、必要な投資を抑えることになってしまいます。資本効率の高い事業への積極的な投資をうながすためのＲＯＥ経営が日本でも重要視されるようになりました。

10

損益分岐点の活用のしかた

経営体質の改善は、損益分岐点比率をいかに引き下げるかがポイント

損益分岐点とは

損益分岐点とは、「利益がゼロになる売上高」、つまり、収益と費用とが等しくなって損益がトントンになる売上高、いわゆる採算点をいいます。

さらに、損益分岐点売上高（損益がトントンになる売上高）が実際の売上高のどれだけに相当するかを示す比率を「損益分岐点比率」（損益分岐点売上高÷実際の売上高）といいます。

この損益分岐点比率が低いほど、売上高の減少に対する抵抗力が強く、収益力が高いことを意味します。

販売不振などで売上高が損益分岐点を下回ると赤字となります。そこで赤字に転落しないために、企業はまず売上を伸ばす努力をし、さらに費用の削減に努めることになります。

損益分岐点の計算

損益分岐点を算出するには、まず、費用を「変動費」と「固定費」に区分することが必要です。

変動費とは、売上高の増減に比例して発生する費用であり、材料費、外注加工費、商品仕入高などが該当します。

一方、固定費とは、売上高の増減に関係なく発生する費用であり、人件費や減価償却費、家賃などが該当します。

変動費を売上高で割った比率を「変動費率」といい、売上高から変動費を差し引いた額を「限界利益」といいます。そして、この限界利益を売上高で割った比率は「限界利益率」です。

損益分岐点は、固定費を限界利益率で割ると算出されますが、グラフで求めることもできます。

体質改善への4つのアプローチ

損益分岐点比率は、企業の安全余裕率を示し、不況に対する抵抗力を表わします。経営体質を強化して、収益力を高めるためには、損益分岐点比率をいかに引き下げるかがポイントになります。

このためには、次の4つのアプローチが必要になります。

①**売上高の増加**……売上高は売価と数量で決まりますから、まずは値引しないこと、次に市場開拓によ

経営用語&ミニ知識

不況時には引き下げられる損益分岐点売上高　損益分岐点とは、売上高とそれを達成するために必要とした総費用とが合致し、利益も損失も生じない状況をいう。バブル崩壊後には景気不況が長期化かつ深刻化したため、経営のリストラによって、損益分岐点売上高の引き下げを図る企業が続出した。

◆損益分岐点比率の改善◆

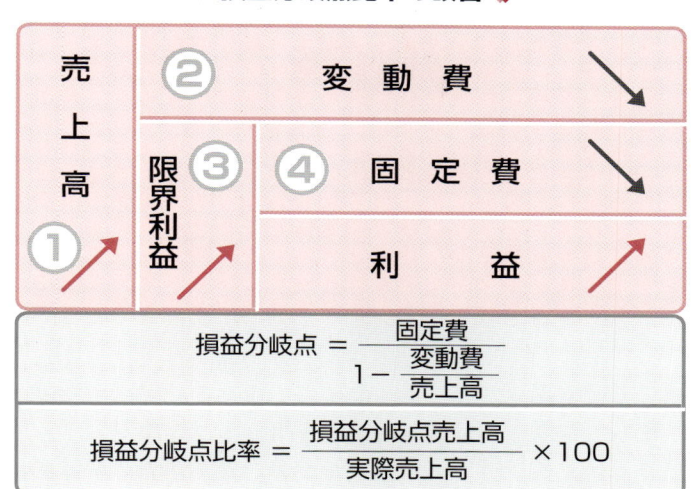

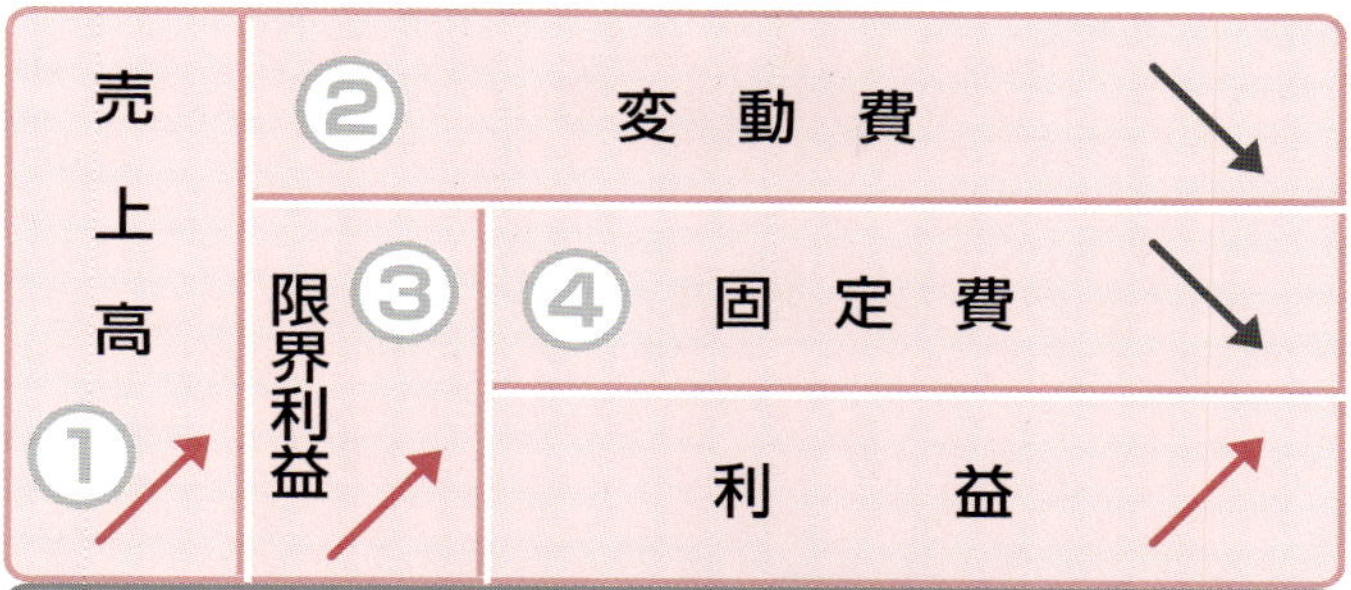

$$損益分岐点 = \frac{固定費}{1 - \frac{変動費}{売上高}}$$

$$損益分岐点比率 = \frac{損益分岐点売上高}{実際売上高} \times 100$$

◆損益分岐点はどこか◆

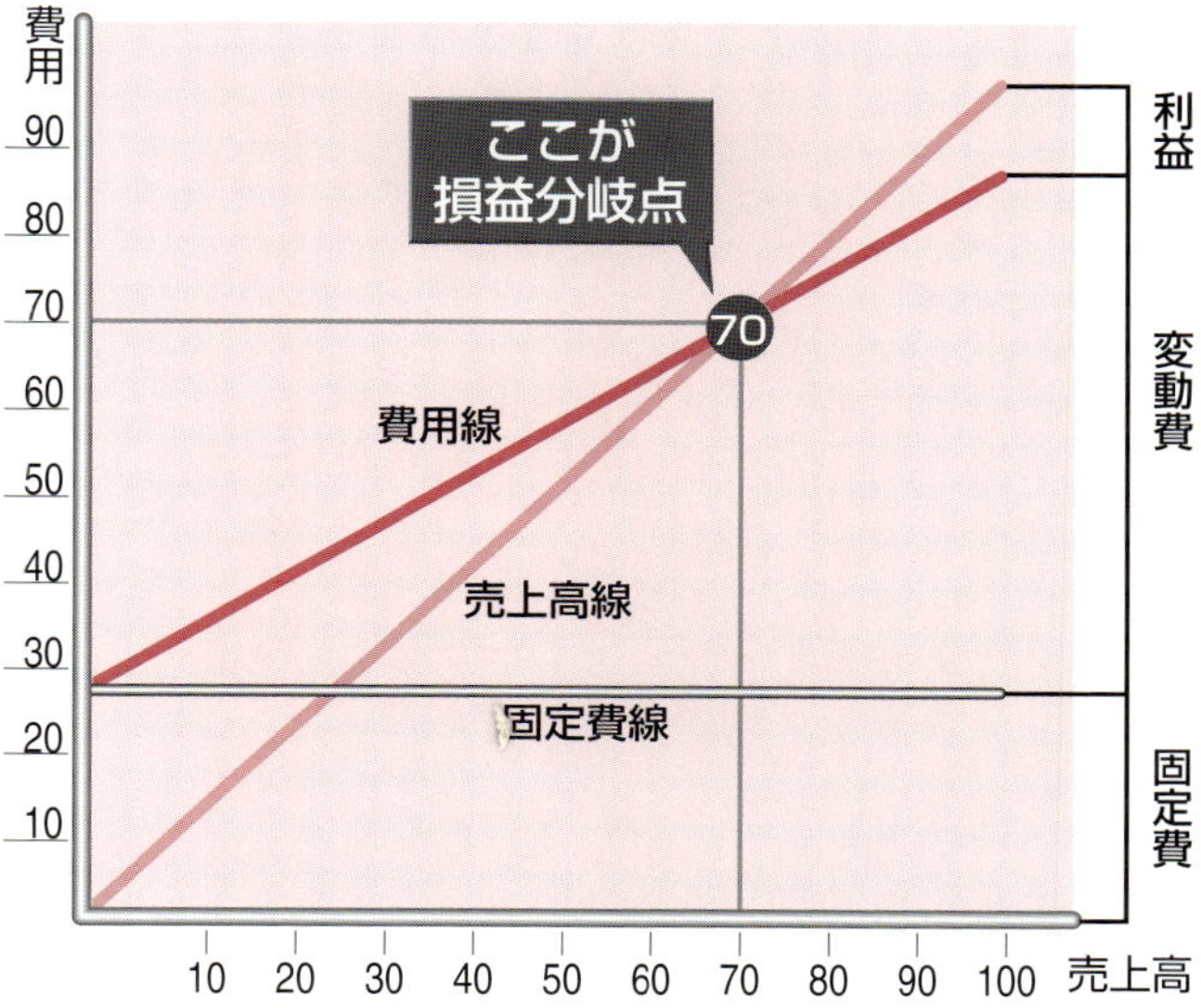

る販売数量の増大で対処します。

②**変動費の削減**……材料費・商品仕入のコストダウン、外注費の見直しなど、変動費の引き下げが重要です。

③**限界利益の増加**……商品・製品の開発や絞り込みなど、商品・製品の付加価値を高めます。

④**固定費の削減**……作業改善・合理化などによる人件費の管理、アウトソーシング、財務体質の強化による金利負担の軽減など、固定費の削減が必要です。

11

法人税と税効果会計

会計上の利益と税法上の課税所得は一致せず、税効果会計とともに調整が必要

会社が課税される税金

会社にかかる税金にはいろいろありますが、企業の利益にかかるものには、国税としての法人税、そして地方税（住民税、事業税等）があります。

このほか、土地を買えば不動産取得税、保有していれば固定資産税、モノを買えば消費税がかかるなど、個人にかかる税金と変わりはありません。

利益と所得の違い

申告納税の方法による法人税や事業税は、その会社の利益を課税の対象としますが、税法では会社の利益を「所得」と呼び、「益金」から「損金」を差し引いて計算します。

一方、会計上の利益は「収益−費用＝利益」で求めますが、会計上の収益と税法上の益金、そして会計上の費用と税法上の損金は、実はイコールではありません。そこで、会計上の収益・費用から、税法上の益金・損金を導き出すためには、それぞれ調整計算を行なう必要があるのです。

①**益金算入**……企業会計の収益ではないが、税法上は益金の額に算入するもの

②**益金不算入**……企業会計では収益だが、税法上は益金でないもの

③**損金算入**……企業会計では費用ではないが、税法上は損金の額に算入するもの

④**損金不算入**……企業会計では費用だが、税法上は損金でないもの

なお、企業会計では時価会計や連結会計を積極的にすすめていますが、法人税法では時価による評価は認められていませんし、連結納税をする場合には税務署長等の承認を必要とします。

税効果会計とは

会計上の利益と税務上の課税所得を調整して法人税を計算します。さらに、実際に支払う税額とは別に、企業会計の考え方に基づいた税額を計算して当期純利益を計算し、表示するのが「税効果会計」といわれるものです。これは、企業会計と税務会計の第2次調整といえます。

たとえば、企業会計で処理した貸倒引当金は費用として計上しますが、税務会計では貸倒れが発生する

まで損金とはなりません。

　このほかにも、減価償却費の計算、棚卸資産・有価証券の評価損益、退職給付引当金・賞与引当金の計上などにおいて期間のズレが発生します。

　これでは納めた税金の額によって、期間損益が崩れてくることになります。そこで、税効果会計では「法人税等調整額」という科目で納めすぎた税金を調整し、企業会計の考え方で計算した期間利益を算出します。

　一方、調整した金額は、税務署に対する貸金とみなして「繰延税金資産」という科目を使って資産に計上します。

企業会計と税務会計の調整

第1次調整（課税所得金額の計算）

企業会計の利益		主な項目
加算	益金算入	各種引当金の取崩額など
	損金不算入	交際費・減価償却費の償却超過額等
減算	益金不算入	受取配当金など
	損金算入	税法上の各種引当金など
課税所得金額		

第2次調整（税効果会計）

一時差異項目

- 貸倒引当金の損金算入限度超過額
- 各種引当金の繰入限度超過額
- 減価償却費の損金算入限度超過額
- 棚卸資産や有価証券の評価損否認額

etc.

損益計算書に表示「法人税等調整額」

貸借対照表に表示「繰延税金資産」

企業会計の考え方に基づいた税額を計算して期間利益を計上する

経営用語&ミニ知識

損金　法人税法において定められた、課税所得を算出するための基礎となる法人税法上の費用の固有の概念を損金という。損金は原則としてすべての原価・費用と損失を含む広い概念としてとらえられ、課税されない。

経営者列伝

6 「日本資本主義の父」が唱えた「論語と算盤の合一」

渋沢栄一（みずほ銀行など）

◆500社以上の会社設立に関与

渋沢栄一は明治時代の実業家であり、「日本資本主義の父」と呼ばれる。500社以上の会社設立にかかわり、その功績は際立っているといえよう。

現在でも残っている企業のうち、渋沢が関与した企業は、第一国立銀行（現：みずほ銀行）、抄紙会社（現：王子製紙）、帝国ホテル、日本郵船、東京瓦斯会社（現：東京ガス）、札幌麦酒会社（現：サッポロビール）などがあり、明治初期に設立されたほとんどの主要会社の設立に関与している。また、社会教育活動にも熱心で、商法講習所（現：一橋大学）を始め、600もの事業を支援した。

こうした活躍にもかかわらず、財閥を形成して一族が支配することには強い関心を示さなかった。今日、渋沢の名字を冠した企業もほとんどない。このことには、渋沢の実業界にかけた強い思いが密接に関連しているといえる。

◆明治新政府から実業界へ

渋沢栄一の才能は明治新政府に高く評価され、大蔵省の一員として新しい国づくりに参加したが、1873年に突如職を辞し、第一国立銀行の頭取となって実業界に転身した。

この転身には、渋沢の「国家を富ますには、実業家の品格を高め、知識を進めなければならない」という考え方があった。当時は江戸時代の「士農工商」制度をひきずり、商人の社会的地位も依然低かった。渋沢は私利に走るのではなく、実業界全体の地位を高めるために、人材を育成・指導していくことこそが自らの使命と感じていた。

◆論語と算盤の合一

渋沢は、日頃から自分の生き方の指針を孔子の論語におき、常に「論語と算盤の合一」を説いた。

「商業を行なうものは、常に道徳を持って社会に利益を与え、国家を富ますことが重要。それが私利のみに走る商人よりも、結果的に大きな利益をもたらす」と、商人に常に道徳観念を持ち続けることを説いたのである。

成功か失敗かの評価について、渋沢は「富の大小」を尺度とみることを最も危惧した。昨今は「力の強いものが勝ち、弱いものが淘汰される社会こそ活気のある健全な状態である」という考え方が社会に広く浸透しているように思える。

しかし、徳と力を一体化させた渋沢栄一の考え方こそ、これからの日本に求められているといえるのではないだろうか。

7章

情報化で経営はどう変わるか

- ネットビジネスの進化
- ブロードバンド化がもたらすもの
- ERPで経営の効率化
- ASPの効用
- 広がるモバイルの可能性
- ネットで注目の新サービス、新技術

1 ネットビジネスの進化

インターネットによる取引が主流になりつつあるサービスも出てきている

インターネット利用者の増加にともない、ネットビジネスも量的な拡大のみならず、質的な発展も日々遂げています。これは、利用者のインターネットやネットビジネスに対する習熟が進んできたことの証左といえるでしょう。

広告モデルの変化

これまでのインターネット広告はバナー広告と呼ばれる、不特定多数向けの画像広告が中心でしたが、より費用対効果が高く、インターネットの長所を活かせる検索連動型広告やアフィリエイト広告と呼ばれる新しいモデルの広告が登場してきています。

検索連動型広告とは、検索サイトにおいて、入力されるキーワードに連動させて、それに関連する広告を表示させるものです。検索エンジンのGoogleと連動した「Adwords」やYahoo!と連動したOvertureの「スポンサードサーチ」が有名です。

また、アフィリエイト広告とは、Web等にはられたリンクを経由して、物品やサービスが購入されると、リンクをはったWebサイト等の管理者に成果報酬が支払われるという広告です。これらの広告は、広告自体の効果が見えやすいところに大きな特徴があります。

商取引の浸透

近年インターネットにおける商取引も、ごく自然な日常の行為になった感があります。特にインターネットによって、飛躍的に利便性が増大する、証券や銀行等の金融サービス、旅行・航空券やホテル等の予約サービス、就職・転職等の求人情報提供サービスといったものは、インターネット上における利用のほうがむしろ主流になりました。

また、ネットオークションは、個人対個人（C to C）間の商品やサービスの売買を容易にしました。

情報提供型サイトの登場

人々は、インターネット上にある情報を収集することによって、商品やサービスに関する豊富で高度な知識を手にすることができるようになっています。

この背景には、クチコミ情報や製品比較情報を提供するWebサイトが登場したことがあります。それに

経営用語&ミニ知識

SEO　Googleに代表される検索エンジンは、ネット利用者にとってのポータル（入り口）としての役割を担うようになっている。企業にとっては、検索エンジンで上位に表示されることが、商品やサービスの売上に直結することを意味するため、SEO（Serach Engine Optimization）と呼ばれる検索エンジン最適化の手法が重要視される。

◆ネットビジネスの代表例◆

B to C(一般消費者向け)

- インターネット通販（EC）サイト
- インターネットモール（商店街）
- 銀行、証券等の金融サービス
- 旅行、航空券、ホテル等の予約サービス
- 就職、転職等の求人広告

etc.

B to B(企業等の商用向け)

- インターネット広告
- ASPサービス（顧客管理、販売管理等）

etc.

C to C(消費者同士)

- インターネットオークション

etc.

より、企業からの一方的な情報を鵜呑みにしていたこれまでの購買スタイルは、より客観的な情報に基づいたものへと変化をしてきています。

このため企業は、自らが発信する情報だけでなく、インターネット上のクチコミ等、第三者から発信される情報にも注意を払う必要がでてきたといえるでしょう。

これからの課題

ネットビジネスの拡大にともない、セキュリティの問題が大きな課題となってきています。とりわけWebサイトへの不正アクセスや、個人情報の流出は毎日のように世間を騒がせています。

これからの企業は、よりインターネットの特性を活かした、利便性の高いネットビジネスを展開するのはもちろん、利用者が安心して取引できるような環境づくりをする責任も負っているのだということを認識する必要があるといえます。

2

ブロードバンド化がもたらすもの

音声や動画、プログラムなどの大容量コンテンツの流通が加速している

ブロードバンドとは

近年インターネットのブロードバンド化と呼ばれる動きが急速に進んでいます。ブロードバンドとは「広帯域」と訳されますが、高速大容量のインターネット通信を指す言葉として用いられます。通常数百Ｋｂｐｓ以上の通信を指すことが多いようです。

ブロードバンドの対極にあるのが、これまで主流であった最大56Ｋｂｐｓのアナログ回線や、1回線最大64ＫｂｐｓのＩＳＤＮ等に代表されるナローバンドがあります。

ブロードバンドの特徴

ブロードバンドの特徴は、まさに高速大容量の通信が可能になるという点があげられます。

一定時間に送信できるデータ量が増えたため、文字や画像だけでなく、ナローバンドでは送信することが困難であった動画や音声、ソフトウェアといったコンテンツまでも、容易に送ることができるようになりました。また、インターネットを介したより複雑な処理を行なうことも可能となったのです。

加えて、ブロードバンドは通常、固定料金で常時接続が可能であるため、接続時間を気にすることなくインターネットを利用することができるようになりました。

ブロードバンド時代の新サービス

こうしたブロードバンドの特徴は、既存のサービスを高機能かつ充実したものにしただけでなく、多くの新しいサービスを誕生させました。

①動画配信サービス

映画やアニメ、ドラマといった動画をストリーミングと呼ばれる再生技術を利用して、配信提供するサービス

②音楽配信サービス

今まではＣＤ等の形で販売されていた楽曲をインターネット上からダウンロードして購入できるサービス

③インターネットラジオ・テレビ局

インターネット上でラジオ局やテレビ局のように音声や映像を配信するサービス

④オンラインゲーム

従来のようにゲーム機やパソコン

経営用語&ミニ知識

音楽配信の急速な普及　音楽配信サービスは、これまではサイズの大きな音楽ファイルをダウンロードするには通信速度が遅すぎるため、長時間を要した。ブロードバンドは、一瞬でこれを可能とし、その簡便性が受けたことから、急速な普及をみせている。

◆ブロードバンド化がもたらすもの◆

ナローバンド

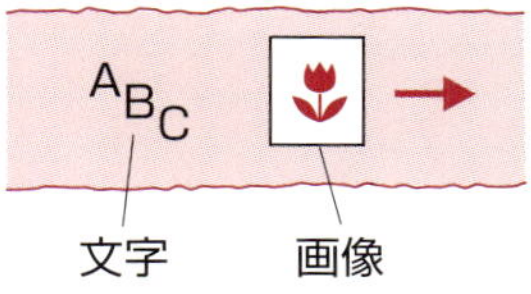

- 通信速度が遅いので大きなデータは送れない
- 文字や画像データが中心

ブロードバンド

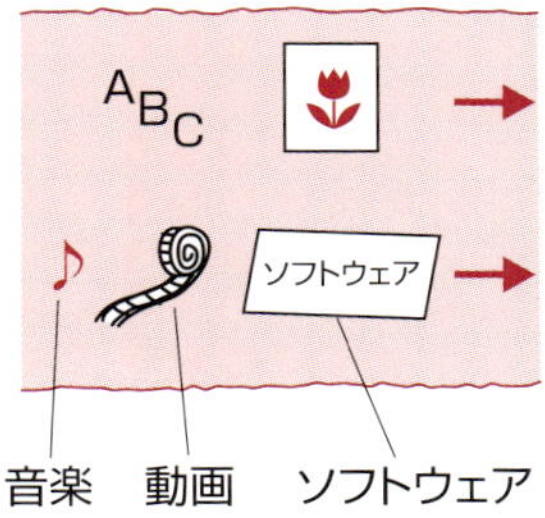

- 高速大容量
- 音声や動画、ソフトウェアといった大きなものも容易に送れる
  - サービスが高機能、充実
  - 新サービスが次々と誕生
    - 動画配信サービス
    - 音楽配信サービス
    - インターネットラジオ・テレビ局
    - オンラインゲーム
    - IP電話サービス

etc.

1台ではなく、ネットワークを介して提供されるゲーム

⑤ＩＰ電話サービス

VoIPと呼ばれる音声送信技術とインターネットを利用した電話サービスで、従来の電話より安価

コンテンツをめぐる動き

ブロードバンド時代を迎えて、より利用者に価値を与えることができるようになるためには、どれだけ多くの魅力的なコンテンツを集められるかが重要になってきます。このため、これらを多く保有する映画会社やテレビ局といったコンテンツホルダーと呼ばれる企業とインターネット事業者との連携の動きが加速しています。

今後、ブロードバンドの浸透により、コンテンツの流通も一層増加すると思われますが、コンテンツ自体の権利保護や処理の手段等の課題も多く残されています。

3 ERPで経営の効率化

全社レベルで経営資源に関するデータを一元管理し、経営の効率化を図る

ERPとは

ERPとは、Enterprise Resource Planningの略で、企業資源計画と訳されます。

経営においては、4つの経営資源（人、モノ、カネ、情報）を最適に管理運用することで最大の効果をあげることが重要です。企業全体で経営資源を管理することで経営を効率化することこそが、ERPのコンセプトです。

企業においてERP導入が最大の効率をあげるためには、購買、製造、物流、販売、人事、経理および財務といった部門が横断的に業務プロセスの統一がなされ、リアルタイムな経営状況が把握できるようにするための整備が必要となります。

これまでは、各部門ごとの業務プロセスの統一には、膨大な時間と手間を要し、リアルタイムな情報の把握も困難であったため、このコンセプトの導入は事実上不可能でした。

しかし、ITの発達により、ERPパッケージと呼ばれるシステムが登場し、データの収集や一元管理、各部門での情報共有が可能になると、大企業を中心にERPパッケージが急速に普及するようになりました。代表的なERPパッケージベンダーには、SAP、Oracle等があります。

ERPパッケージ導入のメリット

ERPパッケージ導入により、全社レベルで業務プロセスが統合され、経営資源の最適な管理運用を行なうために必要な情報が、リアルタイムで把握できるようになりました。また、タイムリーな意思決定・経営判断ができるようになります。

その他のメリットとしては、次のようなものがあげられます。

①先進企業の業務プロセスがテンプレート化されているので、ノウハウとして取り込むことができる

②多国籍対応のパッケージであれば、グローバルレベルでの業務統合が実現できる

③標準機能を採用すれば、比較的短期間に導入ができる

ERPパッケージ導入への課題

急速に導入が進むERPパッケージですが、課題もいくつかあります。まず、パッケージ自体が高額なもの

経営用語&ミニ知識

ERP導入は非効率か ERPを導入することが、すぐに会社経営の効率化につながるとは限らないのは、他のパッケージソフトと同様だ。無理にERPのパッケージに業務プロセスを合わせようとすると、かえって業務の混乱を招くし、会社の既存プロセスにERPをカスタマイズするためには、多額のカスタマイズ費用が発生する。

ERPのコンセプト

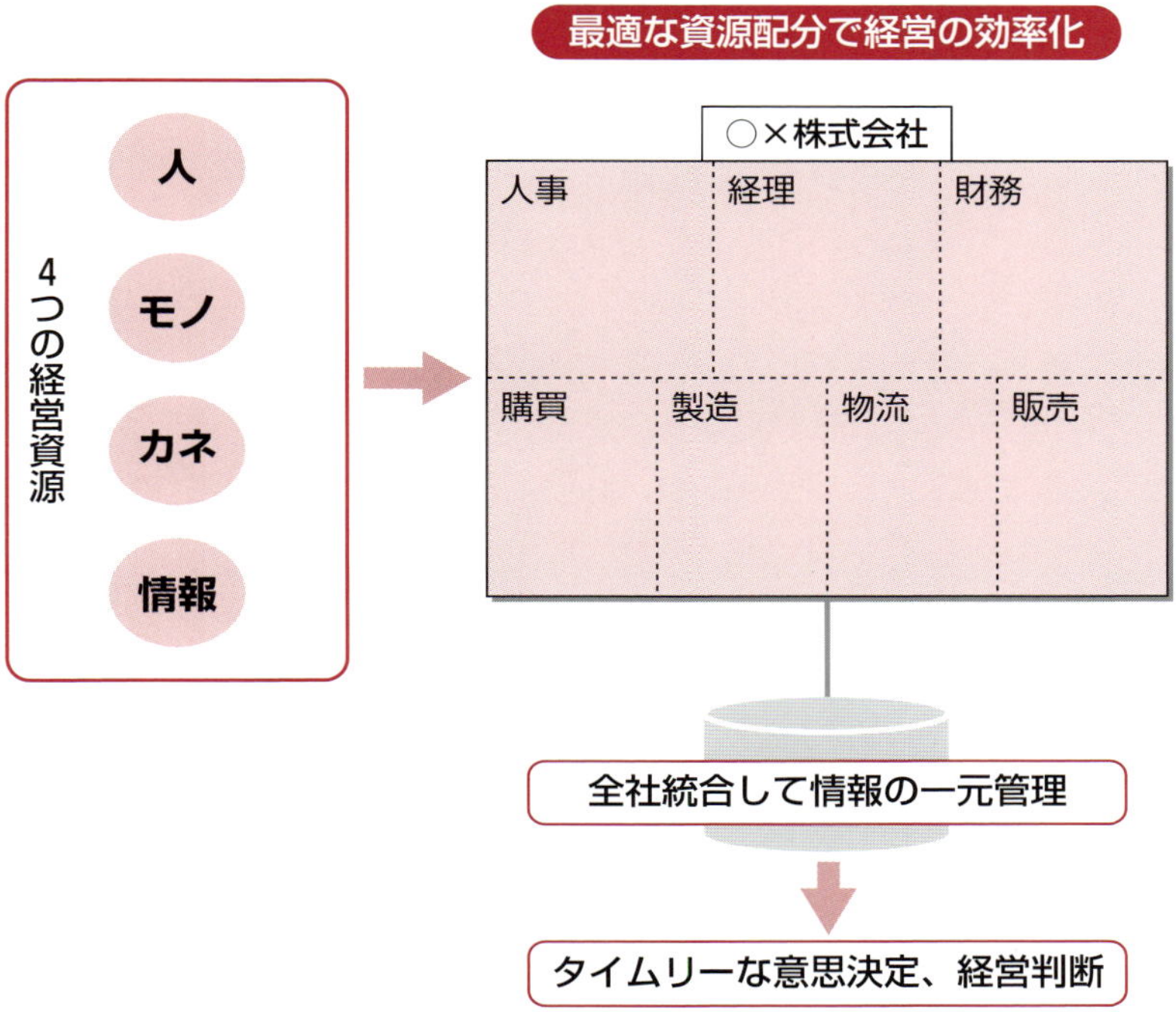

であり、豊富な機能を使いこなすには大変な知識習得の労力が必要となります。

次に、パッケージのテンプレートを使えば、比較的簡単に導入ができますが、そのためには既存の業務プロセスの変更を強いることになります。反対に、既存の業務プロセスに合わせたり、日本独特の商習慣を考慮したりすると、システムのカスタマイズが必要になり、膨大な手間とコストが必要になってしまいます。システムや変更された業務プロセスに従業員をなじませることも大きな課題です。

導入後の改善が重要

ERPパッケージは、導入すればすぐ効果を発揮するというものではありません。重要なことは、ERPのコンセプトである経営資源の最適化により、最大の効果が上がるように、日々業務プロセスの改革を進め、同時に改革の取組みにマッチしたERPパッケージの改善も逐次行なっていくことです。

4 ASPの効用

開発・保有する必要がない分、大幅な経費削減ができる

ASPのしくみ

ＡＳＰとは、Application Service Providerの略です。プログラムやデータ等を、利用者に代わって、データセンター（サーバを顧客から預かり、併せて保守運用を行なう施設のこと）で管理し、インターネットを通じて利用者にサービスを提供する事業者のことです。日本においては、ＡＳＰは、事業者というよりはサービスの形態としての意味で使われます。

ソフトウェアを自ら持ち、運用していくのが、一戸建ての持ち家であるとたとえると、ＡＳＰはちょうど賃貸マンションに当たるものといえます。

利用者は、Ｗｅｂブラウザを使えば、インターネット経由でサービスを利用することが可能です。また最近では、iモード等の携帯電話を用いて利用可能なＡＳＰも増加しています。

ASPのメリット

ＡＳＰサービスには、数多くのメリットがあります。

まず、自社でシステムを開発したり、保有する必要がないため、ほとんどの場合で導入コストが大幅に低減できます。保守運用やバージョンアップといった作業は、基本的にはＡＳＰ側の費用負担で行なってもらえます。

次に、市販のソフトウェアを購入する場合だと、自分のパソコンにインストールする手間が発生しますが、通常、ＡＳＰサービスの場合は、インターネットに接続し、簡単な設定をするだけで、すぐ利用できるようになります。

そして、保守運用やバージョンアップの作業等はＡＳＰ側にて行なわれるため、これらの業務の担当者を社内で雇う必要がありません。

ASP普及の背景

ＡＳＰがこれほどまでに広がった背景には、コンピュータの処理速度の向上、インターネットの高速化により、ＡＳＰモデルでも実用に耐えるアプリケーションが登場したことがあげられます。また、企業のアウトソーシング化によるコスト削減の動きも、ＡＳＰ化の流れの背景にあるといえます。

経営用語&ミニ知識

持たざる経営を実践　ASPサービスは、経営でいえば「持たざる経営」ということになる。高価なシステムを安価に利用できるので、経営の軽量化を実現できる。とりわけ多額のシステム投資をすることができない中小企業にとっては、利用価値の高いサービスといえる。

◆ASPサービスのしくみ◆

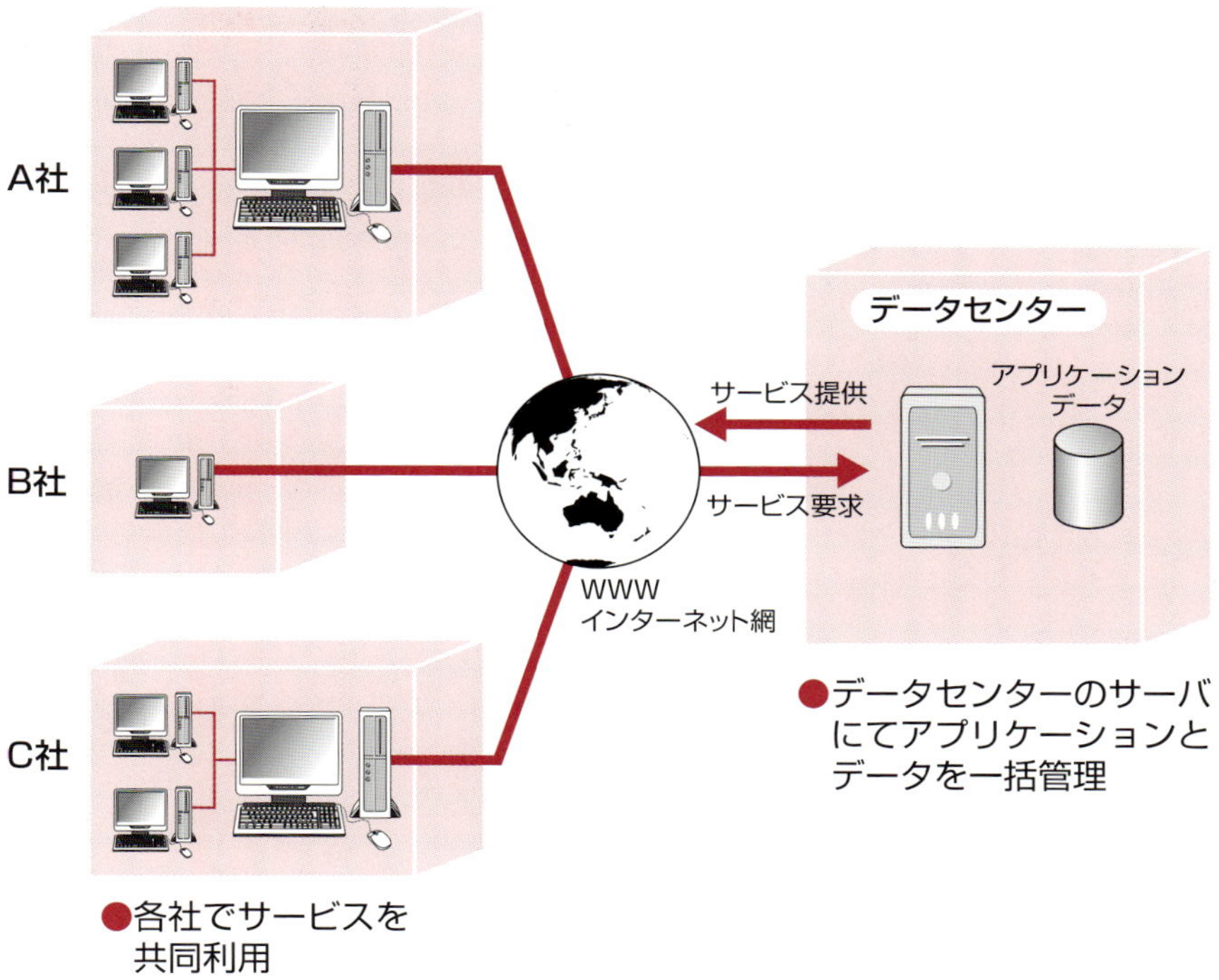

ＡＳＰサービスの種類も広がりを見せており、代表的なものでは以下のものがあげられます。

①財務会計、人事、給与計算等のバックオフィス系サービス
②顧客管理や販売管理等のフロントオフィス系サービス
③インターネットショップ運営ソフト等のＥＣ（電子商取引）系サービス

●ＡＳＰサービスの利用

ＡＳＰサービスの利用にあたっては、サービス自体の使い勝手のよさはもちろん、インターネットを経由したサービスなので、セキュリティが万全かどうかや保守サポートが充実しているかについても、利用にあたっては確認する必要があります。

また、ＡＳＰサービスは原則カスタマイズができないので、少なくとも自社の最低限のニーズを満たす機能が含まれているかどうか、かえって運用コストが増大してしまわないかの確認も、導入にあたってはポイントになります。

5

広がるモバイルの可能性

モバイルサービスは、情報通信の域を越え、飛躍的な発展が見込まれる

多機能化で垣根がなくなる

「いつでも、どこでも、誰とでも」情報通信を可能とするモバイル端末については、近年ますます、多機能化、高機能化が顕著となっています。

とりわけ、最も一般的なモバイル端末である携帯電話・ＰＨＳについては、数多くの機能を搭載した端末が続々と登場しています。カメラ、音楽プレーヤー、ゲーム、テレビなどの機能が端末に搭載されることで、デジタルカメラや携帯音楽プレーヤーといったモバイル端末以外の機器との間の垣根が急速に低下してきています。

もはやモバイル端末は、コミュニケーション手段だけでなく、生活を楽しむための道具になりつつあります。

ネットワークの高速化

携帯電話・ＰＨＳによるデータ通信の高速化や、無線ＬＡＮと呼ばれる高速ネットワークの普及も進んでいます。これらにより、外出中でもオフィスと同様にインターネットを利用することが容易になっています。

また、これまでは送受信データ量により課金されていた、iモードに代表されるような携帯インターネット接続サービスにも、定額制サービスの登場により、データ容量を気にすることなくコンテンツのやり取りを行なう環境は整ってきました。

モバイルサービスの広がり

こうした、インフラの整備にともない、モバイル端末を利用したサービスも飛躍的に増大しています。

これまであったような、メールのやり取りや着メロのダウンロードサービスだけでなく、物品やサービスの購入といったモバイルコマース、銀行の残高照会や振込みといったモバイルバンキング、さらには証券取引、モバイルオークションといった分野へも広がりを見せています。

これらはモバイルの持つ場所や時間を選ばないという利点を活かしたサービスであるといえます。

また、企業向けサービスでも、営業力強化のためのＣＲＭやＳＦＡといったツールが、携帯電話等の端末と連動し、外出先にいる場合でも、情報の収集や交換を可能にしている

経営用語&ミニ知識

狙いは利用者のポータル化　携帯電話をはじめ、モバイル機器が狙うのは、利用者のポータル（入り口）となることだ。利用者にとってみれば、外出・移動時において、携帯電話だけでなく、カメラ、ゲーム、音楽プレーヤーといった機器が１台で完結すれば、持ち運びも容易で便利になる。そこで、可能な限り多機能、かつコンパクトをめざすことになる。

◆多機能化する携帯電話端末◆

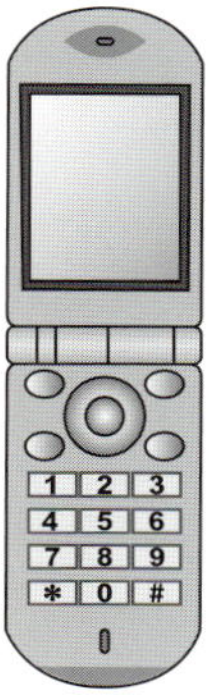

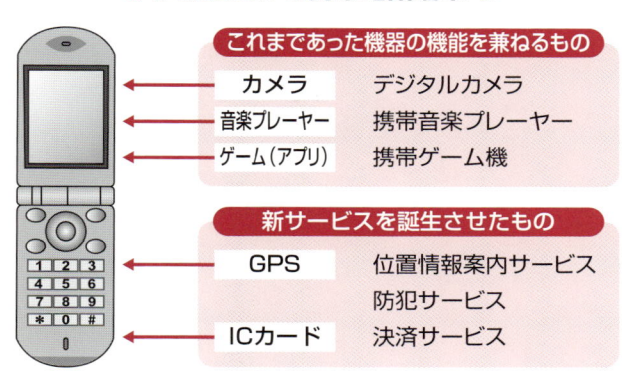

これまであった機器の機能を兼ねるもの

カメラ	デジタルカメラ
音楽プレーヤー	携帯音楽プレーヤー
ゲーム（アプリ）	携帯ゲーム機

新サービスを誕生させたもの

GPS	位置情報案内サービス 防犯サービス
ICカード	決済サービス

◆広がる携帯電話の用途◆

- 電子メール　●着メロ
- モバイルコマース（物品、サービスの購入）
- モバイルバンキング（銀行サービス）
- 証券取引
- モバイルオークション

「いつでも、どこでも、誰とでも」

等、サービスの充実が図られています。

決済やGPS機能も搭載

最近では、FeliCaに代表されるように、ICカード機能を搭載した携帯電話も登場し、決済機能としての役割も期待されています。

また、GPS（位置情報システム）機能搭載の携帯電話では、位置情報案内サービスや防犯サービスが提供されるようになっています。

さらに、地上波デジタル放送の開始により、テレビ受信機能を搭載した携帯電話も登場し、一層の多機能化が進んでいます。

一方で、おもに高齢者を対象にした操作を容易にし、機能も単純化した携帯電話も登場しています。

「いつでも、どこでも、誰とでも」を可能にするため、モバイルサービスは、今後も発展を続けていくに違いありません。

6 ネットで注目の新サービス、新技術

ブログやＳＮＳといった新サービス、Ｐ２ＰやＲＳＳなどの新技術が続々登場

インターネットは日々急速な進化を遂げており、これまでになかったような新サービスや新技術も続々と登場しています。新しいサービスとしてはブログ、ＳＮＳと呼ばれるものが、新技術としてはＰ２Ｐ、ＲＳＳと呼ばれるものが、それぞれ注目を集めています。

ブログは個人発のメディア

ブログ（blog）は、個人やグループにより運営される日記形式の情報発信サイトのことです。もともとは、Web-log（日誌）の２語が合わさったWeblogという言葉が、省略され一般に定着したものです。

ブログの運営者は、日記をつけるといった用途だけでなく、独自のニュース配信を行なったり、それに対する論評や自分の考えを主張したりすることもできます。さらにトラックバックと呼ばれる他のサイトとの連携機能を使い、仲間同士のコミュニティを形成することもできます。つまり、個人発の意見の主張や形成ができる新しいメディアとして注目が集まっているのです。

ブログにおいては、商品やサービスに関する消費者のクチコミ等「生の声」をつかむこともできることから、企業にとっては有益な情報源としても期待されています。

ＳＮＳは人のつながりをサポート

ＳＮＳは、Social Networking Siteの略で、人同士のつながりをサポートしながら、人と人の紹介の中でコミュニティを形成していくＷｅｂサイトです。コミュニティの参加者から「招待」を受けないと、参加できない形式をとっているＷｅｂサイトが多く見られます。

ＳＮＳでは、日記やプロフィール機能のほか、友達紹介やメッセージ交換といった機能があります。最近では、職業や趣味が同一のものだけに特化したＳＮＳも出現してきており、これらは、意見形成、情報収集の場として注目が集まっています。

Ｐ２Ｐで分散処理

Ｐ２Ｐ（Ｐ to Ｐ）とは、ピアツーピアとも呼ばれ、多数のコンピュータ端末が接続されているインターネット上において、中央サーバーを通す、もしくは端末間で情報のやり取りを行なうことで、分散処理を可

経営用語&ミニ知識

ネット上の「人のつながり」 これまで同じ趣味や信条を持った人同士がつながるためには、会合やサークルに参加するぐらいしか手段がなく、その範囲も限定的であった。これらの形成が容易に、そして、意見形成をできるほどに濃密にできるようになったのも、ネット社会の特徴といえる。

◆注目される新サービス、新技術◆

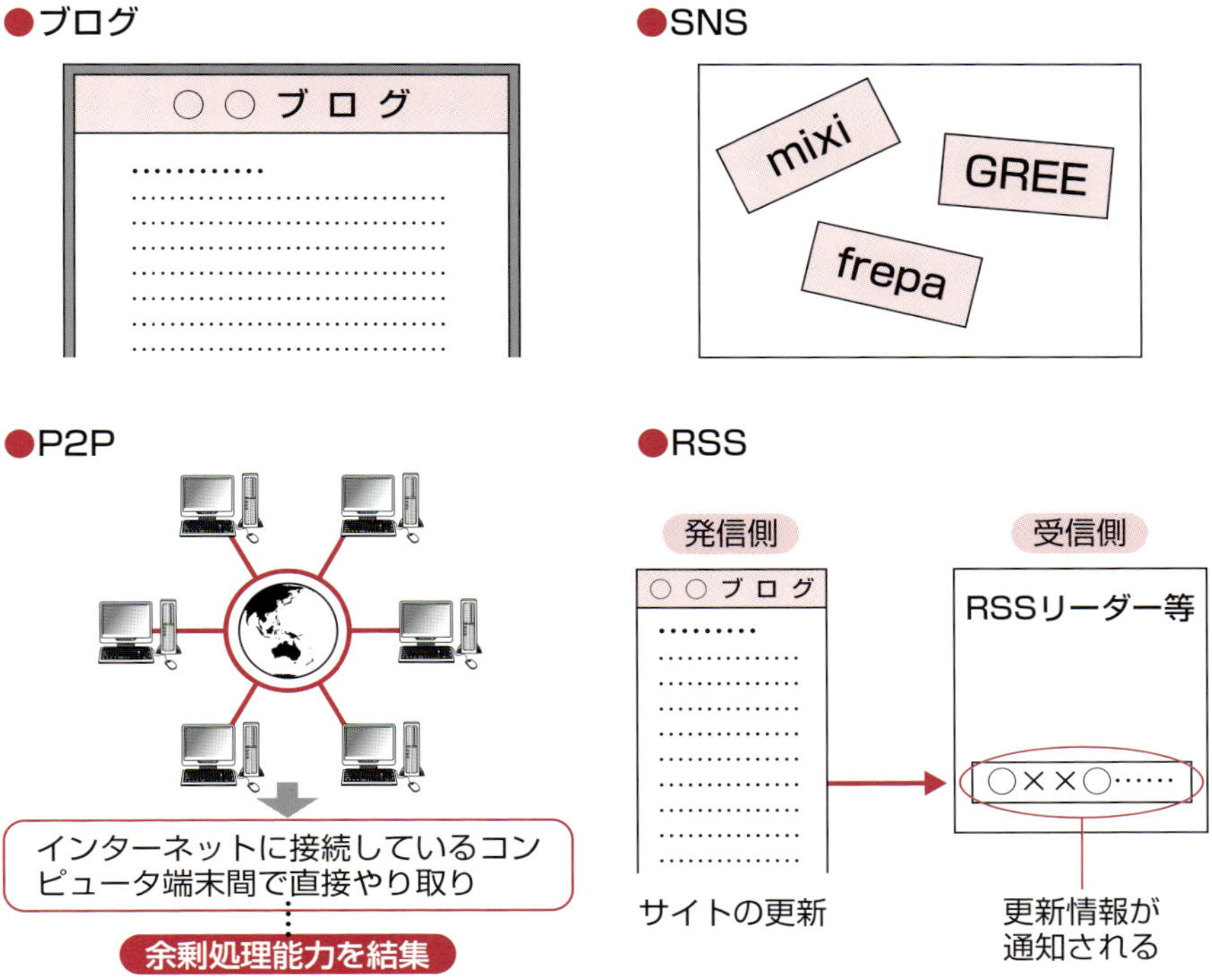

能にする技術です。各端末の余剰処理能力を連携させることで、これまでは不可能であった高度な処理が可能になることが期待されています。

「Winny」等のファイル交換ソフトウェアや「Skype」等の電話ソフトウェアが有名です。

●RSSで更新情報を入手

RSSは、Rich Site Summaryの略である文書フォーマットの一形態です。この形態により、前述のブログやWebサイト等の更新情報を簡単に入手することが可能になりました。ブログ等のサイトが更新された際の情報通知などに使われることはもちろん、最近ではニュースやプレスリリース等の配信ツールとして利用されています。

このように新しいインターネットのサービスや技術は毎日のようにニュースを賑わしています。今後も止まらないインターネットの進化は、私達の生活を一層豊かなものにしてくれることでしょう。

■参考文献……（順不同）

『書　名』	著者名	出版社
『資源ベースの経営戦略論』	D.J.コリス、C.A.モンゴメリー	東洋経済新報社
『イノベーションのジレンマ』	C.クリステンセン	翔泳社
『イノベーションへの解』	C.クリステンセン、M.レイナー	翔泳社
『個人情報保護とプライバシーマーク』	株式会社バルク、大原浩	サイビズ
『バランススコアカード』	R.S.キャプラン、D.P.ノートン	生産性出版
『キャプランとノートンの戦略バランスト・スコアカード』	R.S.キャプラン、D.P.ノートン	東洋経済新報社
『シナリオ・プランニング「戦略的思考と意思決定」』	キース・ヴァン・デル・ハイデン	ダイヤモンド社
『ウォートン流シナリオ・プランニング』	ポール・シューメーカー	翔泳社
『戦略的思考とは何か　エール大学式ゲーム理論の発想法』	A.ディキシット、B.ネイルバフ	TBSブリタニカ
『ターンアラウンド・マネジメント』	S.スラッター、D.ロベット	ダイヤモンド社
『コトラーのマーケティングマネジメント』	P.コトラー	ピアソン・エデュケーション
『価格戦略論』	H.サイモン、R.J.ドーラン	ダイヤモンド社
『ブランド・エクイティ戦略』	D.A.アーカー	ダイヤモンド社
『ブランド優位の戦略』	D.A.アーカー	ダイヤモンド社
『戦略経営論』	G.サローナー、A.シェパード、J.ポドルニー	東洋経済新報社
『バイラルマーケティング』	S.ゴーディン	翔泳社
『CRMの構築と実践』	プライスウォーターハウスクーパース	東洋経済新報社
『顧客満足を超えるOne To One CRM戦略』	野村隆宏	日刊工業新聞社
『サプライチェーン経営革命』	福島美明	日本経済新聞社
『ザ・ゴール』	E.ゴールドラット	ダイヤモンド社
『ザ・ゴール２』	E.ゴールドラット	ダイヤモンド社
『ケースで学ぶTOC思考プロセス』	E.シュラーゲンハイム	ダイヤモンド社
『トヨタ生産方式』	大野耐一	ダイヤモンド社
『組織の経営学』	R.L.ダフト	ダイヤモンド社
『最強組織の法則』	P.M.センゲ	徳間書店
『フューチャー・オブ・ワーク』	トマス.W.マローン	ランダムハウス講談社
『業績評価マネジメント』（ハーバード・ビジネス・レビュー・ブックス）		ダイヤモンド社
『コーチングの思考技術』（ハーバード・ビジネス・レビュー・ブックス）		ダイヤモンド社
『ナレッジ・マネジメント』（ハーバード・ビジネス・レビュー・ブックス）		ダイヤモンド社
『知識創造企業』	野中郁次郎、竹内弘高	東洋経済新報社
『コア・コンピタンス経営』	G.ハメル、C.K.プラハラード	日本経済新聞社
『戦略的コンピテンシーマネジメント』	アーサーアンダーセン	生産性出版
『経営用語の基礎知識』	野村総合研究所	ダイヤモンド社
『経営のことがわかる事典』	青野弘	日本実業出版社
『よくわかる経営用語』	ヒューマンバリュー・マネジメント	明日香出版社
『ソニー自叙伝』	ソニー広報センター	WAC
『MADE IN JAPAN』	盛田昭夫	朝日新聞社
『ザ・サーチ　グーグルが世界を変えた』	J.バッテル	日経BP社
『敬天愛人』	稲盛和夫	PHP研究所
『稲盛和夫のガキの自叙伝』	稲盛和夫	日本経済新聞社
『カーネル・サンダース』	藤本隆一	産能大学出版部
『聯想 中国最強企業集団の内幕（上・下）』	凌志軍	日経BP社
『自己開発の道』	渋沢栄一	藤谷崇文館

青 木 三 十 一 （あおき　みとかづ）

1944年生まれ、経営コンサルタント。松下電器の系列会社、日本能率協会、産能大学などを経て、現在は「易と経営」をテーマに東洋思想を研究し、後進の育成に従事。また、日本易占鑑定士協会、明徳館、ハンコ印刷センター、モア経営システム研究所を設立し、運営している。易占鑑定士としても活躍（雅号　豊翠）。

主な著書は、『中長期経営戦略フォーマット全集』『事業家型リーダーを目指せ』（以上、清話会出版）、『業績責任評価制度導入マニュアル』（アーバンプロデュース）、『社長の経営マニュアル』（マネジメント社）、『「独立開業」この手順で進めれば成功する!』（すばる舎）、『資金繰り地獄から抜け出す本』（かんき出版）、『最前線管理者の条件』（同文館）、『やさしい経営計画のたて方』（日本実業出版社）など、その他多数。

駒 林 健 一 （こまばやし　けんいち）

1972年、東京都生まれ、株式会社事業計画　代表取締役。早稲田大学政治経済学部卒業後、第二電電（現:KDDI）、USENを経て、現在経営コンサルタントとして、ベンチャー企業を中心に十数社の顧問、役員を兼任する。事業計画の立案、資金調達の支援、戦略アドバイス等を主たる業務とし、年間目を通す事業計画書は100を下らない。「いたばし起業塾」等の起業家向けセミナーも主宰している。

（会社URL）http://www.jigyoukeikaku.jp/

最新版《さいしんばん》　入門《にゅうもん》の入門《にゅうもん》　経営《けいえい》のしくみ

1990年 9月30日　初 版 発 行
2007年 3月 1 日　最新版発行
2020年 4月 1 日　第 9 刷発行

著　者　青木三十一
駒林健一
発行者　杉本淳一

発行所　株式会社 日本実業出版社　東京都新宿区市谷本村町 3－29 〒162－0845
大阪市北区西天満 6 － 8 － 1 〒530－0047
編集部 ☎03－3268－5651
営業部 ☎03－3268－5161　振　替　00170－1－25349
https://www.njg.co.jp/

印 刷／三省堂印刷　製 本／若林製本

この本の内容についてのお問合せは、書面かFAX（03－3268－0832）にてお願い致します。

落丁・乱丁本は、送料小社負担にて、お取り替え致します。

ISBN 978-4-534-04193-7 Printed in JAPAN